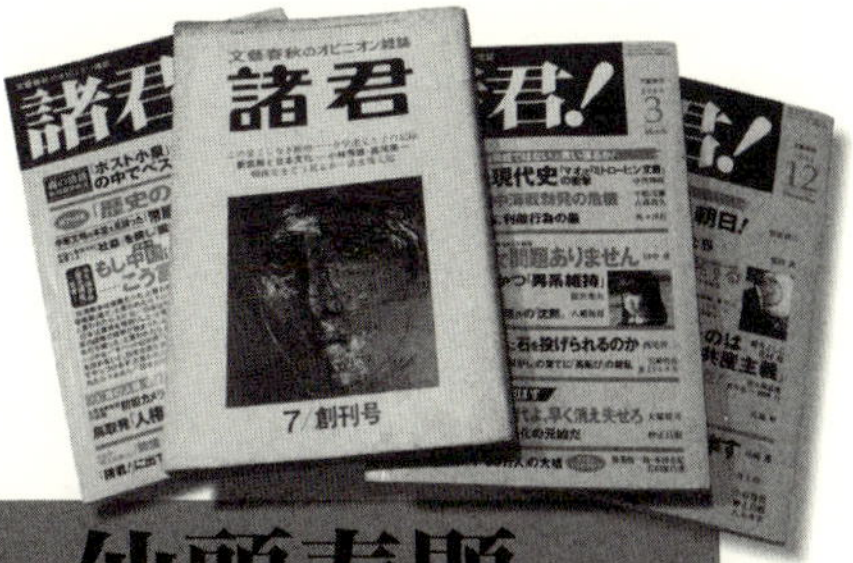

仙頭寿顕
Sento Toshiaki

『諸君!』のための弁明

僕が文藝春秋でしたこと、考えたこと

草思社

『諸君！』のための弁明

目次

第2章　『諸君！』から始まった編集者生活　71

プロローグ
さらば文藝春秋

「君を文春が採ったら、松下幸之助さんが怒るかな？」

文藝春秋（出版局）での最後の仕事となる、楊海英氏の単行本『逆転の大中国史：ユーラシアの視点から』の本文校了を終えたのが、二〇一六年七月十二日（火曜日）だった。すでに単行本の部署から新書編集部（編集委員）に七月一日付で異動する内示も出ていたが、翌七月十三日朝に、直属の上司（木俣正剛氏）に、折り入って相談したいことがあるとメールで伝え、午後、四階の役員応接室にて「じつは……」と退社したい旨を伝えた。

そのときから遡ること、三十余年……。写真週刊誌『エンマ』創刊にともなう中途採用試験があったのは一九八四年春先のこと。新卒採用でなく既卒者が対象で、二十五歳以下なら受けられるとのふれこみだった。当時、僕は松下政経塾生（第三期生）であったが、なぜか、『諸君！』編集部で研修と称して一九八三年十二月から堤堯《ぎょう》編集長の下で働いていた。一九八四年三月で、ちょうど二十五歳になったところだった。

二階にあった『諸君！』編集部で働きながら、書類選考や一次面接、筆記試験を通過し、二次面接か三次面接を四階の役員応接室で受けて二階に戻ったところ、当時、『諸君！』の発行人で雑誌部門の編集局長だった田中健五氏が、「仙頭クン、ちょっと……」と言って僕を呼んだ。

窓際にあった田中さんの机に行くと、「君をもし文春が採ったら、松下幸之助さんが怒るかな？」

と、周囲を気にしながら小さな声で囁《ささや》くので、「いえいえ、そんなことはまったくありません。塾は、三年目以降は塾外で研修し、最長五年間は面倒を見るけど、後は野となれ山となれで何処にでも出ていけ——が原則ですから」と、僕もひそひそと囁いた。

「そういうものなのか……。てっきり、いろいろと揉《も》めるのかと心配したが……」

あのときの釈明で、採用がほぼ決定したのかもしれない。

『朝日新聞血風録』ならぬ『文春血風録』？

ジャーナリストとしてもっとも尊敬している元朝日記者の稲垣武さんは、文春に入社してから『諸君！』にもよく登場していただき、書籍の担当もしたのだが、彼の書いた『朝日新聞血風録』（文春文庫）は冒頭こんな書き出しで始まる。


《私は一九八九年末、三十年近く勤めた朝日新聞社を五十五歳になる寸前、退社した。規定では六十歳まで勤められることになっていたが、古風な表現ながらいささか思うことがあり、厚生年金や健康保険などの不利を承知で辞めたのである。

それは長いあいだ感じていた、朝日新聞の報道姿勢に対する疑問が払拭されるどころか、ますます強まっていき、とうとう破断界に達してしまったからである。

最も問題なのは、共産圏、特に中ソ、北朝鮮に対する甘さと、自由主義圏、特にアメリカ

や韓国に対する厳しさという二重基準、ダブル・スタンダードが明確に存在していたことである。》

僕も、二〇一六年九月末日、三十二年勤めた文藝春秋を五十七歳で退社した。規定では六十歳まで、いや定年延長の昨今、六十五歳まで勤められるようになってはいたが、古風な表現ながらいささか思うことがあり、厚生年金や健康保険などの不利を承知で辞めたのである……ということにもなろうか。そして、この本が『文春血風録』となりしか——。

退社の弁を伝えた日（二〇一六年七月十三日）は早めに帰宅し、「アイル・オブ・ジュラ」を晩酌にしながら、夜七時のNHKニュースを見ていると、冒頭で天皇陛下が「生前退位」をしたい旨を伝えた云々と報じていた。「スクープ」と銘打たず、「独自取材」と称していたのはNHKらしい「謙虚」さか。妻（古女房）が、「あらあら、あんたも、定年前の『生前退職（退位）』よね」と、皮肉なひとことを浴びせてきた。

高校時代から愛読していた「産経抄」の筆者であった石井英夫さんに、のちに退社の挨拶の手紙を差し上げたところ、「定年までまだ二年。いまは五十七歳という若さであることに驚きました。これではまさに『生前ご退位』ではありませぬか」とご返事をいただいた。

その日は、ほかにも東京都知事選をめぐって、野党統一候補の調整のために、宇都宮健児氏が出馬を辞退するとのニュースも流れていた。人生の節目・岐路にあたって自分が決断を下した日に、ほかにもいろいろな人がいろいろな決定を、苦渋の上（？）、選択していたようだった。
退社の思いは、じつは二〇一六年の「寒中見舞い」にもさりげなく記していた。

《寒中お見舞い申し上げます　二〇一六年

「平和主義者」が暴力を「放棄」できるのは、ほかの人々が彼らに代わって暴力を行使してくれているからである――ジョージ・オーウェル
一昨年（二〇一四年）は五月に母が、十二月に義父がなくなり、あわただしい月日が流れました。昨年（二〇一五年）は、その一周忌などを営むほかは、仕事の上でも私的な面でも、さほど大きな変化はありませんでした。
とはいえ……。気がつけば、今年（二〇一六年）三月で五十七歳。かつて私淑《ししゅく》していた師が、その歳で亡くなっており、父やジョージ・オーウェルが亡くなった歳（四十六歳）までさて生きられるだろうかと思ったときからすでに十年が経過。最近、読んだ本の中で、真珠湾攻撃で空母艦隊を指揮し圧勝するもののミッドウェイで敗れた南雲忠一が、最後はサイパンで「自決」したのが享年五十七であったと知りました。また横井庄一が「恥ずかしながら帰って参りました」とグアムから帰国したのが満五十七歳だったとも。五十七歳とは死ぬにしても新たに再起をはかるにしても微妙な歳なのだと……。
早期退職のできる「後期中年者」でもなくなり、「後期高齢者」になるまでは二十年弱ある。

まだ裸眼で本が読め（古本屋の棚の背表紙は見えにくくなり）、二十歳のときと同じ体重で（ただし腹回りは数センチ上昇?:）、髪の毛はまだあるものの（ただし白髪頭。鼻毛も抜けば半分は白髪）、もはや、これまで（?:）。

ともあれ、新年を迎え、次世代エネルギーの開発より原発再稼働を自衛隊の防備もないまま優先する愚、テロリストに対してまずは話し合いだと思い込む愚、国家意識を排した空想的平和主義論が蔓延《はびこ》る愚など（あと、なぜタバコ税を上げないのか!:）、いろいろと思うところはありますが、皆様にとってよいお年となりますように。》

「五十七歳の決断」をまもなくしよう……と、自覚していたがゆえの「寒中見舞い」の文章だった。

文藝春秋では定年退職をするとき、社内報でひとこと挨拶をするのが慣習になっている。ただ、満期定年の退職や早期退職ではなく、不規則に辞める場合はその限りではない。以下の文は、社内報に掲載するならと用意していたものだ。

《「文春との遭遇」から四十二年目にして「惜別の辞」を

高校一年のとき、亡くなる少し前の父が「読むか?:」と渡してくれたのが『文藝春秋』（一九七四年十一月号）でした。当時、愛読していた活字媒体は『赤旗』と『朝日ジャーナル』

と『月刊明星（平凡）』。「もう少しマトモなものを読め」との思いからだったでしょう。はじめての「文春との遭遇」です。

田中金脈問題を取り上げた立花隆さんの論文（「田中角栄研究：その金脈と人脈」）が掲載された号。冒頭の数行の重苦しい筆致はいまも記憶に残っています。

そのあと、『日本の自殺』等を書いた「グループ１９８４年」が本誌に登場したことは知りませんでしたが、その単行本（『日本の自殺』ＰＨＰ研究所）を大学受験中に一読し感銘を受けました。「ＰＨＰ（松下）との遭遇」です（?）。

そして、大学生になってはじめて手にした『諸君！』（一九七七年七月号）に、田原総一朗氏が聞き手となった「マルクスよりもマルクス・向坂逸郎」というインタビュー記事が出ていました。一読してその時代錯誤のコメントの数々に疑問を感じて投稿したところ翌月号の投書欄（「読者諸君」）に掲載されました（投稿謝礼でもらった和光の札入れは大事に使っていましたが、さすがにボロボロになりもう使用していません）。

そのあと、ある会合で面識を得たのが、『諸君！』編集長だった村田耕二さん。いまの女房と学生時代に初デートしたのが、女房の実家のある土浦市で開かれた文藝春秋講演会。司会が村田さんで、演者は笹沢左保、荻昌弘、三浦朱門の三氏（だったかと）。もう四十年近く昔のことです。

それからも、「松下（政経塾）」を経由して、一九八四年七月に中途採用で入社するまでにも、「文春」との「縁」はいろいろとあるのですが（山本夏彦さんの諸君連載百回を読者と祝う会に出席し遭遇したのが堤堯さん)、割愛します。

二年前の二〇一四年七月が入社してちょうど三十年の区切りで歳も五十五歳になり、早期退職し田舎にでも帰り老母の面倒を見るかと思っていた矢先(二〇一四年三月)に、母が大腸ガンの末期で余命数カ月と言われ五月に亡くなり、帰る田舎も親もなくなりました。

爾来、二年の月日が流れたものの、高校時代に著作を一読して以降私淑していた政治学者(中村菊男さん)が早すぎる病死で亡くなったのが五十七歳(一九七七年)。自分も今年三月でその歳になり、五月の命日近くに、墓参りをし、墓前で霊界通信を(?・)。そのとき、「仙頭クン、人生意気に感ず、だよ」と言われたかのような(?・)。「恩師」はその歳で志なかばにして鬼籍に入ることになりましたが、わが身は一応健康。とりあえずは、しばし内外の古本屋などを行脚《あんぎや》しながら「古本虫がさまよう」ことにしようかと(古本屋を開業?・)。

ともあれ、皆様お世話になりました。近年は禁煙店でなければ歓送迎会にも出席しない、小社刊行物のグルメガイド欄に「禁煙」情報を載せないのは時代錯誤と主張し、また、民主的労働運動を実践する「同盟」加盟の横断的組合ならともかく、企業内労組ではナンセンス……ということで組合にも入らずマイペースでやってきて、変な奴と思われたかもしれませんん。これらはいずれも「土佐のいごっそう」ならではの「つむじまがり」故の奇行・放言の数々でした。ご容赦のほどを。》

これはもちろん社内報向けの一文であり、多少本心を偽っているところがなきにしもあらず……。このペーパーは二〇一六年九月末日の退社の日、松井清人《きよんど》社長に挨拶をした際、手渡しもした。

♪紀尾井町さんちの文春君　このごろ少し変よ

そんな偏屈男だったが、正式に退職した九月末日のあとに出た『文藝春秋』(二〇一六年十一月号)の「社中日記」に、こういう餞《はなむけ》のコメントが出た。

《土佐出身の〝いごっそう〟仙頭寿顕が社を去ることに。松下政経塾出身で社歴の約半分を『諸君!』編集部で過ごした。人当たりは柔らかいが作る誌面は極めて硬派。編集長時代「ああ言われたら――こう言い返せ」シリーズで同誌史上最高部数を記録した。大の嫌煙家として知られ、受動喫煙の危険性を記したビラを配り歩いた伝説も。元『諸君!』編集部員による送別会も当然全面禁煙店。「会社を辞めた後は?」との質問に「しばらく古本屋巡りでもするかな」と煙に巻き、靖国方面へと立ち去った。国士・寿顕に幸あれ!》

ううむ……。僕は、全然、国士じゃない、もちろん右翼ではない、ちょっと保守派かもしれないけど、ジョージ・オーウェルと同じく、反共リベラル型の中庸な人間だと何度も言っているのに、誤解されたまま社を去ることになってしまったようだ。

また『正論』(二〇一六年十二月号)の「メディア裏通信簿」で、「文藝春秋をやめた大物?」の小見出しのあと、こんなやりとりが掲載されていた。

《「(文藝春秋の「社中日記」に)正論のライバルだった保守系オピニオン誌諸君の編集長だった仙頭寿顕のことが出ていたぞ」

「文藝春秋の編集者で、保守論壇では有名な方ですよね」

「社中日記にはこう書いている。〈仙頭寿顕が社を去ることに。…『会社を辞めた後は?』との質問に『しばらく古本屋巡りでもするかな』と煙に巻き、靖国方面へと立ち去った…〉とね。仙頭がその後、どこへ行ったか知っているか?」

「弊誌のライバルWiLLを出しているワック社に行ったらしいですね」

「そう、そこで雑誌歴史通の編集長になったそうだ。仙頭が元諸君編集長なら、WiLLの編集長、立林昭彦も元諸君編集長。正論のライバルはいまも、諸君なのかもしれないな。(笑)》

と、少々茶化されて紹介もされていた。

ともあれ、それから早いもので、二年以上の月日が流れた。最近、みなみらんぼうさんの作詞作曲の歌(山口さんちのツトムくん)ではないが、こんな声をよく聞くようになった。

♪紀尾井町さんちの文春君　このごろ少し変よ　どうしたのかナ

朝日やNHKと同じで、モリ・カケソバを美味い美味いと一緒に食べたりして……と。

そのきっかけとなったのは二〇一七年十二月六日夜、市ヶ谷の私学会館で保阪正康さんの新刊『ナショナリズムの昭和』（幻戯書房）の出版記念会が開かれたときからだっただろうか。そこで、発起人代表として文藝春秋社長（当時）の松井清人さんが挨拶したが、そのときこんな発言をしたというのだ。

「極右の塊である安倍政権をこれ以上、暴走させてはならない」「メディア自体がおかしくなってしまっている」と。

この保阪さんの本のもととなった原稿は、僕がいたころの『諸君！』に連載されていたものだった。それはともかく、知人がその出版記念会に出席していたのだが、そのとき、彼からこんなメールが届いたのだ。

《今夜（二〇一六年十二月六日）、市ヶ谷の私学会館で保阪（正康）さんの喜寿と新著（『ナショナリズムの昭和』）刊行の祝賀会がありました。

発起人を代表するかたちで、文藝春秋社長松井氏が挨拶の一番手に立ちましたが、「極右の塊である現政権をこれ以上暴走させてはならない」といった趣旨の話で驚嘆しました。「極右政権のもとで、メディア自体がおかしくなってしまっている」とも話されてました。

何人目かに立った半藤一利さんも、「昔は『反動』と言われた私が、今や『極左』と言われている。松井社長の話を聞いて、私などよりはるかに激しいから、彼など、なんと言われることか。世の中の軸が、そのくらいズレてしまった」とか挨拶されてました。

松井さんの後に立った人たちも、おおむね同趣旨の話をするので、いささかクラクラ来ました（半藤さんに「具体的な事実も指摘くださると助かる」と言うと、「具体的なことは、青木理さんに聞かれたらいい」と、やはり挨拶に立った青木氏の話になりました）。

松井氏は、あなたの直前の『諸君！』編集長？　朝日の社長もすぐに勤まりそうな御仁ですね。仙頭さんとはちょっと違うかもしれない……。》

そして退職の日に挨拶も交わした、その松井清人氏が、中共の習近平サンのような独裁院政体制を敷こうとする人事案に社内から反発の声が上がっているとの報道が、二〇一八年五月になってなされたりした。

《発端は就任4年目の松井清人社長（67）が、次期社長に経理出身の中部嘉人常務を起用し、子飼いの石井潤一郎取締役を副社長にして、自らは会長に就任、院政を敷こうとしたこと。これに次期社長と一時目されていた木俣正剛常務のほか、西川清史副社長、営業局統括の濱宏行取締役ら役員3人が「編集経験のない中部社長では経営危機を乗り切れない」と異議を唱え、人事撤回と松井の退陣を迫った。

木俣は権力奪取のためにクーデターを起こしたわけではなく、「自分も辞める」と松井と刺し違える覚悟らしい。》

（『ＦＡＣＴＡ』二〇一八年六月号）

その後『ＷｉＬＬ』（二〇一八年八月号）などで報じられたように、二年前に退社の意思を最初に伝えた直属の上司（木俣正剛氏）も、退社の日に挨拶をした松井社長も、僕から遅れること（?・）二年足らずで文藝春秋を去った。

中部新社長といえば、僕が『諸君！』のデスクや編集長だったころ、経理にいて、雑誌が発売になってしばらくすると、「今月も、まずまず順調ですね」と声をかけてくれる程度のつきあいしかなかったが……。

♪矢来町さんちの新潮君も　このごろ少し変よ　どうしたのかナ

そしていま、『新潮45』が『諸君！』に続いて（?・）、二〇一八年十月号を最後に「廃刊」になった。その直後に開催された新潮ドキュメント賞（&小林秀雄賞）贈呈式（二〇一八年十月十二日）に僕も出席した。

そこで審査員の一人だった櫻井よしこさんが、本来、この壇上に立つのは保阪正康さんでしたが、地元（出身地）の北海道で大きな地震があり、そのために出席できなくなり、私がここで審査員評を、さらに保阪さんが本来ここでしゃべることと異なることを話すことになると思いますと断った上で、問題とされた十月号の内容に関しては、さまざまな立場の人がきちんと論考しており、ヘイトと決めつけられる筋合いはなく、どんなテーマにも果敢に闘ってきた新潮社はそういう勢力に負けないでほしい、批判する側も、言論には言論でやっていくべきで、廃刊は残念だ

——という趣旨のことを語られたのには拍手喝采だった。

もっとも、この賞の同じ審査員の一人である前出の保阪正康さんは、朝日新聞（二〇一八年九月二十七日付）で、こんなコメントを『新潮45』に対してしていた。

《現政権の枠組みの中で起きたことだ。》
《一部のメディアは、政権とその支持層だけを向いている。そうした論じ方が、新潮社のような伝統的なメディアに侵食してくるとは思わなかった。》
《編集長に歴史観がなく、ときの権力や売り上げに流された結果だ。日本は成り行き社会で、戦前のファシズムに至った。今回の件は日本社会の劣化を示しているが、（休刊で）社として土俵際で踏ん張ったともいえる。単色化しやすい社会だけに、実像を直視しなければならない。》

保阪さんのこの指摘、解釈はいささか針小棒大（被害妄想）すぎないだろうか。ちょっと違うのではないか。単純な思い込みからのコメントとしか僕には思えなかった。

戦前は「統帥権」、戦後は「憲法9条」を特定の解釈のみで解釈するのを絶対視した人々がいた。それに反する解釈等々は許容しないということで、異論を唱える人には、戦前は「アカ」、戦後は「タカ」というレッテルを貼ったものだ。

近年、「統帥権」「天皇機関説」同様、他者の言論を封じ込め圧殺するような「言論空間」が徐々に醸成されているのではないか。それを「戦前のファシズム」化とみなすなら、『新潮45』の廃刊は、天皇機関説を唱えた美濃部達吉さんへの言論弾圧と同じ事件と見ることも可能ではないのか。

問題になった杉田水脈《みお》さんや、彼女のエッセイを支持した小川榮太郎さんのエッセイを国語試験の問題に出して、「問題」になった箇所に傍線を引いて、著者は、ここでなにを言いたいと思っているのか、百字以内で答えよなんていう出題をする高校や大学が出てくるかもしれない。

そして、「性差別を助長することを意図しているとは思えない。あくまでも予算配分の兼ねあいを指摘しているだけ」とか、「痴漢する自由があると主張しているわけではない。あくまでも杉田論文を批判する人の言論破壊の自由を支持すれば、そういう極端な自由を主張する人も出てくるのを恐れているだけ」と書いたりすると「×」になり、それとは逆のこと、保阪さんのような見解を書かないと「〇」にならないなんてことになれば、恐るべき言論の自由、学問の自由の破壊となるだろう。

それでいいのか。そんなバカな、それこそファシズム、コミュニズムの世界ではないのか。

新潮社の関係者から聞くところでは、新潮社社内で、そういう「言論の自由」を破壊することを助長する人たちもいたとのこと。『新潮45』の編集長を厳罰にせよと息まき、署名集めをしている人もいたという。

しかし、「雑誌は編集長のモノ」といっても、事前に仮目次案などを提示して、営業や発行人などの「了承」を得て、特集を組んだりするのが普通。編集長だけを厳罰の対象とするのはおかしいだろう（そもそも厳罰にせよということ自体が荒唐無稽だと思う）。編集長が、電車で痴漢して捕まったというならともかく――。

にもかかわらず、兄弟誌の『新潮』（二〇一八年十一月号）の編集長が、編集後記で、『新潮45』に掲載された小川榮太郎氏の論文の内容について「人間にとって変えられない属性に対する蔑視に満ち、認識不足としか言いようのない差別的表現」だと指摘し、「傷つかれた方々に、お詫びを申し上げます」と謝罪したという。それに対して、新潮ジャーナリズムは死んだのかと、元社員の人で、そう感得する人もいたようだ。

高橋源一郎さんや内田樹さんなんかの「影響」を受けている社員が新潮社内にも蔓延っているということだろうか。かといって、同じく新潮社からベストセラーを書いている百田尚樹さんや曽野綾子さんたちが、「徒党」を組むようなかたちで、逆張りの「言論弾圧」をするということはなさそうだ。それはそれで良識といえる。左派系の人って、すぐに徒党を組んで、「同調圧力」を働きかけるのが好きだから……。

左右の全体主義を嫌い、個性を尊重する――真の意味でのリベラルな人は、そういうことをするのが苦手だから劣勢になるのかもしれない。

ともあれ、僕がなぜ編集者になったのか、そして文藝春秋でしたこと、考えたこと等々を、しばし回想していきたい。

第一部　文藝春秋

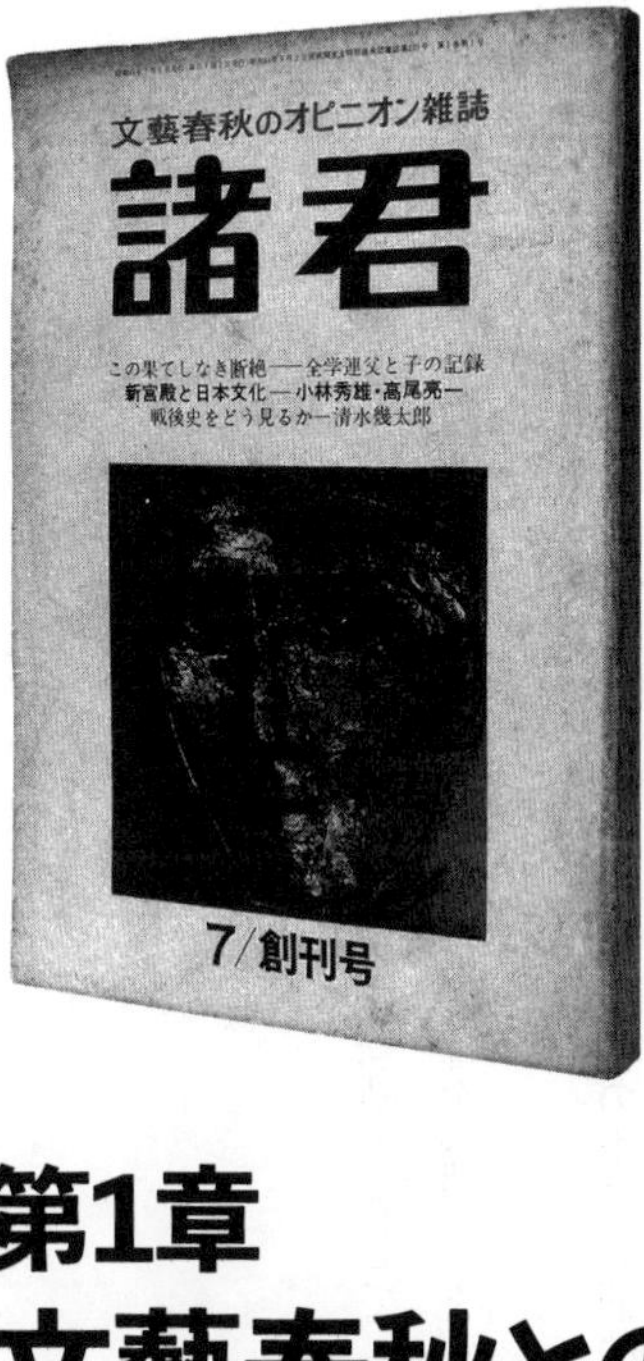

創刊号の『諸君』（「！」は付いていなかった）

第1章
文藝春秋との「赤い糸」

菊池寛との遭遇

「プロローグ」でも少し触れたように、僕は大学を出てから松下政経塾に第三期塾生として入塾した。そのときの塾でのちょっと唖然とさせられた体験はあとで詳述する（第二部を参照）。まずは、文藝春秋との「赤い糸」について触れておきたい。

僕の母校では、国語の授業の一コマとして「日本文学史」があった。その授業の中で、菊池寛という名前が出てきた。菊池寛といえば、やはり『父帰る・恩讐の彼方に』（旺文社文庫）となろう。当時の現代国語の教科書にも採用されていた（かどうかは記憶にないが収録されていたと思う）。

ともあれ、当時（中学・高校生時代）は、図書館にあった旺文社が各学校に寄付した旺文社文庫（ハードカバー文庫）を読破していたので、菊池寛のその代表作も、旺文社文庫で読んだ。のちにマーク・トウェインの『人間とは何か』（岩波文庫）に感銘を受けるわが身であったが、やはり、まだ純朴な中学・高校生ということもあって、この「人間とは何か」「家族愛とは何か」といった葛藤《かっとう》を描いた代表作には感銘を受けた。

当然、その菊池寛が『文藝春秋』という雑誌を戦前創刊し、同じ名前の会社を創立したことを知るようにはなった。テレビでも、『末は博士か大臣か』（一九六三年、大映）が上映されたのを、そのころ見た記憶がある。親友の綾部健太郎（のちに衆議院議員）との友情を軸に描いた作品で、たしかフランキー堺が菊池寛を演じていた。二人の顔つきがなんとなく似ていると思ったものだ。

それと、これは後年知ることになるのだが、菊池寛は戦前（一九二八年）、国政選挙に立候補している（落選）。そのときの所属政党は社会民衆党。これは西尾末広などが所属していた、戦後の社会党右派、民社党につながる政党だ。その菊池寛が興した文藝春秋が、あとでも触れるけど、『大系民主社会主義（全六巻）』を一九八〇年～八一年に刊行し、それを読んで、中庸な（?）僕が文藝春秋に入ろうと改めて決意したのも、ある種の「赤い糸」のつながりがあったからといえよう。

『諸君!』との遭遇

高校二年の秋に亡くなった父親は『文藝春秋』を読んでいたが、『諸君!』は家にはなかった。以前、阿川尚之さんにうかがったところ、当然ながら『文藝春秋』とならんで『諸君!』も自宅にあったという。父君の阿川弘之さんが『文藝春秋』の定期執筆者でもあられたから当然だろう。高校のころから愛読していたとうかがったことがある。しかし、僕は中学・高校時代は『朝日ジャーナル』『赤旗』『自由』『正論』どまりで、『諸君!』と出会うのは、大学生になってからだ。

大学生になってはじめて手にした『諸君!』（一九七七年七月号）に、田原総一朗氏が聞き手となった「マルクスよりもマルクス・向坂逸郎」というインタビュー記事が出ていたが、当時、社会党を牛耳っていた反知性主義・教条主義者・向坂逸郎氏のオツムの程度を曝《さら》け出した傑作だった。その読後感を投書したところ翌月号の投書欄（「読者諸君」）に掲載されたのは前述したとおり。

こんな投書だった。

《向坂氏の奇妙な論理

七月号の向坂氏への『諸君!』インタビュー」には、正直いって唖然とせずにはいられなかった。この高度化した資本主義社会の中で、一応多くの改革がなされ、テレビ、自動車、冷蔵庫などを持つことのできる一般中産階級が増大しつつある今日、まだこのような被害者意識を持ったかたがおられるとは、僕にとって驚き以外の何ものでもない。二百カイリ問題に関する、日本が譲歩すれば正義の国ソ連との交渉は容易に解決するだろうという空想的思考、そしてヤルタ会談の決定によるソ連の侵略的北方領土問題も解決ずみと言い切る精神は一体どういうものか。これは一方では、この前の社会党大会で協会派の集中的野次が江田氏の発言を封じたことも忘れてか、江田氏を追い出したおぼえはないと居直る態度にも通じるようだ。

共産党のように仮面をかぶって国民向けの顔と本性とを使い分ける無節操よりは、向坂氏のようにズバリと自己の信念を述べる方が、まだ好ましいことかも知れない。しかし向坂氏は、あまりに教条的な、硬直したマルクス的思考を未だに捨て去る気がないようである。マルクスやレーニンが僕らに多大な影響を与え、その理論が世界の近代化、労働者の権利擁護に役立ったことは否定できない。しかしそのマルクスの理論を時に応じて修正した社会民主主義あるいは民主社会主義といったものが、今日、イギリス・西ドイツ・スウェーデンなどで一定の〝効果〟をもたらし、かなりの国民の支持を得ているのに比べて、マルクス一点張りのソ連の実態は、はたしてどうであろうか。

向坂氏は「現実的」という言葉を嫌うそうである。だが、現実に立脚しない理想があろうか。改革に改革を重ねて社会主義を達成しようとしている民社党をニセ革新と一語で片付けてしまっていいのだろうか。向坂氏の言動には、看過できない重要な問題が含まれているように思えてならない。》

（『諸君！』一九七七年八月号）

その後、『諸君！』を毎月購読するようになった。大学の生協だと、雑誌は定価の十五パーセント引きで購入も可能だった。当時定価は五百五十円ぐらいだった。なにか琴線に触れる論文があると、その感想を投書して掲載されることが多かった。

そのうち、山本夏彦さんの「笑わぬでもなし」の連載百回を記念して、読者との懇談会を、一九八一年六月十一日に文藝春秋で開催するとの告知が一九八一年五月号の「編集後記」に載った。さっそく応募したところ、二十人ぐらいの中に選ばれた。

文春ビル四階の会議室で、われわれ読者と山本さん、そして村田さんと交代したばかりの新編集長の堤堯さんなどを囲んでの懇談……。ちょうど見本が出たばかりの新刊書（『恋に似たもの』）もいただいた。そのとき、この懇談会に出る前に本屋でこの本を見かけたのだが、もしかしたら、今日もらえるかもしれないと思って買わないでいましたと語ったりしたら、笑いが起こったものだった。

その会で堤さんに、以前連載されていた「ホモ・ルーデンス」の感想を聞かれて、おもしろかったのになくなって残念と答えると、そのあと、連載が一時復活したりした。この会に出たことで、堤さんとの面識ができて、そのあと「研修」を受け入れてもらったことがきっかけで、文藝春秋に入社することになっていく。

人との出会いは、ちょっとした偶然、ボタンの掛け方、掛け違いで、いろんな局面が生まれ消えていく。なるようにしかならない。あとで編集部の人に聞くと、応募者多数につき抽選だったとはいえ、「君の名前は珍しいし、よく投書しているから」ということで優先して選ばれたとのことだった。もし、このとき選ばれなかったら、文春に入ることはなかったかもしれない。

だが、『諸君!』の前に、いろんな雑誌との遭遇がなければ、僕は雑誌ジャーナリズムの世界に入ることはなかっただろう。

『朝日ジャーナル』『赤旗』との遭遇

そこで、話を少し戻す。

僕の田舎は高知県安芸市だ。三菱の創業者である岩崎弥太郎が生まれたところ。少し前までは阪神タイガース(一軍)のキャンプ地でもあった。最近ではジャーナリストの門田隆将さんが生まれたところとして知られる(ようになった)。

彼は、僕の「年上」になるのだが、小さいころに病気で休学したこともあり、学年は僕より一年下になるが、なんと安芸第一小、土佐中、土佐高、中央大学法学部（政治学科）とずっと同じ「学歴」を歩んでいるのだ。中学時代は、安芸から高知までの片道百分の電車通学をともにした仲でもあった。

それはさておき、父親は歯医者だった。東京医科歯科大学（歯学部）を出ていた。昭和三年（一九二八年）生まれ。たしか、徴兵猶予を獲得するために理系の歯学部を志望したと聞いている。戦争が終わってからもともとの希望の法学部に戻ろうとしたが、そのまま大学に残り卒業して地元で開業した。

僕は長男だったので、当然跡取りになると思われたようだが……。しかも、高校二年の秋、父が急死。ますます跡継ぎをと周辺に期待されたが、物理・数学が赤点のような理系科目のできない生徒だったから、継ぎたくても継ぎようがなかった。

国立の東京医科歯科大学や大阪大学（歯学部）は無理でも、父の大学時代の友人が理事を務めている某私立歯科大学ならなんとかなるぞという声もあったが、そもそも手先が不器用。ギーギー、ガーガーと小さな器具を使って口の中をあれこれいじるなんてできそうにもない。

ちょうど高校一年の「生物」の授業で、からだの臓器などのビデオを見る授業があったのだが、気持ち悪くなって保健室に退散したことがある（級友たちは、あいつ、また授業をエスケープしているなんて言っていたが本当に気分が悪くなったのだ）。そのとき、オヤジはまだ生きていたので、「あんなビデオで気持ち悪くなるから医者にはとてもなれそうにない。死体解剖なんてできるわけもない」と言ったら、「慣れるよ」と諭してくれたが。

そんなころに出会ったのが慶應大学法学部教授（政治学）の中村菊男さんが編著だった『日米安保肯定論』（有信堂）という本だった。刊行されたのは一九六七年だが、僕が手にしたのは一九七五年ごろだった。

わが田舎の高知県は社会党（左派）と共産党が強く、当時衆議院の定員は五名だったが、社会党（井上泉）、共産党（山原健二郎。この人は、選挙制度の改変により小選挙区制が導入された一九九六年の総選挙で、小選挙区（高知一区）で、十期目の当選を果たすのだ。小選挙区でも当選するほど個人人気があるというべきか、共産党が強いというべきか）の二人は当確。

残り三議席を自民党候補者三名と公明党候補とが争うことが多かった。投票率が高くなると組織政党の公明党は割をくって落選し、自民党は三名当選。投票率が低いと社会党・共産党に続いて公明党も当選し、自民党は二人しか当選できないなんてことがあった。

高知市長は当時、社会党・共産党の統一候補がずっと当選していた（ところが、県知事はずっと自民系）。「民主教育」「受験戦争反対」と言いながら、そういう革新系の日教組の先生方の子息が私立の受験学校・土佐校に入ってきて、民青活動などをやっていたものだ。「矛盾」とはこのことかと子供心に納得、いや不審に思ったものだったが、とにもかくにも日米安保「否定論」を唱える風潮は高知県のみならず全国的に根強く残っていた。そういう時代状況にもかかわらず、大学の先生が、「安保肯定論」を書くのはちょっと新鮮に思えた。

当時というか、僕は『朝日ジャーナル』などを中学生のときから愛読し、また、父親の交友関係で、おつきあいのかたちであったが『赤旗』を自宅で購読していたので、それらをよく読んでいた（創価学会の機関紙『聖教新聞』は、「無料」で勝手に投函されていて、それも手にしたことがあるが、宗教に関しては無関心に近かったので『赤旗』ほど熟読した記憶はない。ルビをよく振っている新聞だった。母親が学会嫌いで、この人たちは識字力が低いからこんなにルビを振らないと読めないのよと指摘していたものだった）。

だが、なんとなくそんな論調に疑問を抱くことも多かった。なにしろ、韓国朴大統領夫人殺害は、自作自演だといった記事が『朝日ジャーナル』に掲載されたこともあった（記憶がちょっと薄れているが……）。いくらなんでもと思った（が、謀略史観は右であれ左であれ、いろいろとある）。

また、石油ショックのころ、欠陥洗剤ゆえにメーカーが倉庫に入れていた洗剤を、売り惜しみだと決めつけた市民団体（共産党系）があったが、本当に欠陥洗剤で売れないということが判明しても、『赤旗』は一般新聞と違って、その事実をあまり指摘しなかったり、欠陥でも売るべきだといった趣旨の記事を書きなぐっていた。一般新聞と読み比べて、そのご都合主義に「?・」と思ったものだ。

ともあれ、高校一年のとき、『朝日ジャーナル』に、こんな投書をして掲載されたことがある。

《日教組に一言

文部省はよく日教組は偏向教育を行っているという。それに対して日教組は行っていないという。どちらが本当だろうか。僕の住む近くのA校では、ある先生（日教組組合員）が、生徒らに対して、休み時間や授業中に「民青同盟新聞」などを配布する。そして民青同盟に加入しなさいと勧めるのである。こういうのを偏向とはいわないのだろうか。

また僕の学校の先生（日本共産党員）は理科の先生なのだが、授業中にベトナム戦争は……、日本人は弱い……、自民党の責任……などとよく話す。実に耳ざわりでしかたがない。ある程度批判的にそれを理解することのできる者ならいざ知らず、それを丸のみにしてかたよった見方しかできなくなったら、これは先生の責任である。先生が特定の政党だけを批判して、特定の政党だけの宣伝活動を教育の中でする、こういうことは許されるべきなのだろうか。先生が個人として特定の政治信条を持つことはいい。問題はそれを生徒にふきこむか、ふきこまないかだ。

僕が中学三年のとき、社会科の先生が自衛隊について合憲とする説と違憲だとする二つの学説があって論争中であると述べた。その先生はどちらにもつかなかった。友人の中学校では、自衛隊が違憲であることは憲法9条により間違いない、すぐに解散すべきだといった。先生がそう思いたければ勝手にそう思えばいい。しかし生徒の中には国防のために自衛隊があってもいいじゃないかと思うものもいるのである。自衛隊員の子供もいる。そういう生徒の気持を無視してまで、自分のイデオロギーを押しつけるべきではないと思う。良識ある先生ならば前述のように、客観的に合憲と違憲の両説がある、ということを教えるだけでよい。あとは生徒の自主判断に任せるべきである。先生は思想の面において生徒と接する時は中立でなくてはならないと思う。
このことは教育基本法第八条にもちゃんとのっている。「法律に定める学校は特定の政党を支持し又はこれに反対するための政治教育その他の政治活動をしてはならない」と。》
（『朝日ジャーナル』一九七四年六月二十一日号）

すぐに反論が出た。七月五日号に。驚いたことにその投書のタイトル見出しが「仙頭寿顕君に一言」だった。名指しでの反論文だった。「教師は教科書に書いてあることだけを教えればよい、そういうことであれば教師の存在価値は半減する」「もう一方の教育における流れなど、学ぶものとして、もっと広く柔軟に知識を吸収して、ほんとうの判断の基準となるものを、われわれは得るよう努力すべきだと思います」……といった内容だった。

だが、そもそも「合憲説」の根拠となる「知識」や、押しつけられた側面のある「事実」などは不問にして、9条の条文のみにて、自衛隊違憲であると教える教育や、自民党の機関紙と『赤旗』とを読み比べてみるといった教育ではなく、民青新聞のみを配布して民青に入ろうとか、理科の先生が、理科の授業を後回しにして、ベトナム戦争云々を語るのはいかがなものか。「もっと広く柔軟に知識を吸収」するのを妨げるのが、日教組や日共系教員団体の偏向教育ではなかったか。

ともあれ、『朝日ジャーナル』はたしか四千円の謝礼が小切手で届いた。その後、学生時代に朝日新聞（関西版）に投稿が載ったことがあるが、ここはたしか図書券千五百円ぐらいだったと思うが、全国共通図書券ではなく、なんと朝日の本しか買えない図書券だった。ほかの新聞社は同じぐらいの謝礼を現金か郵便為替でくれたのに、なんとケチな朝日と思ったことがある（しかたないから朝日新聞販売所で、朝日の新聞縮刷版などを購入したものだった）。そんなこともあって朝日にはあまり投稿しなくなった（投稿しても没になることが多かった）。

それはさておき、僕の投書に出てくる「理科の先生」とは、あの慰安婦「虚報」報道で知られることになった、中学・高校時代の同級生でもある植村隆・元朝日記者の本（『真実：私は「捏造記者」ではない』岩波書店）で、尊敬の念をもって紹介されている人（西森茂夫氏）と同一人物である。

さすがに、『赤旗』に投稿したことはなかった。しかし、もう少し学習能力があれば、当時、『赤旗』（共産党）と社会党が対立していた部落解放運動問題（解同朝田一派問題）について、共産党寄りの立場から投稿していれば掲載されていたかもしれない。残念だ（?）。

ちなみに、西森さんは、鶴見俊輔監修・「平和人物大事典」刊行会編著の『平和人物大事典』にも登場している。西部邁さんの少しあとに。

それによると、高知県生まれで北海道大学を卒業。学生時代「札幌キリスト者平和の会」を組織して安保闘争に参加したという。「日中戦争での郷土部隊の加害行為調査、100万本の平和の木を植える『憲法の森』づくりの活動など」に取り組んでいたそうな。植村隆氏は、この西森氏を尊敬したようだが、僕は『朝日ジャーナル』の投書で書いたように、好ましいとはまったく思わなかった。

雑誌『自由』との遭遇

『諸君！』創刊の際、モデルにされたといわれる『自由』という雑誌に出会ったのは、高校二年の夏休みのとき（一九七五年夏）、上京して東京の英進予備校の夏期講習（会場は池袋の立教大学）を受けたときだ。講習を終え、東京駅から帰高するとき、車中で読む手頃な本か雑誌がないかと本屋で物色して見つけたのが『自由』という雑誌だった。

パラパラとめくって、おもしろそうだと思った。偶然だったが、この雑誌は、先述の中村菊男さんもよく執筆していたし、著書（『日本国益論』ほか）も出していたところだった。

車中で一読し、この雑誌にも投稿欄があったので投書した。しかし、投書したことも忘れていたある日、倫理社会の小松博行先生が、「君の投書が『自由』に出ているよ」と教えてくれた。教員室で掲載誌を見せてもらった。あとで掲載誌が送られてきたが、『自由』とのはじめての出会いだった。こんな投書だ。

《亡国の教師群

日本の教育——すなわち日本の将来——について考えた場合、末恐ろしい気持ちを持たざるを得ない。ガリ勉することが何故いけないのか（僕自身にはそういう経験はないが）。貴重な時間を少しでも有意義な方向に導こうとする人に対して、率直に僕は尊敬の念を抱く。

一部の教師は高校全入を主張するが、人生は競争であるはずだ。他人に甘えて生きていくことは許されないはずだ。高校全入は、一部の貧しくとも学力ある人たちを除いて、結局はやる気のない者を多数入学させ、教育の低下を招くに過ぎない。若い時は記憶力も旺盛だし、高校時代に多くの知識を得ることは、決して無意味なことではないと思う。

はっきり言えば、今の教師の中には教師本来の使命を忘れている人が決して少なくない。生徒の人気取りのためにかどうかは知らないが、テストの際に教科書・ノートなどの持ち込みを許可して喜こんでいる教師がいる。結局、それは当然生徒のやる気を減退させ、学力を低下させることになるのである。少々殴ってもいいから、びしびしとやる教師なら、あまり真面目でない生徒でもなんとかついていこうとする。しかし前記のような教師には、大多数の生徒はついていこうとしなくなるのである。

また偏向教育も見逃がすことはできない。学校内で教師が左翼系の学生新聞を生徒に配布して、その学生団体に加入しないかと勧める。自衛隊は違憲であると片づけて公民を教える教師。社会科の教師でもない教師が、授業を時々放り出して、ベラベラと政治の話（常に反政府的）をする。こんな教師たちが、国語の教科書に神話がのったくらいで、これは文部省の反動教育の一環であるなどと主張するのは、いかにも子供じみて滑稽ではないか。「祝日には日の丸を掲げましょう」という教師がいたら、拍手したいくらいだ。太平洋戦争は、今とは逆ともいえる天皇賛美の軍国主義にのっとった教育の素地があったからこそ、まがりなりにも遂行できたのではなかろうか。教育の力は偉大であり、神聖なもののはずだ。しかし、今の教育のみならず、教育にたずさわっている教師の中には、教育というものを誤った方向に導いているのではないだろうか。》

（『自由』一九七五年十一月号）

『自由』編集長の石原萠記《ほうき》さんと遭遇するのは、松下政経塾に入ってからになるが、この『自由』は、日本文化フォーラム（一九五六年設立）の「機関誌」として刊行されたものだ。アメリカのフォード財団の支援でつくられたとか、CIAの影響下にある云々の非難が左翼陣営から寄せられたりもした。

そのあたりのフォード財団による自由世界のメディアへの支援活動の実態については、フレデリック・マルテルの『超大国アメリカの文化力：仏文化外交官による全米踏査レポート』（岩波書店）でも詳述されている。フランス人によるアメリカの文化外交や米国内の右派と左派の文化戦争の内実についてのレポートだ。

この本を一読して、日本の雑誌『自由』にも関連するフォード財団の体質（外交的には反共、内政的には民主的社会主義の立場）にも、なるほどと納得したものだった。日本ではリベラルと目されるアーサー・シュレジンガーとて、スターリン主義など共産主義の文化攻勢に対抗しようとし、フォード財団による文化自由会議への支援を受け入れ、「冷戦の戦士」として活躍していた事実がちゃんと紹介されていた。日本でも、そうした「冷戦の戦士」はいくらでもいたのだが、ソ連・中共迎合型の平和運動屋的な容共リベラル派からは、「右翼」「タカ派」のレッテル貼りをされてしまった。

『正論』、産経新聞との遭遇

そんな『自由』と遭遇した前後、高校一年生からは下宿し、下宿先でサンケイ新聞（当時はカタカナ）を購読するようになった（名古屋や北海道では産経新聞は発行されていないと思うが、なぜか、高知県では購読できたのだ）。大学受験には「天声人語」が出るというもっぱらの評判で、同級生（前出の元朝日記者・植村隆氏）たちは、朝日新聞を読むほうが圧倒的多数派だったが、僕はサンケイ新聞、「サンケイ抄」（石井英夫氏）の愛読者となった。

高校生のとき、一九七六年二月二十四日付サンケイ新聞に「厳格で、骨のある教師を望む」とか、『正論』（一九七六年四月号）に「共産党の認める〝自衛隊〟」と題して、共産党の自衛隊に対する「二枚舌」を批判する投書が掲載されたりもした（『正論』で僕の投書のあとに載っているのが、なんと岡崎久彦氏。前々号の福田恆存氏の「金大中会見記」に関しての苦言（釈明）を書いていた）。『正論』の投書は、当時、容共リベラル化を感じていた植村隆氏にも見せた記憶がある。彼の冷ややかな「ふうん？　『正論』か……」といったコメントは記憶している。

《共産党の認める〝自衛隊〟

一月二十日付の各新聞によると日本共産党はついに本音をはいたと感ぜずにはいられない。今まで共産党が自民党と同様に憲法改正を試み自衛隊を認知させようとしたがっていたのはマスコミ界の常識であった。今回の報道は共産党が自らその路線を正直に告白したといえるだろう。

しかし奇妙なのは現時点において自衛権を認めながらも今日の自衛隊は認めないという考え方である。その主な理由は自衛隊が民主的でないということらしい。果たして共産党のいわんとする民主的自衛隊とは何であろうか。それはあくまでも自衛隊を反共勢力に対する弾圧に使用せしむことではなかろうか。

もし共産党独裁政権が成立したならば、必ずそこには自由を求める抵抗が起きるだろう。現在の自衛隊ならばそういった自由への抑圧に対して自ら立ち上がって戦ってくれるだろう。しかし共産党にとってはそれでは困るわけだ。だから今の自衛隊には反対するのだろう。

そして共産党は徴兵制も考慮にいれているという。そもそも共産主義国家のような経済的水準が低い国々にとっては、金のかかる募集制の施行は難しい。日本やイギリスのように経済的基盤のある自由主義国だからこそ募集制が可能なのである。もし共産党が憲法改正によって軍隊を持とうとするならばそれは徴兵制しかないのである。口では平和を守ろうなどとはいっているが、その本質を調べたならば、共産党の恐ろしさが実感できるのではないだろうか。》

（『正論』一九七六年四月号）

中村菊男先生との遭遇

高校生のときに読んだ中村菊男（編著）の『日米安保肯定論』に啓蒙され、中村菊男さんが教える慶應大学法学部（政治学科）に進学したくなった。親父もまぁ、法学部ならいいか……と。もともと自分の志望学部でもあったからだろう。

だが、高校二年のとき、一九七五年十月二十一日夕刻に過労ゆえに急死。小学生の弟もいて母子家庭になってしまったが、経済的にはなんとかやっていけるということで英国社の三教科型の私立文系（法学部）に絞って大学受験を考えることになった。

ところが、慶應大学法学部は、当時はなんと受験科目に数学があったのだ（数Ⅰ）。因数分解で高校数学に躓《つまず》いた僕には絶望的。あげくのはてに、僕は大学受験の社会は「政治経済」で受けるつもりで、「世界史」や「日本史」や「地理」は棄てていた。ところが、慶應大学法学部は「政経」では受けさせてくれないのだ。

早稲田大学でも、中央大学でも、法学部を受けるのに、数学は不要で、必要な社会の科目は「一つ」だけでよくて、「政経」も当然ふくまれていた（もっとも、一部私立大学法学部では社会は「日本史」「世界史」や「地理」でも受験できるのに、「政経」は不可というところもあった。僕の記憶では、学習院大学や上智大学がそうだった）。

あっさりと慶應大学はあきらめ、結果として中央大学法学部政治学科に一九七七年四月に入学した。だが、その年の五月十七日に、中村さんは五十七歳の若さで逝去。中村先生のことについては、拙著『オーウェルと中村菊男：共産主義と闘った民主社会主義者』(自由社)に記しているのでそれを参照してほしい。

ちなみに、当時『蛍雪時代』を刊行していた旺文社が、大学受験合格体験記なるものを毎年募集していた。それに応募して銅賞をもらったことがある。

『正論』執筆陣との遭遇

希望を抱いて入学した大学の講義はいささか期待外れだった。〝教養〟科目として数学や生物などがあって、それが〝必修〟なのだから。ともあれ、一年目は駿河台のボロ校舎、二年目からは八王子の新校舎。北朝鮮に拉致された蓮池薫さんは法律学科だったが、ほぼ同世代。キャンパスのどこかですれ違っていたかもしれないが……。

学生時代は産経新聞や雑誌『正論』を愛読するという読者のサークルのような「正論の会」に参画。毎月一回第三土曜日に、主に正論執筆陣を講師に招いた勉強会をやっていた(いまも日を替えて続いている)。

第三土曜日の午後二時スタートということで、この日は、いつも水道橋駅に午前十時すぎに下車して、古本屋を物色しながら、「いもや」(とんかつ)が午前十一時開店なので、それにあわせて入店。当時、トンカツ定食は四百円だった。

腹ごしらえをして、さらに古本屋街や古書会館の古本市を散策。それから大手町の産経新聞に移動。講演を聴き、そのあと飲み会と……（初期のときは産経新聞社ではなく、神保町界隈の神田錦町にサンケイ出版があって、そこの会議室でやっていたこともあった）。

講師には香山健一氏、志水速雄氏や中嶋嶺雄氏や武藤光朗氏や神谷不二氏や渡部昇一氏や村松剛氏や曽野明氏や佐伯彰一氏や中村勝範氏や佐瀬昌盛氏や田久保忠衛氏など、松下政経塾や文藝春秋に入ってからもお世話になった識者も少なくなかった。

「正論の会」でいまでも覚えているのは、日米欧委員会の日本委員長だった渡辺武さんが講演し、そのあと二次会に、講演会に参加していた外国人がやってきたことだ。なんとソ連大使館の関係者だった。講演者が「大物」だったのでやってきたのだろう。

そして二次会（当時のサンケイ会館二階の「サンフラワー」にて開催）に参加し、「正論の会」メンバーはどんな連中かと「調査」していたようだ。ベレンコ中尉がミグ25とともに函館空港に強制着陸（亡命）して話題になったのは数年前のことだったし、レフチェンコ（亡命）事件が発生した直後だったかと記憶しているが、ふと、僕が「ベレンコやレフチェンコの家族はどうなっていますか」と聞くと、彼らは薄ら笑いをしながら「当然、コレですよ」と、自分のクビをちょん切るかのような恰好をした。

冗談か本気かはともかく、こういう輩が支配する独裁体制は一刻も早く打破しなくてはと心に誓ったものだった。

それにしても反ソ・反共リベラルの「敵対勢力」の中にも入り込んでいくたくましさは立派と

いえようか。もし、そのとき、彼らが僕に関心を持って交友するようになっていれば……（当時、僕は「中央大学正論の会代表」の名刺を持っていた。それを渡したと思う）、そして社会人になって松下政経塾に入り、文藝春秋に入り『諸君！』編集部にいることを知ったら、美人局《つつもたせ》でもなんでもやってきたかもしれない（?）。

そういえば、「超法規」発言で統幕議長を一九七八年に解任されて、民社党公認で、一九八〇年の参議院選挙（東京）に出る直前の栗栖弘臣さんがゲストとして「正論の会」にやってきたとき、翌日の『赤旗』に、栗栖発言の言葉尻をとらえた非難記事が大きく（一面トップだったか?）出たことがあった。「正論の会」は、参加費（当時千円程度）さえ払えば誰でも聴けたのだが、あとで、三輪和雄さん（幹事長）が「席でやけに熱心にメモをしている女性がいたけど、あれが『赤旗』の記者だったんだ」と悔しがっていた。

当時の「正論の会」は、山一證券出身の奈良富夫さんが代表で「真ん中をゆく市民」たちの集まりを標榜《ひょうぼう》していた。また『正論』よりは『諸君！』のほうがおもしろいということで、実質的には「諸君友の会」だなとも彼はよく言っていたものだ。僕も学生時代、一幹事として、講師との交渉など、関連する勉強会に参加したり、いろいろとやっていた。

そのころ、勝共連合や生長の家なども右派系活動をいろいろとやっていたが、僕はそういうところに足を踏み込むことはなかった（そこが主催する講演会などは聴きに行ったことはある）。「正論の会」は原則として、第三土曜日の勉強会参加が主体で、たまに自衛隊の富士演習見学会などがあった程度だった。そこで知り合った先輩・知友たちも多い。

むこうは覚えていないだろうが、一水会の鈴木邦男さんとも「正論の会」で遭遇した。しばらくのあいだ、機関紙『レコンキスタ』をいただいたものだ。『レコンキスタ』に投書欄があったかどうかは記憶にない。著書『行動派のための読書術：よりよい〈知的生活〉のために』（長崎出版）を署名入りでもらったのも懐かしい。

雑誌『改革者』との遭遇

『改革者』は、大学一年（一九七七年）の夏休み、田舎の古本屋で手にした。当時の『改革者』は、アメリカでいえば新保守派のノーマン・ポドレッツが長年編集長をやっていた『コメンタリー』みたいな雑誌だった（と思う）。編集しているのは民主社会主義研究会議であり、社会主義者集団であるが、編集部の人には旧字旧仮名、いや正字正仮名論者（中村信一郎氏）もいたり、国体研究に精出すような人もいた（ということを、のちに渋谷にあった民主社会主義研究会議の編集部のミニ講演会にしばしば顔を出すようになって実感した）。

この雑誌も定期的に月例研究会というのを一時やっていた。「正論の会」同様の勉強会だったが、参加人数はせいぜいで十名弱の小規模だった。あのとき話をうかがった大宅壮一ノンフィクション賞を受賞した『誰も書かなかったソ連』（文春文庫）の著者・鈴木俊子さんも若くして亡くなられた。『改革者』にはじめて投書したのはこんな内容だった。

《参院選の結果と民社党

予想通りといっては何だが与野党逆転は成らなかった。マスコミの作りあげた逆転ムードも所詮は杞憂でしかなかった。自民党が議席を減らした分だけ健全な是々非々に立つ民社党が増えるならイザ知らず、社会党や共産党の議席増につながるならば逆転は成立しないほうが賢明であったといえよう。

民社党も今回の参院選では改選議席を一議席上回るだけで、兵庫では前回に引き続き現職が敗れ、推薦の川上源太郎氏も落選した。幸いに東京では、協会派の社会党候補や共産党を押さえて、木島則夫氏が当選したのは喜ばしいが、それも民社票というよりは木島票のおかげともとれるだろう。

すでに政権を担当している西ドイツやスウェーデンの社民党に比べるならば、日本における民主社会主義勢力は、まだまだ少数派である。春日一幸委員長のいうように、「いつまでも正しい者が少数のままであるはずがない」のは当然のことと思われるが、未だに少数勢力に過ぎないのはどういうわけであろうか。民主社会主義勢力は共産主義勢力よりも少数派なのである（全国区の得票数によれば）。

その原因は何といっても、民社党が真の国民政党としての位置を確保していないことに尽きよう。いくら社会・共産両党の階級政党に対抗して民社党が自らを国民政党と、標榜しても実質が伴っているとはいえない。ある意味で社会党同様に民社党は同盟政治部であり、党員の三分の一が組合員であることからも、それがしのばれる。また民社党を離れていった麻生良方氏が、民社党は「第二自民」といわれようとも、国民のためになるならば進んで「第二自民」の道を行くべきだと言われたが、正にその通りであろう。前国会でも民社党は日韓大陸棚問題、沖縄基地問題でも国民の立場から行動したと思う。違法スト反対の鉄労、全郵政の活動も国民の大きな信頼を得ていると思う。今後もこの国民路線を是非とも貫いて欲しい。

また公明党に対する民社党の態度にも問題がないわけでもない。先日ある会合で民社党の関係者が、公明党と協力するのは、あくまで公明党が社会・共産党の側につかないように牽制するためだといっていた。それならそれでいいのだが、反創価学会の宗教票をあてにしながら、公明党と協力しようというのは、中途半端と非難されてもしかたがあるまい。公明党との関係に民社党はもっと明確な一貫した態度をとる必要があろう。

また、「反自民」を強調するよりは「非自民」を強調するほうが、戦略的にも有利であろうと思われる。自民党も過半数を維持したとはいえ、その得票率の減少傾向に歯止めがかかったわけではない。近い将来自民党が過半数を割るのは必至の状態である。自民党と連立政権を組むのには反対であるが、今まで同様是々非々の立場を貫き民社党の独自性を発揮して行動することを切に望む次第である。》

(『改革者』一九七七年九月号)

そのころだったか、「正論の会」で知り合った京都産業大学に通っている知人(故・渡辺一史氏)

と雑談の際に、「君はオーウェルを読むといいんじゃないか」と言われたものだった。

高校卒業まぎわに、『文藝春秋』に掲載された「グループ1984年」の『日本の自殺』を本屋で手にして、非常に感銘を受けた覚えがあった。その本の中に、当然、オーウェルの名前は出てくるのだが、僕はまだ彼の作品を読んではいなかったのだ。

そこで、まず『動物農場』（角川文庫）、『一九八四年』（ハヤカワ文庫）を読んだ。そして、大学の生協のレジの本棚の上に鎮座している『オーウェル著作集』（全四巻・平凡社）を新本で購入すると全部で一万円ぐらいするので止めて（一九七七年当時の一万円である。週刊誌の値段がいまの半分以下の百六十円ぐらいで、単行本が千円を超え始めたかなという時期だったように記憶している）、古本屋で探した。

高田馬場のビッグボックスの古本市などで定価の半分強の一冊千五百円程度で購入したのが、大学二年のころだった。

まずは第三巻から読み始めていった。その感想は自由社から刊行している拙著（オーウェル三部作）でも展開しているので省くが、共産主義に対する的確な批判、また復古的反動主義に対する批判など、うなずくところが多かった。民主的社会主義者を自認していたオーウェルの作品にはかなりの影響を受けることになった。

「社会の敵、銀行（証券）・生保・農協・テレクラ・（容共）リベラル」という信念が形成されたのもこのころから……。山本夏彦さんの銀行批判のコラムの影響もあったと記憶しているが、日産のゴーン会長が逮捕されたときも、彼の「顔」を見てすぐに頭に浮かんだのが『動物農場』に出てくる「豚」だった（東京地検特捜部の捜査が的確なものかどうかの判断は公開裁判の帰趨《きすう》を見ないとなんとも言えないが……）。

一方、「日本のオーウェル」と言われる（というか、勝手に僕が命名しているだけだが）慶應大学教授の中村菊男氏が亡くなったのは、僕が大学に入学した年（一九七七年）の五月十七日のことだった。

民主社会主義の研究者で民社党シンパでありながら、佐藤栄作内閣でブレーン的な仕事をしたり、『日米安保肯定論』を上梓（編著）したこともあった。高校生のとき、その本を読んで、なるほどと思った僕は、いささかヘンな高校生だったのかもしれない。

日米安保の条文が入った国際法のミニブックを買って読んだりもしたが、経済条項などもあって、日本にとっても役立つ条約ではないかと感じたものだった。だが、当時、まだまだ社共ブームもあって、安保反対の声は喧しかった。

高校の文化祭では民コロ、いや民青に所属していた連中が、アメリカの防衛費と日本の防衛費がいかに同じぐらいあって危険であるかの折れ線グラフを掲載していた。「そんなバカな！」と思ってよく見たら、アメリカのそれはドル単位、日本のそれは円単位だった。あのとき、一ドル二百数十円だったかと思うが、そういうトリックを使ってまで、日本の防衛費の高さを強調する手合いには呆れたものだった（こういう似たような手法は、右であれ左であれ、大マスコミもやるのだ）。

民主社会主義といえば、文藝春秋が一九八〇年八月から民主社会主義研究会議編の『大系民主社会主義』を刊行していた。全六巻。先の『改革者』編集部の人たちが編纂した本だ。文春の発行人は半藤一利さんだった。編集委員長は関嘉彦さん。編集顧問は林健太郎氏、土屋清氏、稲葉秀三氏。

『諸君!』のみならず、こういう、いい本を出す文藝春秋に、さらなる好意を当時抱いたことを覚えている。これは古本屋ではなく、大学生協で買い求め、赤線を引きながら読んだものだった。同じころ、社会思想社から『河合栄治郎全集』も復刊されていた。これも何冊と買い求めた(が、積んどく本になったものが多い)。

そのころ、佐藤昇氏の『革新の神話を超えて』(現代の理論社)なども、ふむふむ、そうそうと愛読していたものだ。彼が関与していた雑誌『現代の理論』もときどき買い求めていたが、これとはちょっと合わないかなと感じていたが……。

日本文化会議との遭遇

「活字好き人間」は、いまや「情報弱者」と呼ばれるようだ。朝起きて新聞を読み、テレビニュースに接し、駅の売店で週刊誌を買って車中読む……という伝統的スタイルはもはや古く、新聞や雑誌などを定期購読することもなく、スマホなどでネットニュースや、有料で読み放題の雑誌を拾い読みするのが、イマドキの若者の情報蒐集だという。

実際、電車に乗ると「本」「週刊誌」「月刊誌」「漫画雑誌」を手にしている人は少数派だ。「本」を手にしていても、「図書館」のラベルが付いていることが多い。新刊本を定価で購入して読む人が減っているのは間違いなさそうだ。

しかし、僕が学生・若者だったころは、もちろんそんな情報機器はなく、読むといえば活字しかなかった。雑誌に関しては、いままで述べてきたように、『自由』『正論』『改革者』『諸君!』（そのほか『朝日ジャーナル』『週刊文春』『週刊新潮』『世界』『中央公論』『文藝春秋』『世界週報』『時の課題』『現代の理論』……なども学生時代もときどき読んではいた）などだが、書店に売っていなくて、学生時代から定期購読した雑誌としては『文化会議』がある。これは日本文化会議の機関誌だ。

そもそも『諸君!』が、この日本文化会議の機関誌として刊行される予定があった。それが社内の反対運動があり、独自編集をするということで『諸君!』が刊行されることになった。

日本文化会議発足の二年前、一九六六年三月、文藝春秋第三代目社長に就任した池島信平さんは、一九六八年七月、新雑誌の創刊を社内に向けて発表する。「日本文化会議の機関誌をわが社で発行する」（『文藝春秋七十年史』より）。これが翌年『諸君!』という月刊誌が誕生するきっかけになったのだが、そのあたりの社内事情をいちばんよく知っているのが、『諸君!』初代編集長の田中健五氏だ。

『自由』が、石原編集長のもと刊行されたのが六〇年安保の前年、一九五九年だったことを指摘してこう語る（『週刊読書人』二〇一五年十一月六日）。

《池島信平さんの中では、『自由』をライバル誌に見立てて、新しい雑誌を作りたいという気持ちがあったみたいですね。社内の編集部をまわりながら、「『自由』がライバル誌である」

というようなことを、ある時期、言っていたことがありました。言いたいことがストレートに言える雑誌というのかな。『文藝春秋』本誌自体が言いたいことが言えない雑誌だとは思わないけれども、部数が増えていたから、小回りも利かない。もっと自由に発言できる新しい媒体を作りたかったということなんでしょう。》

《池島さんは石原さんより一回り上で、石原さんが『自由』を作っていたので、横で見ながら、なんとなく羨ましかったんじゃないかな。それで今度新しく創る雑誌があれば、事実上『自由』のライバル誌にしようというのが、池島さんの気持ちだった。》

ところが、その池島さんの方針に社内から反発が起きた。田中氏はこう語る。

《時代状況もありますが、社内が渦巻きみたいになっていて、「左回転」に渦巻いていた。毎日のように、機関誌反対の会合が開かれていて、またそれに反対する社員もいた。社員の半数以上が「機関誌創刊」には反対していました。その時に「機関誌でもいいから出したほうがいい」というグループもいたんです。僕もそのひとりだった。それで今の言葉で言えば、第一組合・第二組合みたいな形ができた。第一組合は機関誌反対派、第二組合は十人ぐらいいて機関誌賛成派で、第一組合の主張に反対だった。第二組合に所属している人たちからしてみれば、みんな熱に浮かされたように左の方に走っているという気持ちを持っていたんでしょう。社員会は社内のホールで、左翼演劇みたいなものもやっていました。この混乱を見

た池島さんが、結局、「日本文化会議の機関紙を作るのではない。社独自の新雑誌を創刊する」と、社員に向けて表明した。》

そんな騒動の結果、社員会が文藝春秋労働組合として移行発足することになったという。そういう事情で、日本文化会議の機関誌としては『文化会議』が、別途刊行されることになった。『文化会議』は一九七八年に創刊されたようだが、創刊まもないころから定期購読していた記憶がある。四十頁ちょっとの薄い月刊誌だ。定期的に研究会を開催していて、それを活字化したり、会員のエッセイや書評を掲載。裏表紙には『諸君!』の広告などが掲載されていた。

当時、文藝春秋ビルの九階に事務所があった。文藝春秋に研修として通いだしてからは、その研究会にも顔を出すようになった。事務局にいた安田泉さん（男性）の厚意もあった。

「いや、若い人で、しかも学生で有料で定期購読している人って、君ぐらいだったからね。そんな人が、『諸君!』に研修にくるというから、どんな人かと思っていたけど……」と。雑誌の奥付にはこんな言葉があった。

《日本文化会議は、昭和四十三年六月、広く我が国の自由の立場に立つ知識人を結集し、文化に関する各分野の有機的な連携をはかり、世論喚起の活動を通じ、日本文化の健全な発展に寄与することを目的として設立されました。爾来、その目的を達するために、正しい世論形成に向けての活動等を行っております。御友人、御同僚の皆様に当誌の定期購読をお勧め

頂ければ幸甚でございます。》

年間購読料は、いま手元に残っている一九八九年のものだと年間五千円。一冊の定価は四百円。薄い雑誌だったが、読みごたえのあるものだった。

しかし、文春に出入りするようになり、また、社員になってからは、恐縮だが、その時点で定期購読の継続はしなくなり、タダで読ませてもらうことになった。『諸君!』の広告も僕が作成して入稿するようになり、広告掲載誌としていただくことになったので……。

いつのまにか日本文化会議も解散し、『文化会議』も廃刊になった。その後、安田さんは政策研究大学院大学に移られたと聞いている。『文化会議』には一般読者向けの投稿欄はなかったので投稿歴はなし。

そして真打ち登場! すばらしき古女房(天下同憂の士)との遭遇

というふうに、高校時代に『朝日ジャーナル』や地元・高知新聞などから始まった投書生活は大学生になって「開花」した。『諸君!』『改革者』『自由』『正論』『自由新報』『中央公論』『言論人』『月曜評論』、産経新聞、読売新聞など、あちこち投書したものだ。謝礼は千円から数千円程度。お小遣い程度だったが、なかには産経新聞のオピニオンプラザ佳作入賞(三万円)なんていうのもあった。

これは毎月、産経新聞がテーマを設定し、論文を募集していたものだ。じつは、これで女房も見つけてしまった。そのきっかけになったときの設定テーマは「最近の防衛論議について」で、僕は佳作一位。女房は佳作三位だった。当時、入選一位〜二位、佳作一位〜三位で、計五人が入賞者だった。入選者は賞金十万円だった。

このときの入選一位の野島嘉晌《よしあき》さんは、プロの物書きで『大川周明』(新人物往来社)などの著作もすでにある人だった。二位の田中宏治さんは、京都大学法学部の学生で、のちに防衛庁の上級公務員になった人だった。佳作二位の宮崎宏三氏は医者でよく投稿もされていた。当時の審査員を代表して衛藤瀋吉氏がこう書いていた(『正論』一九八〇年八月号)。

《入選作中、野島嘉晌氏の論文はほとんど全審査員が、日本の防衛論の欠陥を衝く本格的防衛論として第一位に推した。しかし田中宏治、宮崎宏三、仙頭寿顕三氏の論文については評価がわかれて審査委員会では議論があった。結果として、田中氏が憲法解釈論として筆致論理に面白味がありほかの二者よりややすぐれているとの判断で入選した。また青山かおる、角田憲彦、平野静夫、大野兼三、北谷佐賀三の五氏の論文についても委員の評価が微妙にくいちがい審査にあたって論争がかさねられた。色々な角度から評定した結果、冷静かつ説得的に改憲論を主張した青山さんの論文が他をぬきんでているとの結論になった。》

われわれの論文は『正論』(一九八〇年八月号)に全文掲載されている。ここでは再録はしないが、偽善的な平和教育を改めるべきだというマイルドで中庸（？）な拙論と違って、妻のほうはジョージ・オーウェルの言葉を引用しながら、憲法改正を強く主張していた。早稲田大学第一文学部に在学中で、「恩師」松原正さんの影響を強く受けていたのではないか。のちに聞いたが、産経新聞に入賞の記事が出たあと、松原さんから大学の授業のとき、「青山さん、産経に出ていましたね」と誉められたと嬉しそうに語っていたものだった。

じつはこの衛藤氏の「評定」に関しては裏話がある。

というのも、この論文の審査員の一人であった、中村菊男氏の一番弟子である中村勝範さん（慶應大学教授）に、そのあと、慶應大学法学部（日吉）の授業でお会いすることがあった。当時、僕は月曜日に中大では授業がなかったので、「ニセ学生」として日吉の月曜日に開講されていた中村勝範先生の政治学の授業を聴きに行っていた（日本政治史・政治学の二コマ。ついでに池井優氏の外交史）。

「正論の会」にも講師として出ていただき若干の面識もあったので、授業が終わったあと「この前のオピニオンプラザで佳作に入りました。ありがとうございます」と挨拶をしたところ、「……もう少し悪筆でなければ、入選していたかもしれないね」と言われてしまった。

ううむ……。悪筆というか、要は字が下手。石原慎太郎さんほど酷くはないが。そういえば、文藝春秋に正式入社して、最初に担当させられたのが石原慎太郎さんの『諸君！』の連載「現代史の分水嶺」の清書だった。デスクの立林昭彦さん（現在『WiLL』編集長）が原稿をもらってきて、「じゃあ、これ、印刷所の人が読めないから清書して入稿するように」と。

四百字詰め原稿用紙に「文字」らしきものがあるけど、かろうじて読めるのは「石原慎太郎」だけ。タイトルも本文も「速記文字」みたいで日本語とは思えない。これをどうやって清書するというのか……。途方に暮れていると、「あっ、テープがあるからね。これ聴いて、脇に清書してね」と。

本人が、原稿を一応「朗読」しているのだ。それを聴きながら、石原氏の悪筆の文字脇に赤字で「清書」していくのだが、テープの音声も、ときどき「う〜ん」と言いながら、カチャと途切れるのだ。本人もスラスラと読めないのだ！　そしてまた再開。

やっとこ入稿してゲラにして、著者校正をいただくのだが、その著者校正の文字もときどき読めないことがあり、秘書と相談しながら、やっと読解していった……のも懐かしい思い出だ。「あいうえおかきくけこさしすせそ」……の脇に、石原さんの生原稿のそれぞれの「あいうえおかきくけこさしすせそ……」をコピーしたものを作成しておけば、読解に役立ったことだろうが……。

女房のほうにも裏話があった。

最終審査会があった当日（土曜日）の午後、産経新聞から自宅に電話があったという。開口一番、「あなたは男ですか、女ですか」と聞かれたのだ。名前が男にも女にもありうる名前だったので、男女不明とみなされていたようだ。ちなみに、このときの論文の応募者は二百二十六人。その中で女性は十一名だけだった。

要は、テーマがテーマだけに、女性の応募者が少なく、入選一位から佳作二位までが男性。せめて佳作三位に女性がいたほうがバランスがいいとの判断が産経側にあったのではないか。だから、衛藤さんが指摘するような事実（青山さんの論文が他をぬきんでているとの結論になった）というのは、じつは半分ウソで、女性だからという要因も多々あったと思われる。「お情け佳作」とでもいうべきか。昨今の問題となった一部私大医学部の合否判定（「男性優先枠」の存在）と違って、このときは、「女性優先枠」があったともいえよう。男性が、男であるがゆえに不利な扱いを受けた可能性が高い。

そう言ってよくからかうのだが、のちに女房は、同じ産経のオピニオンプラザ（募集テーマ「日本は〝軍事大国化〟するか」）で入選一位に入る（新聞発表は一九八七年十一月八日付）。

そのときの審査員の代表は田久保忠衛さん。新聞に掲載された「論文を審査して」の評定は、普通は衛藤氏のように、入選者や佳作者や最終選考者などに満遍なく触れて論評するのだが、なぜか、このときは妻の論文のみ触れて絶賛していただいた。

《国会論議より説得力（仙頭論文）

男性の応募者が圧倒的に多く、女性は全体のわずか三・五％にすぎなかったが、トップ入選者はまだ二十歳代の女性である。おまけに五人の選者の評価が珍しくピタリ一致した。（中略）入選者の仙頭かおるさんは、軍事大国の定義をまず問題にしている。その定義と日本の現状とを比較して、日本はいかに軍国主義とは縁遠いかを冷静に説いている。しかも、米ソ間でＩＮＦ（中距離核戦力）全廃の合意ができている現在、通常兵力の重要性がますます重要になるので、西側の一員として自衛力の向上をはかることは軍事大国化とは無関係だと指摘しているのである。私は全く同感であるし、他の選者からも、「よくできている」「論旨がよく通っている」「バランスがとれている」「対外広報の必要性を主張しているところがいい」などとの講評があった。国内の与野党間の論議の産物である理屈を外に説明するよりは、この論文そのものの方が対外的にはよほど説得力を持つだろう。

ペルシャ湾海域の自由航行をはかるために、掃海艇も派遣できない日本の現状に、「こんなことがいつまで許されるか」と結んでいるが、これも見事に締まっている。敬意を表したい。》

このときの新聞がたまたま出てきたのだが、佳作一位に、先の野島さんが出ている。佳作二位に落合浩太郎さんが出ている。野島さんはわれわれが佳作に入ったときの入選一位の人。落合氏は当時、二十五歳で慶應大学大学院の院生と出ている。その後、安全保障問題の専門家、大学の先生として活躍し、『日米経済摩擦：全体像を求めて』（慶應通信）や『ＣＩＡ 失敗の研究』（文春新書）などを著している人ではないか。そういう中で入選一位になり、田久保さんをはじめ選者から絶賛されたわけだ。

新聞発表のあと、田久保さんと会う機会があり、「この前は女房の論文を絶賛していただきありがとうございます」と挨拶したところ、「ええ？　あの人は君の奥さんだったの？」と言われた。これは、前回と違って「情実」でもなんでもなく、女房の「実力」であったことの証明にもなろうか。

しかも、その入選が発表された直後に、産経新聞の政治部長だった木立真行さんから女房に電話があり、「あなたの論文はすばらしい。わが社も防衛専門記者としては牛場昭彦というのがいるが、後継者がいない。産経新聞に途中入社して防衛専門記者になりませんか」と勧誘されたのだ。

当時、夜泣きをする幼児がいて、育児多忙ゆえにとても新聞記者として働く余裕はなく断ったたものの(ちなみに、妻は大学卒業後、日立マイコンを経て海上自衛隊資料隊で中級公務員として翻訳業務を担当したものの、結婚後少しして退職し、Z会の添削や某メーカーの下請け翻訳などの内職をしつつ「兼業主婦」的な稼業をしていた)。

ともあれ、学生時代に話は戻るが、当時は入賞発表の新聞には顔写真も住所も掲載された(新聞には入選論文の二編のみ全文掲載。雑誌『正論』には入選と並んで佳作三人の論文も全文掲載されていた)。

ということで、当時自費出版していた本を、入賞者の方々に送付。新聞に載った顔写真は、自分のは写りも悪く、彼女のものもそうだろうと思って、ちょっとスケベ心で送付。ちょうど大学四年時で、教育実習をしていた彼女からの返事は少し時間が経過してから届いた。

あとで聞くと、自分の母校での教育実習では、「グッドモーニング、ブスアオヤマ」などと言われて四苦八苦していたそうな。返事にはいろいろと書いてあったが、そのあと、図書館の電話帳で土浦の「青山」をチェック。電話帳には住所も一部明記されていたので、ここだなと思ったところに電話をしたら、偶然本人が出たので、「今度の正論の会の講演会にきませんか」と誘った。

ちょうど八月の講演会が間近で、講師は筑波大学の副学長だった福田信之氏だった。

そんなこんなで、つきあいが始まり、ぬかるみにはまり（?:）、大学卒業後、松下政経塾に入ったものの、否応なく（?:）無理やり、二十五歳になるやいなや結婚する羽目となってしまった。気がつけば、結婚して三十五年なのだ……。

最近、赤上裕幸氏の『「もしもあの時」の社会学：歴史にｉｆがあったなら』（筑摩書房）、アンドルー・ロバーツ編の『歴史に「もし」があったなら：スペイン無敵艦隊イングランド上陸からゴア米大統領の9・11まで』（バベルプレス）を読んだ。これは、歴史的な事件が、「もしも……だったら」ということを論じた本だ。「ブライトンの爆破事件でマーガレット・サッチャーが死んでいたら」とか、いろいろと検証している。たしかレーガン暗殺などもあったが、あのとき、レーガンが死んでいたら……。ソ連はまだ存在していたかもしれない。

そういう「イフ」に比べると、僕の結婚や就職などの「イフ」は、瑣細《ささい》なことではあるが、産経新聞の「不正審査」（?:）がなければ、少なくとも僕と妻とが出会う確率はゼロだったはず。もっと若くて綺麗な女性と文春で社内結婚し、年下妻の収入で、還暦後のいま、悠々自適の定年生活を開始していたかもしれない。

誰しも、いろいろな「イフ」があっての人生の歩みでしかないのだが……（以下「妻」の検閲があり十数頁分は割愛）。

一人で編纂した論文選集
『「諸君！」の30年』

第2章
『諸君！』から始まった編集者生活

「どうだ、この『文藝春秋』の目次、ツマラナイだろう」

前置きがだいぶ長くなった。「すばらしき古女房との遭遇」のあとも、松下幸之助さんとの遭遇やら三雲四郎さん（産経新聞論説委員長）や二宮信親さん（月曜評論社長）との遭遇やらいろいろとあるのだが、それらは後述するとして、そういう「奇遇」「遭遇」があって、松下政経塾在塾中から「塾外研修」と称して、堤堯編集長率いる『諸君！』編集部で、一九八三年十二月から研修を開始。編集会議にも出させてもらったが、要は〝コピーボーイ〟。

当時はファックスも編集部にはなく、精美堂という版下製作を担当する会社が文春内に常駐していて、たまにそこのファックスを借りる時代で、原稿の受けとりやゲラ届けは「足」が頼りだった。そして、前述したような経緯で、文藝春秋に一九八四年七月に入社することになった。堤堯さんは、『諸君！』から『文藝春秋』の編集長になられ、僕はそのまま『諸君！』に残るかたちで正式配属されることになった。

正式入社初日、改めて、堤さんに挨拶。「これからは社員として、よろしくお願いします」。まだそのとき、堤さんは、『諸君！』編集長の席にいた。そのとき、見本が出たばかりの『文藝春秋』を手に、目次を開いて「おい、仙頭、どうだ、この目次、ツマラナイだろう」と言う。前任者による『文藝春秋』だから、堤さんのものではない。ぱっと見て、「そうですね、『諸君！』に比べるとつまらないですね」と新入社員らしく元気よく答えると、「おい、仙頭、声が大きい！」。『諸君！』の隣りのシマの『文學界』を経て、そのすぐ隣りのシマに『文藝春秋』旧編集部の面々がいたから……。

その後、『文藝春秋』は、当時、堤さんお得意の角栄裁判問題や朝日問題などを取り上げて『諸君！』化していった……。

ともあれ、『諸君！』新体制は、斎藤禎編集長、立林昭彦デスクの下、計六名の編集部だった。研修時代にお世話になった人も何人かは異動していた。

突然「キョーサン主義者」に転向

その前に一言。『諸君！』に研修に行きだしたのは、一九八三年十二月からだったが、僕はそのとき、突然「キョーサン主義者」になってしまったのだ。

というのも……。自分の口から言うのもなんなので、元文春社員（写真部・一九八一年入社）の山田一仁さんの著書『自分の力を試したい‥フォト・ジャーナリスト山田の冒険』（文藝春秋）より、関連する箇所を引用したい。

《入社して数ヶ月も経った頃、そろそろ会社に慣れてきた僕は、同期入社のデザイン室の花村広君とある計画を練っていた。それは二人で社内の美人社員をお茶に誘い出すというプランだ。僕が入社した頃は、年上の社員に美人がいっぱいいて、文藝春秋は女性社員を採用す

るときは、美人か否かが基準になっているのではないかと疑ったくらいだった。》
《受付にいた原田さん、『諸君！』編集部の京さん、経理の米村さん……》
その「京《きょう》」さんの隣りの席に僕は座ったのだ。山田さんが書いているように、美人であるだけでなく、とても柔らかな優しい眼差しのエレガントな二十代半ばすぎの女性だった。当時でいえば、大原麗子と松坂慶子とをミックスして二倍にしたような人だった（いまだと橋本マナミさんと竹内渉さんかな）。ボーナスが出たときにはご馳走もしてくれたし……。
「じゃ、仙頭さん、これからはあなたが清水研究室に原稿をいただきにあがってね」ということで、一緒に野口英世記念会館にあった清水研究室までご一緒したこともあった（そのころちょうど、清水幾太郎氏の「ジョージ・オーウェル『1984年』への旅」が『諸君！』に連載されていて、のちに『ジョージ・オーウェル「一九八四年」への旅』として刊行もされた）。
原稿とゲラのやりとりで野口英世記念会館に何度も足を運んでいたが、あるとき、雑誌のゲラと同時にその本のゲラも受けとったことがあった。出版部の担当者に渡してくださいとのことだった。帰りしな、本のゲラを見ると、あとがきの編集者への謝辞に、僕の名前が赤字で書き加えられていた。嬉しく思ったものだった。
ともあれ、校了のとき、論文中などで使う筆者の顔写真や関連写真を、深夜一緒に薄暗い写真資料室で探したりするときなど、思わず……（?）。「人妻」でなければ、茨城田舎娘との婚約を破棄して立候補したいぐらいであったが、理性があったから思いとどまった。

また、当時レナウンが、各社の各雑誌の編集部の女性を使ったコマーシャルをつくるという企画があり、文春からは京さんが選ばれた。岩波からは『世界』編集部の女性が選ばれていた。もちろん部数的にも美貌的にも『諸君!』と『世界』では勝負にはならない。

夜十時ぐらいの民放のサスペンスドラマかなにかのコマーシャルで流れると聞いて、それを見たさにテレビの前にじっと座ったものだ。飛んだり跳ねたりというか、京さんが『諸君!』を手にして、優雅にジャンプするようなシーンがあったことは覚えている。『諸君!』『世界』以外に、なんの雑誌が出ていたかは記憶からまったく消えているが……。

とにもかくにも「京さん」はすばらしく、その意味で「京さん主義者」「京さん党」になったわけだ。

のちに山田さんが早々と退社し、英国に旅立ったあと、先の本を刊行したときに再会したのだが、そのとき、京さんのことをそういうふうに書いていたのを読んでいたので、「僕も『京さん主義者』でしたよ」と言って、たがいに笑ったものだ。

そういえば、僕がいまパソコンに関して富士通の親指シフトしか使えないのも、京さんに責任がある。というのも、アナログ派の僕は、政経塾時代にすでにワープロを使っていた二期生の横田光弘さん(慶應大学工学部出身ということもあり、デジタル思考派だった)を横目に見ながら入社したものの、当時はまだファックスも編集部に満足にない時代。対談まとめは、四百字詰め原稿用紙に一行空きに書いていき、それを届けては二〜三日置いて回収するのが普通だった。研修当時、角栄裁判批判を展開していた堤編集長は共産党系の大物弁護士・石島泰さんなどを起用して

「角栄裁判は〝司法の自殺〟だ！」とやっていた。

石島さんとのインタビューのまとめ（堤さんの口述）を、僕と京さんが二人で交代しながら原稿用紙に向かって清書していくのだ。

速記を見ながら、堤さんが「キソユウヨケンのランヨウ（起訴猶予権の濫用）」とか「キュウモンシュギ（糾問主義）」とか早口で言うと、漢字がすぐに浮かばず「えぇと、辞書が……」

「おぉ、仙頭、おまえ、中大の法科を出ていて、そんな漢字も書けないのか！　モグリか！」と叱責が飛ぶ（僕は法学部でも、政治学科なので刑法や刑事訴訟法などはやっていないのです）。

社内でワープロが普及してくると、当然、そういうまとめはワープロ化されていく。原稿用紙と違って枚数も嵩張らないから、ファックスで送信・受信もできるようになる（いまやメール送信）。

だが、一九八九年前後、『週刊文春』で「デーブ・スペクターのＴＯＫＹＯ裁判」を担当していたときも、まとめのやりとりは「肉筆」でやることがまだ多かった。そのあと、『諸君！』に再び配属になった一九九〇年代初めに、やっと社内のワープロ講習に参加し、そこで手ほどきを受け、個人用のワープロを購入することになり、そのとき、総務にいた京さんが優しく、「親指シフトとローマ字入力の二種類があるけど、どちらになさる？」と聞かれ、「会社はどちらを採用しているんですか」「親指シフトなのよ」と言われて、じゃあということで富士通の親指シフトにしたのだ。

ところが、数年後、社内からはあっという間に親指シフト型のワープロは消え去り、パソコンが主流になると同時に、親指シフトは後退（いや社内的には消滅）していく。ソニーの「ベータ」

みたいなものだが、こんな「親指」にしたのは、会社と京さんのせいではあるのだが、こちらは、いまさら「転向」はできない。

「中途採用の人間で組合に入らないのは君だけだ！」

冗談はともかく、後述するが松下政経塾から転出。その直前（一九八四年三月）には、産経新聞が「仲人」みたいな結婚もし、文春での新生活が一九八四年七月から始まった（これは三十二年間続く）。

ちなみに入社にあたっての保証人は木屋《きや》隆安《たかやす》さんにお願いした。学生時代、作文の指導を受けた梅田博さんの後任として『世界日報』の一面コラム「上昇気流」を書いていた。元時事通信社の社会部長などを歴任。シベリア抑留体験もある人だった。この方にも、本当に大変お世話になった。

ところで、入社する前に、当然、新入社員ということで、組合に入る手続きの書類をもらった。それによると、組織率は九十パーセントちょっとでクローズドショップではなくてオープンショップだという（クローズドだと、組合員の資格がなくなると、社員でもなくなる。オープンだと、組合員の資格がなくても、社員の身分保障にはなんの支障もない）。「じゃあ、組合に入らなくても、なんの問題もないんだ」と悟った。

しかも、左派系の出版労連に入っていないのはいいとしても、冒頭に記したように、たんなる社内組合で、同盟に加盟しているわけでもない。さらには、組織率も百パーセントじゃないのなら、入らなくてもいいか。それに『諸君！』創刊に反対してできた組合だというから、と判断して放っておいた。

すると……。なんと、配属された新編集部の席の隣りが組合委員長（庄野音比古さん）。「なんで君は入らないの？　中途採用の人間で組合に入らないのは君だけだ！」と改めて問いただされ、まさか本当のこと（『諸君！』に反対して社内組合ができたと聞いているので、そういうのには入りません！）を言うわけにはいかないので、「僕、土佐人で、土佐のいごっそうは、組織に入りたがらないんですよ。組織率も百パーセントじゃないみたいだし……」とお茶を濁していた。

「組織率が百パーセントじゃないのは、総務なんかに配属されると、組合に入れないから、その分、そうなるだけで、実質百パーセントなんだよ」と再度諭された（正確には、さまざまな理由があるだろうが、組合に入っていない社員は若干名はいた）。

すると、あとで堤堯さんに呼ばれて、「おい、仙頭、なんで組合に入らないんだ。おまえ、あれだろ、『諸君！』に反対してできた組合だから入りたくないんだろう」と言う（図星！）。

「いえいえ、そんなことはなくて（と前述の表向き理由を）」

「もう、反対したとか、賛成したとか、そんなことは恩讐の彼方だから、気にしなくていいんだぞ。組合に入れよ」と説得工作を受けたのだが、結局、組合には入らずじまいだった。

でも、組合速報（ボーナス交渉過程）などは、無造作に社員全員の机の上に置くから、それはついつい手にして見ていた。

もっとガンバラナクちゃいけないよな、なにをしているんだと思ったりしたことも……。しかし、そのあと、しばらくのあいだ新入組合員が、いつも僕のところにもやってきて「組合費をお願いします」と言うのにには閉口してしまったが……。

「あの人は、組合に入っていないのよ。非組（ヒクミ）なの……」と近くの女性社員が、ヒソヒソと注意を喚起することもしばしばだった（すみません）。でも、「ヒクミ」なんてコソコソ言われると、戦前、軍国主義に反対した人たちが「ヒコクミン（非国民）」と言われていたみたいで、なんとなく、背筋にぞくぞくと快感が走ったりもした。

しかし、あのとき、堤さんではなく京さんがやってきて、「仙頭さん、どうして組合に入らないの？　私も入っているわよ……」とやさしく諭されたら、もちろん、「はい」と応えた（かもしれない）。

しかし、京さんは、編集長が堤さんから斎藤さんに代わったとき、新編集部には残らず異動。しかも、異動先は総務部だったと記憶しているから、そういう説得工作はありえなかっただろう。

「僕が肺ガンで死んだら、妻に文藝春秋を訴えさせます」

ともあれ、文藝春秋労組も、『諸君！』に反対して、それまであった親睦団体が「組合」になったけど、出版労連のような政治的主張を対外的にアピールするようなことはしない穏健な組合だった。

社内も、先の山田さんの描写にあるように、美人社員が多いところだった。入社当時、男女雇用機会均等法もまだできていなかった（一九八五年制定。一九八六年施行）。だから、女性社員はほとんど短大出身の女性たちばかり。

僕のあとに入ってきた女性（A子さん）が、某雑誌に配属された。『諸君！』のすぐ近くだったが、見目麗しい人だった。すると、『諸君！』で「日本を支える人と技術」を連載していた読売新聞論説委員の中村正雄さんから電話があって、「A子さんがいるでしょう」「はい」「どういう人ですか」「え？」「いや、知人とのお見合いの話がありましてね、文春に勤めているというので……」と。

その見目麗しい方、入社して二、三年で結婚退職された。二十数年前、わが家の近くにあった某商社の社員寮近くで遭遇したことがあった。結婚した夫が商社マンで、しばし海外に赴任したあと、国内に戻ってきていたようだった。

このように、良家の子女が多かったのだろう。社内結婚もけっこうあった。僕は入社する前に結婚してしまっていたので……。

そういえば、研修中の三月末に結婚し、新婚旅行には台湾に出かけたのだが、堤さんに「休暇申請」をすると、「え？　新婚旅行に台湾？　変わっているな、おまえ。パーティに行くのに弁当を持っていくようなものだぞ」と揶揄《やゆ》されたものだった（当時、台湾、韓国、フィリピンは日本の独身男が「旅の恥は掻き捨て」といわんばかりに、フフフのアソビをする国と思われていた）。

そんなふうに、きわどいジョークも通じる会社だった。

社長も局長も含めて、上司に対しては「さん」付け。部下に対しては「くん」。肩書で呼び合うことはなかった。銀行だと「〇〇支店長代理」とか言うのだろう。月刊誌の編集部員の多くはノーネクタイ。たまにお役所など堅いところに取材に出かけるときは、ネクタイを締めジャケットを着用はしていたが……。

夕方になると、花札（こいこい）をやりだす社員たち。僕はポーカー程度しかやったことがなく、特に関心もなかったが。数人が囲んで勝負を見守っていた。その勝ち負けの精算はボーナス時（当時年四回あった。春夏秋冬）。

そういった「仕事」以外の社員の様相については、中途同期で一緒に入社した柳澤健氏が、『小説宝石』に、「2016年の週刊文春」を連載している中でも、おもしろおかしく活写されている。たとえば……。副社長を最後に、先の「松井騒動」で退社した西川清史さんによるとこんな感じだった。

《俺（西川）が入社した一九七七年頃の『週刊文春』編集部（田中健五編集長時代）には、将棋盤と碁盤が常備されていた。花札が猖獗を極めていて、編集部員ほぼ全員の机の引き出しには、任天堂の花札が収まっていた。

原稿を待っている時間が長かったからだろうね。今みたいに携帯電話もメールもＦＡＸもないし、編集部で待機している必要があったわけ。

夕方五時だか六時だかになると、編集部のあちこちで花札が始まる。隣り合った机の引き出しを開けて、その上に引っぺがした戸棚の扉を乗せて台にする。
俺が一番最初に花札をやったのは松坂博さん（当時特集班）で、「西川、花札は知ってるか？」って聞かれたから、「いや、知りません。教えて下さい」って答えたんだけど、じつは俺は家で、小学生の時からやってたのよ。知らんぷりしてボロ勝ちしてやろうと思って（笑）。花札って一年十二カ月がワンクールなんだけど、全部勝つとスコンクといって得点が倍になる。俺はいきなり松坂さんをスコンクで叩きのめしたから、以後、二度と相手をしてくれなくなった（笑）。》
（『小説宝石』二〇一八年九月号）

僕が入社したのは、それから数年後。夕方からの「花札」タイムは、まだ残っていたが、その数年後には、もう見られなくなった。

また、大相撲の季節になると、順位予想表というか勝ち負け当てクイズというのが回ってくる。要はトトカルチョ。記憶は定かではないのだが、何千円か出して参加していたっけ（？）。だが、そのうち、これもなくなった。その筋からかどうかは知らないが、まずいということになったようだ。一度だけ「大当たり」したことがあった。

そんなふうに社内のバンカラの空気も徐々に衰弱し、普通の会社のようになっていったのが、僕が入社してからの文藝春秋であった。

入社当時、出勤簿も傘立てのそばに置かれているが、記入する人はまずいなかった。記入するといっても、「七月一日」の空欄のところに、自分で「仙頭」と直筆でサインするだけ。正午前に総務が一応いったん回収にくるものの……ほとんどの人は空白のまま。多くの人がその回収のあと出社するから、サインしたくても出勤簿がないのだから。給与日の前ごろになると出勤簿に全部サインをするようにとのお達しもしばしば出されていた。

一応、そういう出勤簿がないと、労働基準監督署などがうるさいのだろう。残業手当もないから（休日出社手当はあった。入社当初は一日五千円。それが辞めるころには二万円になっていた）、シビアにそんなものに記入していたら、辻褄が合わないことになる。

そんな文春もいまや、出入口に電車の改札口みたいな機械があって、そこに出社時、退社時に、社員カードをピッピッとやるようになった。そのころ、会社に寝泊まりするようなことはなくなっていたが、もし、ずっと仮眠室泊まりだったら、どんな出退勤表になったことだろう。

また、社員の意識調査というか、異動に関するアンケートもとるようになった。いまの職場にいたいか、移りたいか、上司はどうか等々、パワハラやセクハラなどを意識してのものだったようだ。いつも、適当に「○」を付けたりしていたのだが、その中に「社の環境美化について」という項目があった。ここは徹底的に書いた。

当時、社内は喫煙者天国。机の上に灰皿はあるし、吸い放題。健康増進法が制定されてからは、罰則はないにせよ、室内での喫煙は制限を受けるのが当たり前の時代になったのに、文春はまったくの野放し。〝ケムハラ〟が酷かった。

そこで、公務員などで室内を禁煙にしてほしいと要望を出しても無視されるので裁判に訴えて勝訴した記事をせっせとスクラップ。それをその欄にペタペタと張り付けて、「わが社も室内禁煙にしないと、いずれこういう事態が発生しますよ。少なくとも僕が肺ガンで死んだら、妻に会社を訴えるようにと遺言状を書いておきますから」と。

すると、しばらくして、社内は禁煙になった。しかし、各階に「喫煙ルーム」を設置。それがちゃんとした構造ならいざ知らず、ドアには空気孔が開いているような代物で、ドアを締めても周辺にダダ漏れ。大宅賞などの下読み会議も「分煙」ということになったが、会議室の真ん中を「線」で仕切るというかたちで、向かいの席半分は喫煙可能、残り半分は禁煙となったが、タバコの悪臭は「漂う」もの。屋内でそんな「分煙」などしても、まったくナンセンスな分煙だった。

こんなのはなんの意味もない喫煙ルームや分煙であって、やるならちゃんとしたものにしなければダメではないか、これじゃ、やはり訴えられますよ……と翌年も記したら、しばらくして、喫煙ルームはかなり限定された階のかなり隅っこのところに減らされた。と同時に、アンケート項目にいつのまにか「環境美化について」の項目がなくなってしまった。こんな文藝春秋に誰がした（?·）。

言いたいことが言える、耳を傾けてくれる、いい会社だった（と言えるかな?·）。

新潮社と文藝春秋はどこが違うか

いまはだいぶん変わったみたいだけど、同郷の門田隆将さんは大学を出て新潮社に入ったら、退社するまでのざっと三十年近く、ずっと『週刊新潮』編集部に所属していた。新潮社も人によりけりだろうが、そういうふうに、『週刊新潮』編集部や出版部に入ったら、ずっと『週刊新潮』、出版部という人事パターンが多いと聞く。

その点、文藝春秋は二、三年でこまめに代わることが多かった。僕も、『諸君!』二年、『週刊文春』特集（いわゆる事件物を扱う担当）が一年、セクション（小説やエッセイなどの連載担当）が五年ちょっと。その後『諸君!』三年、「出版」（書籍制作担当）五〜六年、『諸君!』七年とか、まだ長めのほうだったかもしれない。だが、『諸君!』にしても、やってきたと思ったら、一年で異動になったりした人もいたものだ。

しかも、編集から広告、営業などに異動することもしばしば（逆もあり）。幸か不幸か、僕は文春時代は編集畑のみを渡り歩いたが、雑誌編集長になった人でも、広告や総務を体験した人も少なくない。編集も女性誌に行ったり、小説雑誌、ノンフィクション雑誌やスポーツ雑誌などを渡り歩く人もいる。これって、同じ雑誌編集でも、仕事の内容はかなり異なる。よほど器用な人でないと大変だろう。

僕などは、総務局長（白石勝氏）の人事面接のとき、「どうしても行きたくない雑誌というのはあるか」と聞かれ、「Ｎｕｍｂｅｒです」と答えたことがある。スポーツは野球ぐらいにしか関心がなく、サッカーにしても、基本的ルールも知らない。そういう意味で、『Ｎｕｍｂｅｒ』と答えただけなのだが……。

「得るものがあれば失うものがあり、失うものがあれば得るものがある」のが人生。「住めば都（はるみ）」（デーブ・スペクターさん）だから、どの部署でもいいといえばいいのだが……。

そういえば、他の出版社はどうか知らないが、文春は入社試験で特に編集と営業と分けて採用することはしていなかった。入社すれば、どの部署にも配属される可能性ありということを、面接試験のとき、学生に強調しておくようにとのお達しを受けていたものだ（試験問題をつくったり、採点したり、面接試験を担当したりしたこともしばしばあった）。

当時、入社を志望する学生に、面接で文春の愛読誌はと聞くと、男は『Ｎｕｍｂｅｒ』、女は『ＣＲＥＡ』と答える向きが多かった。自分自身がかろうじて（？）手にする雑誌がそれであり、それが文春の看板雑誌と思っていたようだった。

『文藝春秋』『週刊文春』『オール讀物』、いわんや『諸君！』を挙げる人はすでに稀になっていた。いくらなんでも活字は好きな人たちだっただろうが、面接を終えた上司が、「愛読書はなにかと聞いたら、夏目漱石と言うから、『なんで読んだの』と聞いたら『教科書で読んだ』と言うから啞然としたよ」と。

まだスマホもなくネットがボチボチといったころの話だったが、いまはどうなっていることだろう。そんな応募者も「枯れ木も山」であって、いまや、そういう無活字世代は新聞・出版社になんの関心も寄せてないのかもしれない。

ともあれ、『諸君！』編集長になるまでの「長い道のり」のあいだに記憶に残っている「取材」や「マイプラン」などの数々の思い出話をいくつか……。

村松剛さんはレイモン・アロンの如く

『諸君!』での研修が始まり、最初にやった取材は、村松剛さんへのものだった。『諸君!』の書評欄に「この本を読んでいます」を掲載するコーナーがあった。そこにご登場していただくのだが、口述にてということで、麹町にあった村松さんのご自宅にお邪魔した。「正論の会」の講師として何度も話を聞いたことがあり、面識はあった。当時は、中東問題がらみの講演が多く、シーア派、スンニ派といった説明をしていただくのだが、いまだに、この二派のどこがどう違うのかはよくわからない。

ともあれ、そのとき「日本経済新聞に『醒めた炎：木戸孝允』を書いているので」その歴史資料として非売品の『越前藩幕末維新公用日記』を読んでいると述べたあと、「本来の専門であるフランス文学・思想」について、一九八三年十月十七日に亡くなったばかりで、フランスを代表する知識人レイモン・アロンの死後すぐに刊行されたばかりの『メモワール』(ジュリアール社)を挙げたのが印象的だった。たしか、原著を手にしていて、それを拝見したものだ。とても分厚い一冊だった。

「彼はしばしば来日して、私も何度か逢ったことがあります。六八年の学生騒動の際には信念を曲げず学生批判を行った唯一の知識人でした。彼のような哲学・文学・政治に造詣の深い『半神の人——巨匠』が亡くなったことは淋しい限りです」と。

この本は、後年、みすず書房から『レーモン・アロン回想録1：政治の誘惑』『レーモン・アロン回想録2：知識人としての歳月』として一九九九年に訳出された。原著から遅れること十数年。サルトルなどの訳本は腐るほど出ているのに、と嘆いたものだった。僕は学生時代から、アロンの本は買い求めていた。荒地出版社から出ていた『レイモン・アロン選集（全四巻）』などを古本屋で、一巻ずつ安く買い求めたりもして快哉を叫んだこともある。『オーウェル著作集』と同じだ。

そのあとも、村松さんは『諸君！』では、文芸評論家としてよりは湾岸戦争等々、国際情勢評論家的な原稿を書かれたりすることが多く、しばしば担当させていただいた。「博学！」と言うしかない人だった。

時には南アフリカに出かける寸前に原稿をいただき、ゲラは南アフリカの日本大使館に送信するなんてこともよくあった。メールなどがない時代、海外とのゲラや原稿の受け渡しは四苦八苦したものだった。

『諸君！』にいたとき、土曜日（一九九〇年十月二十七日）に共同通信社に、記事中で使う写真を受けとりに出かけていたら、社内で、ピンポーンという音がしたあとで、「筑波大学教授・村松剛さんの自宅が放火されました。過激派によるもののようです」といった趣旨の女性の声でアナウンスが流れた。緊急ニュースを社内で流していたのだろう。おやおや、大変だと思って、社に戻ったとき、『週刊文春』編集部に顔を出して、さっき共同通信社で、そんなニュースを聴きましたと伝えると、グラビアのデスクだった西川さんが、「出動！」と。

十一月八日号（十一月一日発売）の『週刊文春』のグラビアに、村松さんが、筑波の宿舎が放火されたあと、「人の家を勝手に燃やすな」との見出しで、台所で燃えかすとなっている扉を手にしている写真が掲載されていた。ご本人は不在だったが、奥さんはその放火された家の一階で就寝中。万が一には焼死ということもあった。現場からは発火装置も見つかっていた。大嘗祭をやるべしとの立場ゆえに、自宅には「ブッ殺してやる」などの脅迫電話も相次いでいたという。

ウィキペディアには、こう書かれている。

《1990年10月27日、今上天皇即位礼を控え、保守言論人として天皇制支持者の言論人として、革労協により自宅（筑波大学教授として入居していた教員官舎）が爆破炎上される事件を起こされている。戸塚ヨットスクールへの支持者としても知られる。喉頭癌と長年闘病しつつ執筆活動をしたが、1994年に死去。》

そう、晩年、喉頭癌で苦しんでいた（ヘビースモーカーではあった）。柏の国立がん研究センターに入院され、笹本弘一編集長と一緒にお見舞いにうかがったことがある。手術をすればという診断もあったのだが、声帯をとられると講演ができなくなるので、それを嫌って、手術以外の手法でガンと闘ったと聞いているが、残念ながら、一九九四年五月十七日、永眠された（享年六十五）。

お葬式もお手伝いさせていただいた。

お葬式といえば、志水速雄さんから始まって、村松剛さん、福田恆存さん、山本夏彦夫人、江藤淳夫人、関嘉彦さん、神谷不二さん、中島みちさん、塚本哲也さん、佐々淳行さん等々、葬儀の裏方をやったり、たんに参列者としてお通夜などに顔を出したり……。

いまにして思うと、入社したときの著者の方々は、僕にとっては父親母親の年齢の人が圧倒的多数だった。時には祖父祖母レベルの人も。やがて、同年代の筆者（八木秀次氏、宮崎哲弥氏等々）が登場。いまや息子娘世代の筆者（岩田温氏等々）が活躍している。

入社してから間もないころにお世話になった筆者が次々と鬼籍に入られる昨今、わが身、老兵も消え去るのみ……と感じるこのごろでもある。

画期的だった丸山社会党書記の「ソ連脅威論」論文

斎藤禎編集長時代に記憶に強く残っているのが、社会党書記の丸山浩行さんに書いてもらった論文「ソ連太平洋艦隊を警戒せよ」（一九八五年十一月号）だ。彼の『核戦争計画：米ソ戦の研究なしに平和は語れない』（亜紀書房、一九八五年八月刊）を一読し、民社党ならまだしも社会党にもこんなまともな人がいるのかと感心し、会いに行き、そういう論文を書いてもらったのだ。

当時はまだ、ほぼ無名の人だし、『諸君！』のその月の表紙に刷られてもいなかった。『諸君！』は売り物企画のタイトル・筆者名はカバーに何本か刷られる。ちなみに、その月は「三浦和義の『物語』と『現実』」（木村駿&中上健次対談）や「朝日新聞と満洲事変」（半藤一利）、『言葉遊び』としての防衛論」（海原治）などが列記されていた。

そのころはソ連脅威論を否定する論調が朝日新聞をはじめ、社会党や共産党などで主流的だった。そういうところに、社会党の現職書記が、「ソ連の軍事的脅威は高まる一方だ。この『事実認識』に保革の差などない」「このような時代に一部マスコミに見られるように、ソ連の軍事的脅威をいたずらに軽視するような判断は有害であろう」と具体的な軍事分析とともに指摘したのだから、ちょっとしたニュースになるかと思った（論文末尾に「これは筆者の個人的見解である」との断りの表記はしていた）。

そこで見本ができたときに（当時、『諸君！』の発売日は一月号以外は毎月二日（この日が日曜日だとその前の土曜日刊行ということもあり）、これまた「正論の会」でお世話になっていた産経新聞の對馬好一さんに会いに行った。彼は当時、防衛庁担当記者だった。

十月一日（火曜日）に、六本木でランチをしながら、「明日発売の号なんですが、社会党の現職書記がこんなおもしろい論文を書いているんですよ」と見本誌を渡した。すると彼は、見本を手にして「ふうん、おもしろそうだな。ちょっと明日の紙面で紹介してみようか」と言ってくれて別れた。

その翌日（十月二日・水曜日）、わが家は産経新聞を購読していたのだが、驚くことに一面トップで紹介されていたのだ。

「ソ連太平洋艦隊は脅威」「社会政策担当者が異例の論文」「月刊誌に掲載」「核使用、可能性強い」「北海道へ武力侵攻も」との大見出し。記事の最初には『諸君！』の雑誌名もちゃんと載っている。二面にも對馬記者の「視点」という解説記事も掲載。この政策提言が社会党内で活かせるかといったコラム。

朝、その記事を見ながら、さすが産経新聞と感心したものだった。当時、妻は防衛庁（海上自衛隊資料隊）を退職していたが、やはり、軍事面で産経は他紙に抜きん出ていることが多いから、職員はみな産経をまず読んでいるとのことだった。

出社して、斎藤編集長に、「昨日、産経の記者に会って見本を渡したら、こんなふうにやってくれました」と会社の産経新聞を見せたら、感動して地下鉄の売店までわざわざ産経新聞を買いに行っていたのを覚えている。売れ行きは？　当然アップしたことと思う。

丸山さんは、その後も、定期的に執筆された。僕はそのあとは『諸君！』から離れて、七年近く『週刊文春』に行ったので疎遠になってしまったが、マジメな愛国心をもった社会党書記の方だった。しかし、当時は向坂逸郎氏などを教祖とする社会主義協会などが牛耳っている社会党だったから、いろいろと大変だっただろう。『世界』ならまだしも、『諸君！』なんかに、しかもソ連批判を書くなんて……と。

そのあと、笹本編集長時代には、社会党右派の小林正さん（元神奈川県日教組委員長。社会党から自由党に移ったりした）などにも誌面にご登場いただき、「正論」を展開してもらうことがあった（「なぜ社会党を離党したか」一九九三年四月号、「社会党にも明日はない」渋谷修さん、三井マリ子さんとの鼎談・一九九三年八月号）。

犬が人を噛んでもニュースにはならないが、人が犬を噛んだらニュースになる、ではないが、左派系の人が右派的なことを言えば「おやっ？」と思うもの。逆に左派系雑誌に、防衛庁（防衛研究所）関係者などがハト派的な見解を表明するなんてこともしばしばあった。多様な言論をやりあうことができるのが雑誌のいいところ。

佐瀬昌盛さんの「危機一髪」朝日批判論文

堤＆斎藤編集長時代にソ連脅威論問題で忘れられないのは佐瀬昌盛さんの一連の連載だ。このあたりの「佐瀬氏＆諸君！」と朝日との論争に関しては、佐瀬昌盛さんの『朝日新聞は真実を伝えているのか？‥ねじ曲げられた報道はもういらない』（海竜社）や、旧刊の『虚報はこうしてつくられた』（力富書房）に収録もされ、『「朝日」の報道はここがおかしい‥軍事情報をめぐる虚と実』（力富書房）にも詳述されている。

佐瀬さんが、朝日新聞のＩＮＦ（中距離核）報道批判を連載で展開していた前後に、僕は入社した。

文春に入っていちばん最初の対談まとめの仕事が、佐瀬さんと朝日の田岡俊次さんとの対決対談だった。「ＳＳ20とトマホークどっちが脅威か‥防大教授VS朝日新聞記者が安保をめぐって大激論」（一九八四年十一月号）。

僕は学生時代、特にジャーナリズム学校などには通ったことはなかった。ということもあって、雑誌を読んでも、論文は筆者がそのとおり書いているのを載せているのだろうし、対談は二人がそのとおりしゃべっているのを、そのまま載せているのだろうと思っていた。もちろん、実際にはそんなことはなく、「あれがああなって、それはそうなって」といった話を「あれ」「それ」にはちゃんとした「言葉」を当てて編集者がまとめてこそ、読みやすい対談になるのだ。

研修時代は、コピーボーイみたいなものだったが、社員になって、「まとめ」の仕事をするようになった。雑誌編集者の仕事は、これが基本。速記嬢がペラ（二百字詰め原稿用紙）に書きためたものをもとに構成していった。どうやって無事掲載まで進んだか、もう記憶はないのだが、その速記の塊がまだ自宅には残っていた。それだけは記念に捨てずにとっていた。

佐瀬氏さんの朝日との対決はまだ続く。

偶然、軽井沢の図書館で気づいた朝日新聞の縮刷版の変造に関して、一大論文を書いた（一九八四年四月八日社説の誤記――「（中距離ミサイルが）西独、英国、イタリアという三大国に計四百七十六基が導入された」が、縮刷版では「西独、英国、イタリアという三大国が計四百七十六基の導入を決めた」と、秘かに修正・変造されたことを問いただす内容）。

「導入された」ので「怒ったソ連は、ジュネーブでの米ソ交渉などを打ち切ってしまい、いつ再開されるかが新しい焦点になった」と続くのだが、それが縮刷版では「導入された」ではなく、「導入を決めた」と、事実関係に関しては正しくはなっているが、密かに「修正」されていたのだ。

佐瀬氏が、社説が出た直後に、実際にはまだ導入されてもいないのに、こういう嘘を書くのは「厚顔無恥のウソつきであるか、驚くほど新聞を読むことに怠慢な新聞人であるか、その両方である」と六月号で批判していた。おそらく、この佐瀬論文を読んで（？・）、あわてて縮刷版直しを指示したのだろう。

ともあれ、この佐瀬論文（「ひそかに変造された朝日新聞縮刷版『伊藤律架空会見記』以来の大珍事」）は、冒頭、ジョージ・オーウェルの『一九八四年』の「しかし現実に、それは偽造ですらないと、豊富省の数字を改めて調整しながら彼は考えた。ナンセンスをナンセンスと差し替えたにすぎなかった」を引用紹介しつつ始まる。

この論文は、一九八四年十二月号に掲載された。だが、この論文、もしかしたら十二月号に掲載されなかった可能性もあるのだ。というのも……。

この号は、十一月二日の発売だから、校了は十月二十日過ぎ。その数日前に入稿するのが原則だが、佐瀬さんからは原稿が届かない。ちょうど日ソ間の有識者による定例会議があるということで、モスクワに発つ前に速達で原稿を送ったとの連絡があったものの、それが編集部に届かないのだ。当時は、携帯電話やメールなどもない時代。ソ連に旅立った佐瀬さんとの連絡をとるのも容易ではない。郵便事情かなにかが理由なのか……。

やきもきさせられていた校了寸前のある日の夜九時過ぎだったか、佐瀬さんの奥さんから編集部に電話があった。いま帰宅したところ、文春宛に送った主人の原稿が、宛て先不明のような理由で自宅のポストに入っていたというのだ。あとで確認できたところによれば、佐瀬さん、切手はちゃんと貼っていたようだが、住所が思い出せず、「東京都文藝春秋」とだけ表に書いて投函したようだった。いまなら登録してある郵便番号（一〇二―八〇〇八）さえ書けば、それだけでも届くが、もちろん、そういうことは当時は無理。せめて、東京都千代田区とまで書いていれば……。

ともあれ、その電話を受けて、帰りかけていたアルバイト君（校了まぎわ、原稿とりなどを依頼している学生）を大声で「ちょっと待って、もう一仕事！」と呼びとめた。会社から鎌倉まで往復タクシーを利用して、その原稿を回収。入稿し、ぎりぎり十二月号に間に合わせることができたのである。危機一髪だった。

「右折禁止の会」に負けることなく自衛隊合憲論

この同じ号に、橋本公亘《きみのぶ》さんが『日本国憲法改訂版』（有斐閣）で自衛隊合憲論に転向した経緯を書いた「わが旧著『憲法』を絶版にした理由：石橋・小林流『自衛隊違憲合法論』を斬る」が掲載されている。

司法試験の合格者が多い中央大学法学部の憲法学の教授である橋本さんが自衛隊違憲論から合憲論に「転向」したことは、僕の在学中から話題になっていた。キャンパスには、「右折禁止の会」なるふざけた名称の団体が、「合憲説を撤回せよ」と橋本教授批判の立て看を出していた。そんなこともあって、原稿の依頼をしたものだった。

論文末尾の結語は「法規範は人間の社会生活の規範であるから、事実の世界を離れて、その意味をもつことはない。事実が変化すれば、法規範の意味もまた変化する。憲法の条項の意味もまた、事実が変化すれば、これに応じて変わりうるものである。憲法もまた時代とともに成長し発展していく。これが『活きている憲法』である。９条についても、こうした意味で変遷が問題となってきていると、私は考えている」となっていた。

橋本先生ならば、集団的自衛権問題でも柔軟な立場から、合憲説を唱えたことだろうと思う。慶應大学法学部に行けず、中村菊男先生の謦咳《けいがい》に接することはできなかったが、中央大学法学部で橋本先生の講義を聞けたのと、それが縁でこういう論文を書いていただいたことは生涯の思い出となった（大学のゼミは、政治学科だったので、橋本ゼミには入らず、三年次では英国保守主義のエドマンド・バーク、ウォルター・バジョットの研究家としても知られた小松春雄先生のゼミに入った。この先生もおもしろい素晴らしい先生だった）。思えば、容貌も橋本先生と中村菊男さんとはなんとなく似ている感じだった。

そのあと、中央大学法学部で憲法の先生といえば長尾一紘氏。僕も大学一年のとき、「法学」の授業を聞いた記憶がある。当時は進歩的で、ライシャワー路線批判を展開していた（と思う）。そこでさっそく、ライシャワーさんの『日本近代の新しい見方』（講談社現代新書）を読んで、こっちのほうがまともと思ったりしたものだった。

長尾さんは、その後も「外国人参政権付与合憲説」を唱えていたが、のちに撤回。そして、『日本国憲法・全訂第四版』（世界思想社）や『世界一非常識な日本国憲法』（扶桑社新書）を刊行し、橋本先生以上のコペルニクス的転回を遂げた。自衛隊合憲説は無論のこと、橋本氏も批判していた小林直樹氏（元東大教授）への批判も展開していて小気味よい内容だ。

型破りだった小室直樹さん

『諸君!』の執筆陣の中で、とりわけ異色だったのは小室直樹さんだった。

最近刊行された、村上篤直氏の『評伝　小室直樹（上）：学問と酒と猫を愛した過激な天才』『評伝　小室直樹（下）：現実はやがて私に追いつくであろう』（ミネルヴァ書房）は、小室氏の数奇な生涯を描いていて大変おもしろい評伝だった。とりわけ、書籍関係で、彼の作品をたくさん出した光文社の編集者の「苦労話」にはふむふむというか、そうそうという思いが募った。

というのも『諸君!』時代、「天皇：洪思翊《こうしよく》中将の忠誠をめぐって」（一九八六年五月号）、「天皇：2・26事件をめぐって」（一九八六年六月号）を執筆してもらうために、小室さんを、ニューオータニ、山の上ホテルに「カンヅメ」にして、執筆いただいたことがあったからだ。

先の評伝でも、検査入院をする小室先生を病院に連れて行くために「藤美荘」に立ち寄った編集者を前にして、当のご本人は泥酔状態。泣きたいのを我慢して、「小室に服を着せ、抱えるようにしてハイヤーに乗せた」云々の記述があった。

わが日記にも……。

≪一九八六年三月十四日（金）

夕方、小室直樹さんのアパートへ。一九八四年に入社してすぐのときにお邪魔して以来だが、相変わらず、いやはや、汚いの一言。よくあんなところで眠れるものよ（眠っていたのを起こしたが……）。『諸君！』の原稿を書くなら、カッパ・ビジネスの人に電話して、入院したと言ってくれとか……。いろいろと注文を出す。それにしても汚い部屋。床にカビが生えている。冷蔵庫の中のものをとってくれと言われて開けたが、完全に腐ったモノが中を占めている。ベッドの脇の机の上にホカホカ弁当の類が置いてあった。食事はナントカ取っているのだろう。

それにしても、あの部屋なら冬でもゴキブリがウヨウヨではないか。いろんな個性を持つ作家が多い中で、小室直樹さんは完全に異色也。疲れて夜十時すぎ帰宅。まわりは雪景色だった。

一九八六年三月十六日（日）

昨日（三月十五日）は、小室直樹さんをニューオータニまで連れてカンヅメに……。資料探しやらで、右往左往。いやはや三分の二は正常な人だが、三分の一はやはり奇人だ。締め切り内に書くのは無理……。「印刷所を焼き討ちにしろ」と吠える。

今日も、小室さんの資料探しのために、飽きるほど本屋を回る。学術文庫やら探し回った。》

このころ、ほぼ毎日日記を書いていたが、三月十八日、十九日、二十日、二十一日と空白。というのも……。

《一九八六年三月二十二日（土）
今月の校了は忙しかった。月曜日（三月十七日）から木曜日（三月二十日）まで会社泊まり。金曜の朝帰宅。念校もあって、昨晩（金）やっとゆっくり休めた。
小室直樹さんの「お世話」をしたのだが、まぁ、憎めない、おもしろい人だった。でも、奇人変人。藤美荘というアパートは実にボロく、床にカビが生え、冷蔵庫の中身は腐った食べものばかり。
ニューオータニ（スイートルーム）で三泊したが、実生活とのズレを感じないのだろうか。「ゴルゴ13になりたい、オマンコがいい、女がいい、あれやったら、掃除もついでにしてくれるだろう、凸版印刷を焼き討ちにしろ……」と吠えていたけど……。レミーマルタンの好きな不思議な人だ。》

僕も「藤美荘」に入ったとき……。先輩編集者からゴキブリがウヨウヨいるからなと注意を受けていたのだが、二階の部屋に入り、奥のベッドに居た小室先生のところへ……。翌日、ハイヤーでお迎えに上がり、執筆に必要な書籍などとともにニューオータニなどにお連れしたものだ。

そして締め切りまぎわになって部屋に行くと、「仙頭君、この『諸君！』の論文を書くには、『講孟箚記《こうもうさつき》』がないと書けない。いますぐ、この本を持ってきてください」と一喝するのだ。『講孟箚記』なんて知らない本だったが、「講談社学術文庫にあります！」と言うので、三省堂に飛んで行って無事購入してお届けしたりした。

ニューオータニで「カンヅメ」が無事終わり、荷物など回収してハイヤーにお連れしようとしたら、部屋には下半身パンツ一丁の酔いつぶれた小室先生。なんとかズボンを穿かせ、エレベーターに乗り込むと、そこにはうら若き女性軍が。「いやぁ、きれいな女性ばかり。結婚したいなぁ。僕はゴルゴ13になりたい！」といささか意味不明なことをおっしゃる……。

翌月は、山の上ホテルでカンヅメ。同じような騒動が……。小室さんと直接やりあったのは、そのときぐらいだったが、忘れられない印象が強く残り、先のミネルヴァの評伝を読んでいるうちに、そんな記憶が甦ってきたしだいだ。

何冊も本を出すために四苦八苦した光文社の編集者に比べれば「一期一会」に近いのだが、あのカクカクとした「小室直樹」署名の献辞つきの献本（カッパ・ブックス）も、それが縁で何冊もいただいたものだ。

評伝でもしばしば触れていたゲラへの大幅な書き込み（それがきっかけで新たな本になることもしばしばだったとのこと）……。文藝春秋からは小室さんの本はあまり出ていないが、『天皇恐るべし：誰も考えなかった日本の不思議』（ネスコ。これは文藝春秋の子会社）だったか『「天皇」の原理』（文藝春秋）だったかは、山本七平さんの本の文庫解説かなにかを小室さんに頼んだら、何百枚も書いてきたために、それが発展的なかたちで一冊の本になったと、編集を担当した上司から聞いたことがある。

そのあとしばらくして、当時、通勤で利用していた千代田線の日比谷駅で、午前九時ごろだったか、ホームのベンチに横になって寝そべっている人がいた。朝から酔っぱらいかよ……とふと見たら、なんと小室直樹さんだった。思わず「先生！」と声をかけてしまったが、先の評伝に出てくるような、いつもの酔いつぶれての一シーンでしかなかったのだろう……。

結婚されて、奥様の影響があったのかどうか知らないが、長年つきあいのあった光文社の編集者とのあいだに隙間風が吹いたりもしたそうな。学者であれ、誰であれ、どんな「すばらしい配偶者」を選ぶかというのも大事なのかもしれない。その点、僕は恵まれている……。

文字どおり「紳士」だった徳岡孝夫さん

『諸君！』の巻頭を飾った「紳士と淑女」。その筆者が徳岡孝夫さんだというのは知る人ぞ知る事実だった。だから、まだ秘匿中の時機に、関川夏央さんが、『新潮』で、「紳士と淑女」の筆者は徳岡さんだと暴露したときにはちょっと閉口したが……。

そのころ、徳岡さんは、『フォーサイト』には実名でコラムを掲載していた。あるとき読者から、「紳士と淑女」で書いているのと似たテーマが『フォーサイト』の徳岡孝夫さんのコラムに出ていた、これは盗作ではないかとの指摘があったりしたことも。ううむ……。盗作ではありえないのだが……。「偶然の一致でしょうか……」といった返事をしたためたものだった。

斎藤編集長時代から連載を担当。短文コラムと同時に顔写真などを掲載し、その写真下に皮肉目のコメントなどを編集部で付与するのが常。

原稿はいつも校了直前ということもあり、横浜にいただきにあがるのは主にバイト君の仕事だった。時間に余裕のあるときは、担当者自身が足を運ぶことも稀にあった。バイト君にせよ、僕にせよ、横浜根岸線の某駅前で原稿を受けとるのだが、その際、なぜか、駅ビルのトンカツ屋に入ってご馳走してもらうのだ。そのあたりのことを徳岡さんはこう述懐している。

《ほぼ一週間かけて書き上げる。読み返し、ときには改稿する。〆切りの日が来ると、午後一時には学生アルバイトがJR駅前まで受け取りに来る。落ち合って三階の食堂で厚切りポークカツ二つとビール小瓶一本を注文する。食べ終わったところで原稿の入った封筒を手渡す。「落とすな」「電車の中で居眠りをするなよ」……。食堂は横浜市南部の駅前ショッピングモールにある。三十年間に私はトンカツを計七百二十皿注文した勘定になる。取りに来る学生アルバイトには男も女もいたが、「お腹いっぱいですから」と厚切りポークカツを辞退した子は、ついに一人もいなかった。

ぶらぶら歩いて帰宅する。原稿を渡してから一時間半ほどして、編集部から「届きました」と電話がある。責任は私の手を離れた。書斎の床いっぱいに散らばった切り抜きを片付ける。毎月、同じように働き、同じように責任を果たしてきた。》

（『完本 紳士と淑女 1980―2009』文春新書）

ときどきバイト君が京浜東北線の大宮方面ではなく、横浜線に乗り入れる八王子行きの電車に間違えて乗ったりして、かつ、車中寝込んだりして、目覚めたら八王子駅。そこから四ツ谷駅近くの文春まで戻ってくるとなると、通常の倍近い時間がかかったときがあった。

当時は携帯などもないころ。「徳岡さん、御原稿は?」「さっき渡しましたよ」「まだ着かないんですが」「えぇ? もう二時間前には渡しましたよ」……。「バイト君、失踪!」「原稿行方不明!」「もしかしたら、彼は中国のスパイ学生か?」などとあわてたこともあった……。

そういえば、徳岡さんは、毎日新聞社を定年で辞めたあと、アイアコッカの『アイアコッカ‥わが闘魂の経営』(新潮社)などベストセラーを何冊も翻訳し、優雅な印税生活を実現しておられたが、笹本編集長時代には、愛知の中部大学女子短期大学で英語を教えられていた。ここは三浦朱門さんが学長をしていたところだ。

「紳士と淑女」で、どんな人物やテーマを取り上げるかは事前に電話などで相談していた。名古屋の大学での授業は週何コマだったかは詳しくは知らないが、教えるときは、泊まり込み。むこうに教員用の住宅があった。だから、そこにときどきお電話をすると……。

「いまから教え子と、ここですき焼きパーティをするんですよ。よかったら仙頭さんもきませんか」と。横浜ならともかく愛知まで行きたくとも無理……。それを承知でのお誘いだった。夜食(牛丼)を食べながら、「徳岡さんは、女子大生とすき焼きパーティか。こちらは……」とうらやましく思ったものだ。

時には、「これから教え子と下呂温泉で合宿ですよ。きませんか」とも……。そのあと、仮眠室のシャワーを浴びながら、「下呂って混浴があるのかな……」と。

「男なら、一度はなりたい女子大教授」。その夢を実現したのは、同じく毎日新聞社を退職したあと、防衛大学校教授を経て、東洋英和女学院大学教授（学長）になった塚本哲也さんだ。塚本さんとは晩年、出版時代にお世話になった。徳岡さんと同様に、不幸にも奥さんに先立たれ、またご自身、病気で右手が不自由な中、群馬の保養所で暮らしながら、大宅賞を受賞した『エリザベート』に次ぐ『メッテルニヒ』を左手オンリーでパソコンを駆使して執筆。その編集を僕は担当した。

最後には、自費出版のかたちとなったが、文藝春秋企画出版部から『我が家の昭和平成史‥がん医師とその妻、ピアニストと新聞記者の四重奏』を刊行。そのお手伝いもした。奥様との出会い、結婚への歩みが印象的だった。上智大学での告別式では、カトリック葬なるものをはじめて体験した。

ともあれ、徳岡さん……。「紳士と淑女」は、原稿分量は掲載頁よりいつも多め。そのため、やむをえず割愛する原稿も何本かあった。

顔写真の下につける短文のコピーにはいつも四苦八苦。夕方入った原稿の入稿作業をほぼ終え、ほかの部員がみんないなくなったあと、写真下のひとことがなかなか決まらなくて、ウンウンと唸りながら、やっと入稿するときには、太陽が昇っていたこともしばしばだった。が、楽しい作業だった。といっても、男女雇用機会均等法をめぐって、森山真弓さんが推進派として吠えていたときに、彼女の顔写真（目が大きい！）の下に、当時の流行語「ナメンなよ！」とか入れる程度のものでしかなかったのだが……。

徳岡さんとは、教え子とのツアーなどに同行できなかったぶん、編集部部員一同で熱海（温泉あり）や軽井沢の社の保養所に一緒に出かけたりもしたものだ。一時、視力が減退し、失明の危機に陥ったりしたこともあって、連載もひやひやのときもあったが、ほぼ乗りきっていった。

あの口の悪い、大江健三郎などをボロクソに叩いた中央公論社の安原顯さんが、あるエッセイ本の中で、徳岡さんのことはベタぼめしていた。仕事で遅くなった徳岡さんのために帰宅用のタクシーを用意しようとしたら、「かまいまへん、電車で帰れますから」と断ったエピソードなどを紹介してだったか……。

「紳士と淑女」以外にも、『諸君！』で連載した「真珠湾を知っていた女」を担当。これはのちに単行本（『ドロシー「くちなしの謎」：「真珠湾」を知っていた女』）として結実もした。

『週刊文春』編集部で「番頭」に大出世？

斎藤編集部では、その前半二年が経過したあと、のちに作家となった白石一文氏とバトンタッチするかたちで、一九八六年七月に、『週刊文春』編集部に異動。特集班に一年いたあとは、一九八七年七月にはセクション班に異動。計七年弱在籍した。

セクション班では、まずは糸井重里氏の「萬流コピー塾」の三代目番頭になったり、森瑤子さんの連載小説（「ベッドのおとぎばなし」）や山本浩二さんの野球連載（「週間球談」）や妹尾河童氏の「河童が覗いたトイレまんだら」や上前淳一郎さんの「読むクスリ」などの担当をした。

「萬流コピー塾」というのは、もう知らない人も多いと思うが、『週刊文春』に連載されたコピー（広告文）の私塾で、毎週一つ、家元（糸井重里）がお題（テーマ）を出し、塾生（読者）がそれに対するコピーをつくって葉書で『週刊文春』編集部宛に投稿。それを丁稚がセレクションし、家元に提出。家元がそれらを内容にしたがって（松・竹・梅・餅・毒）の「お点」を付けていくという趣向のものだった。

そして、そのお点が溜まると、獲得したポイント数に応じて、「見習↓弟子↓名取↓師範」に昇進していくというものだった。名取になると家元から名前に「井・重・里」のいずれかの文字を付加した「萬名」（まんみょう）が授けられ、師範になると、「免許皆伝」の証というと大げさだが、ちょっとした玄関先に掲げることができる程度の大きさと分厚さの「表札（師範看板）」をお送りすることになっていた。その「表札」は、碑文谷のダイエーのそういう部署に発注していた。

まもなく師範になるという名取の「表札」は、早めに予約発注するので、あとで急に「連載終了」になる前にも、二人ほどの名取の「表札」を発注していた。ところが、突如、連載終了となり、その「表札」は本人に渡されることなく、幻のまま、拙宅に保管されて久しいのだが……。

糸井さんのコピーは「おいしい生活」などで知られるが、このコピー塾でも、僕の担当以前だったが「バナナ」のお題に対して、一主婦（明田珠美子氏）が「そそりたつ果実」という名コピーを提示したことがあった。これは「竹」をもらっていた。ちなみに、その手前には「破門」のコピーとして、「群馬の子はね、バナナをもらえば何でもするの」というのがあった。
「萬流コピー塾」の番頭としては、子供のときから「南海ホークス」(その後、ダイエーホークスとなり、現在は福岡ソフトバンクホークス)のファンであると同時に、松下政経塾出身で、少し「難解」なことをしゃべるからということで「ナンカイ番頭」と、糸井さんから命名されて、そう称することになった。その前の二代目番頭は「フトモモ」が大きな番頭だったので「フトモモ番頭」。初代番頭は「ネスコ番頭」と命名されていた(と記憶している)。

南青山の糸井事務所で毎週火曜日夜、原稿をもらうために待機したり、当時糸井さんがはまっていた「モノポリー」ゲームをご一緒に楽しんだりしていたが、その翌日の水曜の朝早くには福生にお住まいのあるイラストレーター(飯野和好さん)に森瑤子さんの連載小説の挿絵をいただく必要があり、いつも原稿をもらって社に戻り入稿してからは会社泊まりだった。

糸井事務所には、漫画家のみうらじゅんさんや、『ビッグコミックスピリッツ』編集長の白井勝也さんなどがよく見えていた。その白井さんと『諸君!』編集長だった白川浩司さんとは長年のつきあいがあったようで、それが縁で、白川さんの『オンリー・イエスタデイ1989:『諸君!』追想』(小学館)なる本が生まれたとのこと(当該書「あとがき」参照)。その白川さんは、「萬流コピー塾」を本にするとき、出版局にいて担当もされていた。

「川柳よりおもしろい萬流」ということで、毎週、いろんなお題に読者からの投稿があった。「彼女を車に乗せる方法」なんていうお題のときに、「急げ! ソ連の戦車がやってくる」といった趣旨のものがあり、「これは素晴らしいですね」と家元・糸井さんに葉書をお渡しすると、冷やかな眼で「……」と見られたことを覚えている。センスが悪くてすみませんでした。よくよく考えれば、糸井さんは「全共闘世代」だったのだ。

堤・花田の新体制で『週刊新潮』越えを達成

当時（一九八七年七月）の『週刊文春』編集長は、あの花田紀凱《かずよし》さん（その前は上野徹さん）。編集局長が堤堯さん。

堤・花田新体制が始まるとき、二階の編集部に集まった面々に対して、堤さんが「『週刊文春』は『週刊新潮』にずっと部数で負け続けている。数万程度の差がある。それをこの花田週刊で一気に追いつき、追い抜くゾ」ということで「エイエイオー」をやったものである。すると不思議、半年ばかりで『週刊新潮』を僅差であったが追い抜き、その差は広がり、今日まで続いている。

当初、その僅差は、本当に僅かな部数だったので、「花田さんがキヨスクで売れ残ったのを買い占めていたから、それが原因じゃないか」と囁かれていたものだった。

でも、それは「合法」。

その後、二〇一七年五月になって発覚した、文春営業マンが『週刊新潮』の中吊り広告を出版流通業者から事前に入手してコピーし、『週刊文春』編集部に渡していたスキャンダルは、ちょっと情けない事件だった。それを見て、あわてて取材をして辻褄合わせのようなことをしていたのだから。そんなことをしてライバル雑誌を凌いでも自慢にはならない。中国の「スパイ国策企業」と一部で報じられているファーウェイエイみたいなもの（?:）。

エイエイオーとやったとき、僕は前述したように「特集」班から離れ「セクション（連載）」班に異動したばかりだったのだが、特集でやるテーマが、しばしば『諸君!』的で朝日批判をよくやるので、これでは『諸君!』はちょっとやりにくいのではないかと思ったりもしたものだった。

さらに、セクション班なのに、特集班が本来担当していた「ジスウィーク」という政治や外国分野のコラムの編集もやるようにとのお達しがあって、締め切りの関係で、セクション班が休みになる土曜日にも出勤することが多く、いろいろと大変だった。

でも、書き手（外交評論家の倉田保雄さん）のオフィスが六本木（国際文化会館）にあったので、原稿をもらいに行くときは六本木周辺の古本屋や青山ブックセンターに立ち寄ることができ、苦痛ではなかった。それにそのころ、土曜日の夜食は四谷三金のとんかつ弁当だったので、これも好物。休日手当てをもらえて、古本屋などにも寄れて、一石三鳥のような休日出社だった。

児島襄さん、色川武大さんとの「一期一会」

花田さんから、作家の児島襄《のぼる》さんの現代史・戦史を連載するということで、「担当するなら仙頭だな。今度会いに一緒に行こう」と言われたことがあった。児島襄さんの本は『東京裁判』（中公新書）など何冊か愛読していたから、嫌いな作家ではなかったが……。

ところが、ある先輩編集者が、「命をかけて断れ！　担当させられたら会社を辞めると言って抵抗しろ。担当になったら死ぬぞ!!」と助言をしてくれた。結局、共同通信社の配信というか、東京新聞の夕刊だったかに連載されることになり、のちに『平和の失速』というシリーズのかたちで、文藝春秋から何冊か刊行されることになった。

もし、『週刊文春』で連載していたら、担当編集者は大変な思いをすることになった（ようだ）。締め切りを守らないという程度ならまだしも……。いろいろと児島さんは、編集者泣かせの奇行・蛮行があったと伝え聞いた。

児島さんのウィキペディアの「逸話」の項目には、こんなエピソードが書かれている。

《身長190センチ、体重120キロの巨漢で、名前を「こじまじょう」と誤読されることを極度に嫌い、そのように誤読する編集者のことを本気で殴り飛ばした。編集者の間での渾名は「ジョーズ」。『文藝春秋』の仕事でワシントンを取材したとき、同行の担当編集者に「俺の下着を今日中に洗濯に出してくれ、替えを持ってくるのを忘れた」と言い出し、クリーニング屋が見つからないことを知ると「おまえ、汚いパンツで日本に帰れというのか」と激怒。泣く泣く編集者がバケツを使って児島のパンツを揉み洗いしたこともある。》

ううむ、美人作家（当時なら鷺沢萠さんや、元ロマンポルノ女優から作家になった北原リエさんなど）のスキャンティを「バケツを使って揉み洗いする」なら歓迎だが……（北原リエさんは、糸井重里さんの週刊での座談会に出席してもらったことがある）。

そのほか、借りた資料を返さないとか……、いろいろと編集者泣かせの「武勇伝」があったようだ。その後の僕の編集者人生も、締め切りを守らない筆者のために、白髪が増えていく一方だったが、もし、このとき児島さんの担当をしていたら、白髪のみならず「毛髪量」も低下していたかもしれない。

でも、児島さんの『素顔のリーダー：ナポレオンから東条英機まで』（文春文庫）などは名著。感銘を受けたものだった。作家は読者として接するか、編集者として接するかで、いろいろと評価に違いが出てくるようだ。

作家といえば、「一期《いちご》一会《いちえ》」のようなものだが、色川武大（阿佐田哲也）さんも忘れられない人だった。

お会いしたのは、昭和天皇が危篤になっていた一九八八年の十二月のことだった。年末年始の合併号で読み切りの短編小説を色川さんに書いてもらうことになった（阿佐田哲也名義の読み切り小説）。恒例企画。ちょうど、担当していた連載（山本浩二さん）が一つ終わり、時間があるだろうということで、セクション担当の上司とともに、成城学園前駅近くの彼のご自宅にお邪魔した。川上宗薫さんの自宅を借りていた。

会うやいなや、開口いちばん、「仙頭くん、君は双羽黒に似ているな」と言われてしまった。そのころ、少し太り気味ではあったが……。「萬流コピー塾」の某師範（女性）からは、「ナンカイ番頭って、風間杜夫さんにそっくり♡」と言われたこともあったのだが……。真実はどちら？

しかし風間さんにそっくりというのは、正確にはアゴのあたりを意味していたようだ。

ともあれ、そのとき、出たばかりの『狂人日記』(福武書店)にサインをいただいた。そして、その日から泊まり込み……。年末恒例企画ということで、遅筆家の色川さんを「監視」するために、そうするのが伝統だったのだ(結局、四泊五日)。お風呂にも入った。奥さんは色川孝子さん。とてもスレンダーな美人。さすがに食事は外食した。

昼間は暇だったので、小田急線沿線の古本屋(経堂周辺)をちょっとブラブラして、夕方「帰宅」。原稿はまだ。「好きなレーザーディスクを見ていいよ」と言われた。ビデオではなく、レーザーディスクが山のようにあった。映画批評のエッセイを連載していたためのようだった。

ということで、レマルクの『西部戦線異常なし』や奥崎謙三のドキュメンタリー『ゆきゆきて神軍』などを鑑賞。そうするうちに締め切りが近づいてきて、あたふたと。

結局、原稿を受けとって社に戻り入稿などという余裕もなくなり、ご自宅にあったファックスを借りて送信したり……。そうこうしているうちに、当時、中日新聞に入っていた松下政経塾の後輩(都築修氏)が、昭和天皇の病状取材の援軍として上京するので久しぶりに会おうと約束していたことをすっかり忘れてしまい(というか、その会う日にまだ原稿ができていなかった)、すっぽかしたりしてしまったものだった(後日再会)。

色川さんは、難病のナルコレプシー(眠り病)という持病があり、ときどき昼間もいびきをかいて昼寝をしていたし、甘いものをたくさんむしゃむしゃと食べたりして、奥さんが「また……」と慨嘆することもあった。

そんなふうにして、色川さんに少し関心を持ったのだが、翌年、昭和天皇が崩御したあと、成城学園前から岩手県一関市の「新居」に移られた。その経緯を、『週刊文春』の「ぴーぷる」という欄で電話取材をしたことがある。一関での生活をこれから楽しむんだということだったが、心筋梗塞で倒れて急死。享年六十。なんと、僕のいまの歳ぐらいの若さで亡くなったのだ。後に奥さんの書かれた『宿六・色川武大』（文藝春秋）を読んで、親戚どうしの結婚だったということを知った。

幻のインタビュー？　村上春樹さん、南沙織さん

作家といえば、村上春樹さんと面談インタビューしたことがある。これも『週刊文春』の「ぴーぷる」欄での取材（だったと記憶しているのだが……）。電話取材ではなく品川プリンスホテルで会うことになった。というのも、なんか売り込みたいことがあるということで、「仙頭クン、行ってきて」とキャップに言われて出かけた。当時ももちろん有名作家だったが、かといって、それほど神聖化もされていなかったかと。さて『ノルウェイの森』が出る前後ぐらいだったか。「食事してもいいかな」と聞かれ、「はい、どうぞ」と。品川プリンスホテルの某レストランで待ち合わせしたのだが、開口いちばん、その言葉だった。チャーハンかなにか軽いものを食べたのではなかったか。

その記事をここに転載しようと思ったが、文藝春秋の資料室で『週刊文春』在籍時代のバック

ナンバーをひっくりかえしてみても、それが出てこない。日記に取材したときのことを書いているのではないかと思い、在籍中の日記をめくってみたが出てこない。ううむ……。勘違いなのか。夢か、幻なのか。記憶には鮮明に残っているのだが……。

幻といえば、南沙織さんへのインタビューに同行するのが消滅したことがあった。

僕は南沙織さんの大ファン。突然の引退宣言のあとの調布市グリーンホール（一九七八年十月七日）でのサヨナラ（引退）コンサートにも行った（二階席のいちばん前列）。そのとき、最後に「これから、私のこと、いろいろと書かれると思いますが、私のことを信じてください」といった趣旨の発言をしたのだが、そのあと、篠山紀信さんとの電撃結婚には衝撃を受け、数日寝込んでしまった。「最愛の夢見る年上の女性」だったから……。

ともあれ、『週刊文春』から、また『諸君！』に戻ってまもないころ、文藝春秋の女性誌『CREA』が南沙織さんにインタビューした記事が出た。一九九二年八月号。当時の日記にはこう書いてあった。

《一九九二年七月六日（月）
『CREA』の見本誌が出る。シンシア（南沙織）のインタビューを拝見。もう少し頁数をかけて、大々的にインタビューすべきだった。お子さんには家庭教師がいるようだ。う〜ん、家庭教師になりたいなぁ〜。わが娘（当時一歳）がシンシアの息子さんと結婚する可能性はゼロとはいえまいが……。そのころにはシンシアは六十歳になっているなぁ……。》

こちらも結婚しているので、せいぜいで親戚づきあいといったお近づきになりたいと思っていたのだろうが……。いや、当時は、篠山紀信さんが交通事故かなにかで急死したら、こちらは離婚して、シンシアの再婚相手に立候補したいと思っていたのだ（いまでも?）。

だが、息子さんは、すでに一人はＮＨＫのアナウンサー（雨宮萌果さん）と結婚することになったそうな。残りはまだおられる……。娘もまだ独身だが……。母親に似ず、まぁまぁの顔だち。僕の母親は、高知の「丸の内高校」出だが、当時「ミス丸の内」と言われていたそうな（源氏鶏太の小説『見事な娘』に「ミス丸の内」が出てくるが、これは大手町丸の内界隈の会社の女性社員に対する言葉）。

そういえば、母の同級生には、ＮＨＫアナウンサーの久保純子さんのお父さん（久保晴生氏）がいた。日本テレビのニュースのアナウンサーとして画面に登場していたが、亡き母が「同級生なのよ」と言っていたのが懐かしい。

その前後だったか、朝日新聞の求人欄を見ていたら、篠山家が住み込み（だったか通いの）家政婦を募集していたので、「君のお母さん、これに応募したらどう? おまえでもいいけど」と妻に提案したものだった。それが縁で、娘とシンシアのお子さんとが結婚することを夢見たのだが、「アホ・バカ・マヌケ!」と却下された。そもそも、娘に「沙織」か「明美」（シンシアの本名）という名前をつけようとしたら、それも却下されたものだった。ならば「靖子」とか「千佳」とか「美和」とか「美佐」などを所望したが、すべてダメだった。

冗談はともかくとして、『CREA』が発行された少しあとで、『週刊文春』でも、彼女にインタビューするとのことを聞き知って、花田さんに、週刊の取材に同行させてくださいとお願いして、了承を得ていた。調布のサヨナラ（引退）コンサートを学生時代一緒に見に行った友人（坪田邦夫）は、そのときのチケットを持ってきて、「仙頭、これにサインしてもらってくれ」「おぉ、まかしとけ」と。

ちょうど『諸君！』の校了の最中であったが、そこをこっそり抜け出して、『週刊文春』編集部に夕刻勇んで出かけると、「仙頭、悪い、ドタキャンになった。『CREA』に出て、続けて同じ会社の『週刊文春』にも出るわけにはいかないと篠山さんがストップかけたんだよ」と花田さんに言われて……。奈落の底に落ちた。

このとき、妻によれば「あんたはねぇ、あのインタビューがあるという日、新しいパンツ（ブリーフ）を持って行ったのよ。夕方、穿き替えてから行くんだと。いったいなにを考えていたの、このアホ・バカ・マヌケ！」と、あらためて罵られた。そんなことをしたなんて、全然記憶にない。日記にも書いていない。

その後、出版局にいたとき、当時、ノンフィクション局の局長だった木俣さんの了承を得て、『シンシア自叙伝』の企画を立てて、事務所宛てに企画書を送ったことがあるけど、まぁ、モノにはならずじまい。

南沙織さんといえば、思い出すことがある。週刊で担当していたデーブ・スペクターさんも、長い髪の女性が好みということもあるのだが、「仙頭さん、シンシアのファンだったの？　僕も上智大学で一緒だったから好きだった。いつも、ベッドの上の天井に彼女の全身ポスターを貼っていたから、ハハハ」と。

ううむ。ユーは、ベッドの真上にシンシアの全身写真を貼って毎晩なにをしていたのか……。気になるところだ。僕にとって、シンシアは神聖不可侵な存在だから、天井に貼るポスターといえば、当時ならば、せいぜいで、水沢アキさんか麻田奈美さんか東てる美さんだっただろう。

あとこの前、享年五十七で急死した勝谷誠彦さん。文春在社中は、一緒の編集部で仕事をしたことはなかったのだが、ほぼ同世代ということもあって、彼も南沙織さんのファンで、「仙頭さんは調布のサヨナラコンサートでしたか。僕は大阪で聴きましたよ」とのことだった。それだけでも、いいやつだったね。

あのころ、天地真理がいいだのとほざいていた輩がいた。あの顔をみればすぐわかるシワシワ、歳ごまかし、ブリッ子お嬢さんのどこがよかったのか。天地ファンは、ソ連や中共や北朝鮮を賛美していた人々と同様の真実を見抜くことのできない、節穴の輩たちだったというしかない。

ともあれ、勝谷さんは、オウム事件が起きたときも、期せずして、「これって、望月三起也さんの『ジャパッシュ』の世界ですよね」と話しかけてきたことがあった。戦後における、ナチス的日本型独裁者が登場するとしたら、こんな感じになるという想像の世界を見事に描いた傑作漫画『ジャパッシュ』（ぶんか社ほか）は、僕もその連載マンガ（少年ジャンプ）を中学一年のころ、リアルタイムで読んでいたので、「そうそう」と応えたものだった。

その主人公が生まれたときから助産婦が怪しんで殺そうとしたり、将来危険な独裁者になると予測した某大人が、その子を殺そうとしたものの、「反撃」を受けて、逆に殺害（殺傷）されてしまうというシーンが冒頭にあった。

オウム事件があったとき、この『ジャパッシュ』を、僕もすぐに思い出した。麻原は、マンガの主人公（美男子）とは似ても似つかぬ風貌だったが、その男のためならば、命令されれば、ビルから即座に飛び下りる「部下」が描かれていた。オウムの掟もまさしくそうであったから……。命令があれば、みずからの命と引き換えても、あらゆる不合理なことをやってのける。恐るべき組織だった。

オウムといえば、当時は麻生幾さんが、『週刊文春』の専属ライターとして、抜きん出た取材力で肉薄していた。やがて、独立してフリーになり、オウムをテーマにしたエッセイや本を書き始めていた。そのとき、出版部にいたこともあり、彼の処女作である『情報、官邸に達せず：「情報後進国」日本の悲劇』（一九九六年）、『極秘捜査：警察・自衛隊の対オウム事件ファイル』（一九九七年）を担当したものだった（この件については後述）。

そして糸井重里さんは去り、デーブ・スペクターさんとの遭遇！

話は少し脱線したが、ともあれ、そういう児島さんの連載などを考えたりして、硬派路線追求ということもあったのかもしれないが、花田紀凱編集長の方針で、急遽、「萬流コピー塾」の連載が「強制終了」になったとき、糸井さんが、「花田編集長による、最近のタカ派的な論調の『週刊文春』はおかしいですよ」と憤慨しておられた（僕は、花田さんのこの路線のほうが、前編集長時代の路線より活気があって、いいのではないかと思っていたのだが）。

そういえば、その少し前に、糸井さんの事務所に、「ブンシュンのツツミ」と名乗る人が電話をかけてきて、「おまえの『週刊文春』の連載はつまらん、打ち切りだ」と怒鳴ったりしたことがあったという。当然、堤さんの名を騙《かた》る嫌がらせ電話の類だろうということで、堤さんが糸井さんの事務所に釈明の電話をしたりしたことがあった。双方の電話を受けた美人女性秘書に「やはり違う人でしょう?」と尋ねたら、「……声は似た感じだったけど」と、「疑惑の銃弾」ならぬ「疑惑の眼差し」を向けられたのだが……。

「疑惑の銃弾」といえば、三浦和義事件。あの連載が始まったとき（一九八四年一月二十六日号より連載開始）、ちょうど『諸君!』で研修をしているときだった。真冬の寒い時期だった（この冬は大雪が降って、当時はメールもなくファックスもやっと普及していたときで、原稿・ゲラの受けとりは手渡しが原則だった。山本七平さんの事務所は、文春のある麴町駅の隣りの市ケ谷駅近くだったが、そこから事務所まで数分歩くのにも雪で四苦八苦した覚えがある）。

暖房の効いた二階の月刊誌編集部は、『週刊文春』の見本誌が水曜日午後出ると、しばしシーンと静まり返ったものだった。社内にいた全員が、出たばかりの『週刊文春』の「疑惑の銃弾」記事を読みふけっていたからだ。一つの報道がそれほど社内的にも大きな衝撃を与えたことはなかったのではないか。

ともあれ、やがて糸井さんに代わって、「デーブ・スペクターのＴＯＫＹＯ裁判」の新連載を担当することになった。最初、別の編集者（故・今村淳さん）が担当する予定だったが、それまで担当していた「行くカネ来るカネ」のほうを続けてやりたい（その連載を僕が担当する予定だった）ということで、お鉢が回ってきた。

その少し前に新潮社から出ていたスペクターさんの『文明退化の音がする』などを一読していて共感も覚えていたので、そのチェンジは願ったりかなったりだった。ここも大きな岐路だった。「行くカネ来るカネ」で遭遇する著名人と、スペクター対談で遭遇する著名人とでは、色合いも少々異なっていただろうし……。「もしも（イフ）」を感じる。

ブーニン（ソ連の亡命ピアニスト）や赤尾敏さんなどのアポをとり、さっそく取材開始。対談のまとめ役は、二〇一六年二月に、享年六十二で急死した桐山秀樹さん。「糖質制限ダイエット」を唱え実践していたことでも知られる。あのころはちょっと小太りだったが、ダイエットに成功。連載終了後も、ときどき会っては、おたがいダイエットに成功などと言い合っていたのだが、あいうかたちで急死されるとは衝撃だった。

先のデーブさんの対談相手には、彼のリクエストもあったが、こんな顔ぶれが登場している。

- 鄧小平の娘で、水墨画家である鄧林さん「私の祖国を色メガネで見るのはやめて！」（一九九〇年十一月二十九日号）
- ハイン・ニョル「共産主義者はカンボジアで４００万人殺した」（一九九〇年十一月一日号）
- 栗栖弘臣「憲法は自衛隊の海外派遣を禁じてはいない」（一九九〇年九月二十七日号）
- 副島隆彦「日本の英語教育をダメにした元凶を斬る！」（一九九〇年六月二十八日号）

・塩見孝也「金日成は偉大だが、ゴルバチョフは修正主義者だ⁉」（一九九〇年六月十四日号）
・中川八洋「２０１０年にソ連は世界を支配する⁉」（一九九〇年四月十九日号）
・小田実「右翼が野放しで跳梁しとる日本が自由な国かよ」（一九九〇年二月二十二日号）

そのほかにも、官房長官になったばかりの森山真弓さんや、東大を辞める寸前の舛添要一さんや西部邁さん、曽野綾子さん、西尾幹二さん、野村秋介さんや渡部昇一さんや筑紫哲也さんや黒田清さんや、歌手の美川憲一さんや内田裕也さんや、佐川一政さんなど、多士済々の方々にご登場いただいた。

栗栖さんには『諸君！』でも、「こんな『ＰＫＯ』に自衛隊を出せるか」（一九九二年六月号。座談会）などにご登場いただいた。ご自宅（東横線の大倉山駅近くだった）にもお邪魔したり、金沢工業大学の勉強会（半蔵門）にも足を運んだりしたものだった。そこで松原正さんとも出会った。

鄧林さんの対談のときは、あの天安門事件の記憶もまだ残っている時期で、アメリカの民主党リベラルに近いスペクターさんからしても許せないということで、意地悪な質問をぶつけていった。はじめは、いつものようにオープニング・ジョークで始まる。

《スペクター　今回の来日は「即位の礼」に参加するためですか。
鄧　いえいえ、偶然に時期が重なりました。
スペクター　実は、僕は即位の礼の司会をやるはずだったんですが、鄧さんに会いたいから断わったんです（と大ボラ）。

鄧　それは残念なことでしたね（笑）》

だが、やがて、中国には言論の自由がある、いや、ないなどといった話になり、やがて「中国にも来たがらないし、中国を理解しようとしない人に、私はこの上、何を話すことができるんでしょうか。ここで失礼します（と席を立つ）」で、ピリオドになるのだ。

スペクター対談は、和気あいあいということもまれにあるのだが、こういうふうにケンカ対談になることもしばしばあった。

森山真弓さんのときは、わりと和気あいあいの対談だったのに、ゲラチェックのとき、警察からきていた「秘書官」が、スペクター発言の中に官房長官に対して失礼なものが多々あると言って、なんと大臣の発言の微調整ならまだしも、スペクターさんの発言にも赤字を入れてきた。なにしろ、彼の発言を数行にわたって「トル」とやっているのには唖然とした。とらないと掲載不可と言いだす始末。最後には、デスクが、「じゃあ、官邸が検閲して没になった森山官房長官の全発言……」とやるからなと伝えろというので、そう言ったら、やっと掲載可になったものだった。警察権力たるもの、重々注意すべきと実感したしだい。

鄧林さんのときは、開始三十分ほどでそういう幕切れになり、なおかつ招聘元の人（女性）が、「あなた、なんですか、この対談は！　私は田中社長も編集長の花田さんもよく知っているんですよ。この責任、どうとってくれるんですか」と怒り心頭。

そのあと、花田さんの説得もあって、なんとか掲載にはこぎつけたのだが、没になったのは落合信彦さんとの対談。このときは、対談自体は無難に終わった。対談記事中で、二人の写真をいつも掲載するのだが、このときは、落合さんがコマーシャルに出ていた会社のビールを二人で持ち合ってのツーショットの写真も撮影した。

だが、ゲラのやりとりの段階で、その中身をめぐって自分の言い分が少ないなどと両者が「激突」してしまい、何度かゲラを修正しては、妥協点を見いだそうと努力をしたのだが、どうにもならなかった。編集担当者の責任である。結局、没。幻の対談となってしまった。

ストックもない綱渡りのスケジュールでやっていたので、一度お休みになった。この事の経緯に関しては、米本和弘氏の「ほら吹き男 落合信彦」(『宝島30』一九九三年九月号)に詳述されている。どこから入手したのか、二人の掲載予定だった対談の内容も正確に引用されていた。国際電話料金が一カ月二百万円なんて、いくらKDDが高いからといって、そんなバカなといったやりとりなどがあったかと。

そういえば、当時はまだ個人用携帯電話は普及していなかったが、スペクターさんはちょっとした弁当箱程度の大きさの携帯を持ち歩いていた。

ハイン・ニョルさんは映画『キリング・フィールド』にも出演した元カンボジア難民。『キリング・フィールドからの生還:わがカンボジア「殺戮の地」』(光文社)という自叙伝も発表していた。

文革時代に同じような悲惨な目にあったチェン・ニエンさんにもご登場いただいたこともある。

ちょうど原書房（のちに朝日文庫）から刊行していた『上海の長い夜』が出たときだった。

小田実さんの「ベトナム難民発生責任」を直撃！

そういった「反共リベラル」なゲストと一味違っていたのは小田実さん。なにしろ、この方の迷著『私と朝鮮』（筑摩書房）『北朝鮮の人びと』（潮出版社）は、北朝鮮のモデルコースを歩いての北賛美本。それ以前にも、「ベトナムに平和を」と言いつつ、一九七五年四月のサイゴン陥落後のベトナム難民「排出」「輩出」に関しては沈黙する典型的な「進歩的文化人」だった。そのあたり、スペクターさんと相談もし、以下のような追及をしてもらった。

あと、兵庫から上京してもらうので、宿泊先の交渉をしたとき、文春に近いニューオータニでいいかなと思ったら、「僕は、東京で泊まるときは、ホテルオークラに決めている」などと言われ、おやおや意外な権威主義者と思ったものだ。仰せのとおり、オークラのスイートをとり、そこで対談もさせてもらった。

「謝礼は？」と聞かれもしたので、「税込七万円です」と答えると、「そりゃ安い。十万や」と。「税込十万円でよろしいでしょうか」「いや、手取りや」とも。そういう高飛車な主張を北朝鮮当局相手にもやっていればよかったのにと思う。ともあれ、対談はこんな感じだった。

《スペクター　小田さんがべ平連で運動した後、ベトナムはどうなりました？　解放されたはずなのに、こんな国には住めないってボートピープルが一杯ベトナムから脱出してしまった。インドシナ問題の権威であったフランスのジャーナリストのジャン・ラクチュールという人は、ある雑誌に「私はベトナム戦争中は平和実現のためにハノイの主張に最大限、同調する報道や論評をしつづけたが、いざ戦争が終わってベトナムに登場したのはスターリン主義型の軍事独裁政権だった。『戦後は民族和解の、自由で平和な国が生まれる』というハノイの主張にだまされた」「私のようなリベラル派の戦争中の言動はベトナムのいまの惨状に道義的な責任があるのではないか」というコメントを発表してるけど、これについてはどう思います（と雑誌のコピーを渡す）。これ、よく読んでほしいんだけど。もしかしたら小田さんの気持ちじゃないかな。

小田　（コピーをとって）ちょっと、私は老眼だからな（といって眼鏡をとり出して一読）。

スペクター　この前、ジェーン・フォンダと対談した時も、彼女はハノイに行って反米活動したこと自体は後悔はしてないけど、アメリカ兵や社会には謝罪したいと言ってましたよ！

小田　私はそんなに思わないね。このコメントにしても、彼の考えを非常に短く都合よくまとめてるんじゃないかな。ラクチュールはいろんなことを言ってると思う。私がベトナムについて書いた論文をよく読んでほしいね。「ベトナムに平和を」「ベトナムはベトナム人の手に」「日本政府はベトナム戦争に協力するな」の三つがベ平連の主張や。私たちが考えていたのは、自分たちがどうするかという日本の問題やった。

「ベトナム万歳」なんて言ったことといっぺんもない。ベトナムを社会主義国にしようなんて言ったこともない。そのことは昔から延々と書いとるわけ。私は本質的に自由主義者だね。政治的には「ベ平連」のなかで、よく「社会民主主義者」を自称していた。しかし、「社民」では現在の本質に対応できない。それで西ドイツあたりでは「ミドリ」が出て来た。支持するのは、広い意味での「ミドリ」やね。根本はいずれも非暴力や。
スペクター　でも非暴力というなら、例えばソ連がアフガニスタンに侵攻した時も、小田さんや小中（陽太郎）さんが、ソ連大使館の前で、ベ平連の〝同窓会〟でもやったら良かったと思うんだけど、そういうのってあんまり聞いたことがない……。
小田　チェコスロバキアの時はしたね。
スペクター　チェコ？　「プラハの春」の時？
小田　そう。私は抗議集会もしたし、ソ連大使館に抗議書持って行こうとしたために、ソ連はしばらくビザを出さなかった。アメリカも随分長くビザでもめたがね。あなたの国自体の自由のことも少し考えたらどうかね。
スペクター　僕が聞いてるのは、アフガニスタンの時、小田さんはソ連の暴力に何故沈黙したかということですよ。話題を勝手に変えないでほしいね。
小田　私は事件屋でもデモ屋でもないよ。あなた同様、職業を持つ一市民だ。あなたがそう言うなら、自分でデモをすればいいんだよ。市民運動があなたには分ってないね。そう言うなら、なぜ私が「アパルトヘイト」反対のデモをやらなかったのかと聞くといいよ。》

とまあ、議論は平行線をたどるのだが……。少なくとも小田実さんに、ベトナム難民の悲劇になぜ沈黙するのかと直接問い質したのはスペクターさんぐらいではないか。立派というしかない。ということもあって、『諸君!』にもスペクターさんは登場してもらった。「アメリカン・ドリームは潰れない」(一九九二年七月号)だ。ロス暴動に関しての論文。

そのほか、『アホでマヌケなマイケル・ムーア』(白夜書房。編著者デヴィッド・ハーディ&ジェイソン・クラーク)の本の中で、デーブさんは、ムーア批判をしていた。それによると『華氏911』にしても「作り方はナチス・ドイツのプロパガンダ映画と変わらない」とのこと。とにかく都合のいいように「切り貼り」して捏造してつくられているのだ。

要は、訴訟沙汰にまでなったNHKの「NHKスペシャル・シリーズJAPANデビュー第一回『アジアの〝一等国〟』」の手法と同じで、あまりフェアとはいえまい。それってフィクションの007映画を「ノンフィクション」と銘打つようなものだろう。

塩見孝也「赤軍派」議長との攻防

赤軍派の議長だった塩見孝也氏との対談もいろいろと大変だった。直木賞作家となる出久根達郎さんを見出したこと(『古本綺譚』)でも知られる新泉社の編集者で、のちに『宿命:「よど号」亡命者たちの秘密工作』(新潮文庫)を書いた高沢皓司さん経由で、「出演」を依頼。なんとか対談にこぎつけたのだが、先の落合さんとの件ではないが、掲載まで時間がかかった(落合対談と違って、没にならずにすんだのは幸い）。当時の日記をひもとくと……。

《一九九〇年三月二十一日（水）

スペクター・塩見対談のゲラが出たので塩見氏、高沢氏、スペクターさんにファックスで送付。高沢氏はゲラを見て、マアマアですかなと言っていたので、まぁ、大丈夫かと思い帰宅したら、社から「高沢さんが連絡乞うとのことです」と電話が入った。

取り急ぎかけると、塩見氏が内容に不満を持っているとのこと。高沢氏と何度か電話でやりとりし、塩見氏とも直接四十分ぐらいしゃべるものの、彼は獄中の話が乏しすぎるという返事。反共主義者（スペクター）と対談したのが間違いであった云々と話す。スペクター氏や桐山氏や社のデスクにも電話で相談。

この前の落合信彦氏のときと似た感じになってきた。午後十時から午前二時までずっと電話。高沢さんに明日もう一度塩見氏を説得してもらうことに。今週の週刊ポストに載った記事も、高沢さんと塩見さんが相談して手を入れたとのことだが、ゲラは真っ赤になったという。ポストの編集部も驚いて、取材構成者に泣きを入れたとか。編集部のリードにまで手を入れたという。

一九九〇年四月十日（火）

赤軍派の塩見氏の対談掲載、絶望的。明日塩見氏に電話するがたぶん無理だろうな。ヤレヤレなり。
一九九〇年五月七日（月）
塩見さんの件は延び延び。どうなることやら。スペクターさんは没になったら、マスコミに流すとか言っている。困ったものだ。

一九九〇年五月二十六日（土）
二十四日夜高沢氏より電話あり。塩見氏の著者校正をもらったとのことで、すぐ渡したいというので、新宿のアゲインにまた出かけた。直しはそれほど大幅なものではなく、あとで計算したら数行増えた程度。二ヶ月近くのやりとりもこれにてなんとか終了したしだいだ。夜中の二時ごろまでアゲインにてつきあって帰社。柿沢弘治・スペクター対談を入稿して会社泊まり。今日（二十六日）はこれから出社。スペクター氏がロス→シカゴに行っており、著者校正をもらわなくてはならないため。》

ということで無事一九九〇年六月十四日号に掲載されたのだが、二人一緒の写真が文春の駐車場で撮影したもので、なんと塩見さんは冬用コートを着用している。無理もない。対談をしたのは二月末か三月初めだったのだから。
このあとも湾岸危機がらみで、表参道（だったか）のイラク大使館に出かけ、イラク大使にインタビューをしたら、アメリカン・リベラルのスペクターさんならではの質問（口撃）の数々に、大使が激怒して「出ていけ、さもなくば人質にするぞ」と吠えたので、あわてて逃げだしたりもしたものだった。ヒヤヒヤ、ドキドキの連続だった。

「天皇制」にクールだった林健太郎さん

『週刊文春』編集部にいたとき、昭和天皇崩御という大事件（一九八九年一月七日）があった。このとき、『週刊文春』は、連載班担当者（セクション部）は、瞬時に追悼特集号を出すために、リアルタイムで識者のコメントをもらう準備をしていた（結果として一九八九年一月十九日号に掲載）。僕は、当時、自民党の参議院議員だった元東京大学総長の林健太郎さんを担当することになっていた。

一月七日の朝、六時半ごろ目が覚めてラジオをつけたら臨時ニュースが流れ、陛下が危篤になったと……。七時半過ぎに起きてテレビを見たら記者会見中。宮内庁長官が午前六時三十三分に崩御されたと。さっそく、午前八時すぎに林さん宅に電話をして、コメントをもらった。

《当日は特に出かける予定もありませんでしたので、いつもと同じ朝を迎えた矢先にテレビのニュースで陛下の危篤を知り、崩御を知りました。大正生まれの私にとっては、天皇陛下の存在は非常に大きいものがありました。陛下の崩御によって一つの時代が終わったことを痛感させられました。ただ、こういう時がいつの日か来ることはわかっていましたので、衝撃的な昭和の終わりだったとは思いませんでした。時の移りかわりがあるのは、やむをえないことですからね。》

朝の電話取材をまとめるとこんな感じになったのだが、ちょっと物足りないと思って、再度電話（昼間は議員会館の部屋にいた）。「朝、電話をさしあげた『週刊文春』の者ですが、陛下の崩御に関して、もうひとことコメントをいただけないかと」「いや、もうないね。僕はそれほど天皇には思いはないから……」と断られたものだった。

松下政経塾にきたとき講演を聞いたこともあるけど、この人、よかれあしかれ、とても「クール」な人だ。元共産主義者だし（？）。そのあと民社党（民主社会主義者）に近づき、最後には自民党参議院議員にはなったけれども、若いときの思想ゆえに皇室に対しては、表向きにはともかくとして、内心では「ベリークール」だったのではないかと思ったしだい。

ということで、前記のような短いあっさりした追悼コメントが掲載された。それからだいぶん月日が流れたあと、林さん宅の近くの古本屋（都丸書店）で、「謹呈林健太郎さま」と献辞のある古本を見かけた。林さんも物故（二〇〇四年八月）して久しい。

林健太郎さんといえば、天皇崩御以後、一九九四年ごろから雑誌『正論』で、小堀桂一郎氏と「歴史論争」を展開していたときがあった。この歴史論争は「大東亜戦争」（太平洋戦争）をどう評価するかをめぐってのもので、林論文を読むと、ふむふむなるほどと思い、小堀氏の反論を読むと、これまたフムフムナルホドと思う感じだった。

甲乙つけがたく、当時、僕は出版部にいたので、これは本にするとおもしろいのではないかと思い、まずは小堀さんに連絡し、論争を本にしませんかと打診をした。快諾をいただき、まぁ、片方を押さえれば大丈夫かと思って、論争が終盤になったときに林さんに連絡をすると、「いや、私の書いたものは、今度出る中公の評論集に載せるので」と断られてしまった。

結局、双方の論争をまとめて本にするという企画は挫折。林氏の『正論』の論文は、『歴史からの警告：戦後五十年の日本と世界』（中央公論社）に収録され、小堀氏もご自身の評論集（『再検証東京裁判：日本を駄目にした出発点』ＰＨＰ研究所）に収録されたかと記憶している。

ドイツの歴史家のエルンスト・ノルテの論文「過ぎ去ろうとしない過去」をめぐってハーバーマスなどと展開された「歴史論争」の日本版になればと思っていただけに、分散されたのは残念だった。

『週刊朝日』がマトモだったころ

ともあれ、そんな会社泊まりが定期的な『週刊文春』の日々を過ごすあいだに、昭和天皇崩御や天安門事件やベルリンの壁が崩壊したりチャウシェスクが処刑されたりと国際情勢も激動。スペクター対談のゲスト選択で、そういう動きをウォッチしつつも、一九九一年四月に、再び『諸君！』に戻ることになった。笹本弘一編集長の下、今度の編集部は、二階から一階に移動していた。隣りは『文藝春秋』編集部（白川浩司編集長）。

白川さんは『諸君！』編集長から『文藝春秋』編集長に異動。声の大きな方で、よく筆者を叱っていたのが記憶に残っている（「あなたの文章はわかりにくい……」と）。『諸君！』『文藝春秋』編集長時代の回顧録（『遥かなる『文藝春秋』：オンリー・イエスタデイ1989』『オンリー・イエスタデイ1989：『諸君！』追想』ともに小学館）も書いているが、筆者に対する説教が始まると、編集部の誰かが、「おっ、説教が始まった。公衆電話みたいなボックスが上からスルスルと降りてきて、声があまり外に漏れないようになるといいのにな」と語っていたものだった。

そのころ、前述したようにまだワープロが使えず手書きだったので、なんとかワープロをマスターし、原稿まとめなどはワープロで打てるようになった（ただし富士通の「親指シフト」限定のワープロ）。

すでに親交のあった朝日新聞の稲垣武さんが退職していて、回想録を書きたいとの希望があったので、プランとして提出し、さっそく「朝日新聞血風録」の連載が始まった。朝日新聞内の主流派の言論体制がいかに閉鎖的で親共産的（容共リベラル）かがわかる内容だった。

稲垣さんが『週刊朝日』副編集長時代、そうした社の全体主義的言論空間に風穴を開けようと必死の抵抗をしていたことを遅ればせながら知った。学生時代、『週刊朝日』の最後のページに、谷沢永一さんや百目鬼《どうめき》恭三郎さんの「反朝日的価値観」にもとづく秀逸なコラムが堂々と掲載されているのをおもしろく読んでいたのだが、その企画は稲垣さんによるものだった。

原稿をいただきながら、「僕が学生時代、『週刊朝日』はマトモだと思っていたのですが、稲垣さんがいたからなんですね」と語ったりした。

そのあと、一九九一年十二月のソ連崩壊のあと、本にもなった『「悪魔祓い」』の戦後史：進歩的文化人の言論と責任」の長期連載が始まった。当時はネットの時代ではなく、古い絶版本や雑誌（論文）を探し求めて、古本屋（&国会図書館等々）行脚を仕事の上でもしばしばするようになった。

国会図書館にある本を借りるために、松下政経塾出身政治家（松沢成文さん）に頼んで、「秘書」のような顔をして、国会図書館に出かけ、本を借りて丸ごとコピーをしたりもしたものだった。当時、松沢議員の本当の秘書をしていたのは遠藤欣之助さん（元『改革者』編集長）。評論家・拓大教授として活躍した遠藤浩一さんの叔父さんだった。どちらとも親しくつきあっていた。雑誌・週刊誌の記事などは大宅文庫をよく利用した。

毎月、そういう膨大な資料を集めては稲垣さんに届け、締め切り数日前に大宮の喫茶店で原稿をいただく（稲垣さんは大宮の少し先の指扇駅の近くに住んでいた）。そんな月日が続いた。のちに出版部に異動したとき、最初に担当した本が『「悪魔祓い」の戦後史：進歩的文化人の言論と責任』。単行本でも文庫本でも累計六万部ほど売れて、山本七平賞（第三回）を受賞したことは本当に嬉しかった。いまでも古本屋や古本市などで、単行本版（文庫版）もよく見かける。

本が出たあと、「正論の会」でも、このテーマで講演。同席したが、その場で、稲垣さんが「この本は、仙頭さんとの合作です」と語られた。編集者冥利ともいえる瞬間だった。さすがに月日の経過とともに品切れ絶版となっていったが、ＰＨＰ研究所の敏腕編集者の白石泰稔氏の尽力もあって、二〇一五年に復刊（単行本並製）された。

戦前の空想的軍国主義者と近似思考の持ち主だった戦後の空想的平和主義者（進歩的文化人）の「復活」を許してはならない。ここで叩かれている人たちこそが、「歴史捏造主義者」であり、「反知性主義者」たちなのだから。その末裔たちが、尊大にも、自分たちに対する批判者を「歴史修正主義者」とか、「ネトウヨ」とか「ヘイト」だと批判しているのは、天に唾する暴言でしかあるまい。

そういう知性の逆転現象を阻止するためにも永遠に読み継いでいただきたい本だ。この本のエッセンス（北朝鮮礼賛妄言文化人）を中心に再構成してまとめた本として、『北朝鮮に憑かれた人々：政治家、文化人、メディアは何を語ったか』（ＰＨＰ研究所）もある。これも白石氏の編集本。この白石氏は、定年まで数年あったようだが、二〇一八年五月、悟空出版に転職転社した。

そのあとも、出版部にいたときには、稲垣さんには『「悪魔祓い」の戦後史』から始まって『「悪魔祓い」の現在史：マスメディアの歪みと呪縛』『「悪魔祓い」のミレニアム：袋小路脱出へのメディアの役割』などを刊行してもらった。また京都大学時代の同級生だった江坂彰さんや加地伸行さんとの共著（江坂さんとは『「デフレ不況」は逆転発想で生き抜け』、加地さんとは『日本と中国永遠の誤解：異母文化の衝突』）を刊行してもらった。

僕が『諸君！』編集長時代には、本名でのご登場はむろんのこと、ペンネーム（軽手思庵）で「一読惨憺」なる書評コラムを書いてもらった。これは「進歩的文化人」的なる人たちの本を書評（酷評）する内容。基本的に批判するものだった。

　稲垣さんは新聞記者ということもあって、幅広いテーマを持っていた。学生時代から、『Voice』などで防衛問題や経済問題の記事をまとめているのを読んでおもしろいと思ったのが、そもそもお名前を知るきっかけだったが、著作としても、野末源一さんとの共著で『元気な赤ちゃんが生まれる本』、その改訂版である『頭のいい赤ちゃんができる本：赤ちゃんの脳をグングン育てる50の知恵』（二見書房）なんて本も出している。

　戦史中心の作風からすれば、同姓同名の「別人」の本としか思えないのだが……。また、ポール・ボネ（藤島泰輔）ではないが、ジョージ・パスという外国人名で、『カントリー・ジャック：198X年日本の悪夢』（ダイヤモンド社）という近未来小説も書いている。題名からしても、オーウェルの『一九八四年』を彷彿させるではないか。ペンネームの「ジョージ・パス」も「ジョージ・オーウェル」のもじりなのかもしれない。「オーウェル」→「終える」→「パス」と……。

　僕も「ジョージ・オーウェル」をもじって、「城島了」（じょうじま・おえる）というペンネームを使用していたが、「ジョージ・パス」も、ジョージ・オーウェルを意識したものだったのかもしれない。あいにくと、「カントリー・ジャックも稲垣さんが書いたんですか。おもしろく読んだけど気づかなかった」と語り合ったときに、ペンネームの由来を聞くのは忘れていた。

　朝日退職後は八面六臂《はちめんろっぴ》の活躍だったが、晩年、膠原病《こうげんびょう》で苦しみ、二〇一〇年春に、入院していたお茶の水の順天堂大学病院にお見舞いに行ったときは、「仙頭さん、もう俺はダメだよ」と元気がなかった。その年の八月五日に亡くなられた（享年七十五）。

お葬式にも出かけ、産経新聞論説委員の石川水穂さんたちと一緒に焼香した……。『正論』で稲垣さんが続けていた「マスコミ照魔鏡」は、「マスコミ走査線」として、石川水穂さんにバトンタッチされて、しばし連載が続いた。

木村浩さんとは横浜の古本市で遭遇

ソ連崩壊寸前のクーデタ劇（一九九一年八月）のとき、これまた順天堂病院に入院していた木村浩さんの原稿を担当していた。ちょうど締め切り時が、クーデタ・ゴルバチョフ幽閉（八月十九日）、失敗と、その推移がどうなるか微妙なとき。

木村さんは、一問一答式の対談風のエッセイをよく書いていて、『諸君！』もそんな型式でやっていた。クーデタ失敗という帰趨がはっきりして、微調整というか一部書き直してもらったりもしたものだ（一九九一年十月号掲載。特集「ソ連『八月蜂起』の検証」と題して「ロシアの復讐」）。

あのときの一問一答の結語「君のいうソ連の中のロシアが共産主義イデオロギーと決別して、新生ロシアとして新しい民主的な国家に一日も早く生まれかわることを祈ってしめくくりとしよう」はいまだ実現せず……。いや、大統領選挙があるだけでも実現したといえようか。要はマルコス時代のフィリピンレベルの「民主国家」になったと思えばわかりやすい。中国や北朝鮮やベトナムやキューバは、まだそのレベルにまで到達もしていないのだから……。

木村さんはソルジェニーツィンの『収容所群島』（新潮社）の翻訳者として著名で、講演も学生時代に何度か拝聴したことがあるが、はじめて言葉を交わしたのは、じつは古本市会場であった。

一九八九年ごろだったか、横浜そごうの古本市に出かけ、木村浩さんの『ロシア文学のふるさと』（保育社）などを購入し、レジで精算していたときだった。隣りのレジにいた人が、「ロシア文学にご興味おありですかな?」と声をかけてきたのだ。お顔を拝見すると木村先生。ソルジェニーツィンの訳者として当然、こちらは顔は知っている。あわてた。

というのも、木村さんのその本がいちばん上にあったので、それをチラリと見て、「おお、この青年は古本といえども、絶版になっている自分のロシアがらみの本を買っているとは……」と思って、お声をかけてくれたのだろう。しかし、その本の下には、じつは、フランス書院文庫などのエロス本が何冊かあったのだ。それを見られるとヤバイ、ということで少しあわてたのである。その場では、じつは、文藝春秋に勤めています……と名刺をお渡しした。

そのあと、当時は『諸君!』ではなく『週刊文春』にいたが、時折社内にて出会うこともあり、『諸君!』のときは担当もしたしだいだ。

エフトシェンコと大江健三郎氏の微妙な立ち位置

『早すぎる自叙伝』（新潮社）で知られるエフトシェンコさんとの対談（一九九二年一月号掲載「大論争ソ連知識人74年の選択〝反体制詩人〟はなぜ生き延びたか」）なども担当した（この対談の「通訳」

が米原万里さんだった）。スペクター対談にも似た（？・）ケンカ対談になった。
タイトル脇の冒頭のリードが、「あなたは、反体制の看板をクレムリンに利用されたのではないですか」（木村）、「木村さんは、亡命者や殺された作家しか愛せないのですか！」（エフトシェンコ）となっていることからも自明。
そのあたりの経緯に関して、当時の日記にこう書いていた。

《一九九一年十月二十八日（月）
今日は明日の対談（木村浩氏・エフトシェンコ氏）の打ち合わせで朝早く出社。というのも今日はロシアからエフトシェンコ氏が来日。挨拶するということで。身長は百八十九センチ（？・）の長身。詩人というから気難しいかと思ったが、わりとヒョーキンなタイプだった。奥さんははじめ年輩かと思ったので、それほど太ってはいないと思ったが、あとで聞いたら二十八歳だという。二十八歳であれだけ太っていれば、十年後には林真理子以上だろう。
反体制派詩人としての過去の栄光はもはやないような気がするが、明日はどんな対談となることやら。

一九九一年十月二十九日（火）
エフトシェンコと木村浩氏の対談。午後四時半より。ロシア語の通訳（米原万里氏）をつけての対談。木村氏がネチネチ（？・）とエフトシェンコ氏の過去の言動を追及。何故あなたは追放されずにすんだのか？　モスクワのスポークスマンという人もいるが……と。徐々に、エフトシェンコ氏もコーフンして、一気に早口でまくしたてるようになった。あげくのはてに、今朝、あるロシア文学者から木村氏は反動だから、対談するのは止せというアドバイスも受けたが、それでも対談したのにそういう批判を受けるのは心外だとも語ったりしていた。

対談のあと、木村氏と編集長と三人で食事。講談社学術文庫『スターリン』（訳書）の話。印税がたったの二%で、絶版にしたいと。著者が五〜六%をとり、訳者は二%とのこと。二千部印刷しても、数万円しか入らないという。

一九九一年十月三十一日（木）

夕方、テレビ朝日主催のエフトシェンコ夫妻を囲むパーティ（全日空ホテル）に出席。大江健三郎氏がきていた。彼の後ろに立って、エフトシェンコのスピーチを聴いた。手にしていた水割りを彼の頭にぶっかけたらおもしろいかなと一瞬冗談で考えたりもした。

木村浩氏もきていたので少し話す。今日のイイノホールでのエフトシェンコの講演でも少々ぎくしゃくしたとのこと。前座で木村氏が、エフトシェンコのことを特に誉めるようなスピーチもせず、ソ連の現状についていろいろと述べたために、エフトシェンコがスピーチをする段になって、木村氏のその話を否定するようなかたちでスタートしたとか。

そのあと、某作家の事大主義と権威主義的な行動の数々をひそひそ話として聞いた。中央公論社の某編集者がその作家のことをあるところで少し批判的に書いたら、嶋中社長にそいつをクビにしろと迫ったりしたとか。「我一人正義也」というのが左翼文化人によく見られる独りよがりだが、某作家はその典型的なタイプのようだ。ソルジェニーツィンの『煉獄の中で』を訳出したとき、その某作家に推薦文を頼んだところ、当初はオッケーだったのに、新潮社から出るのではなくタイムライフ社から出ると聞いたら断ってきたという。しょうもない権威主義者だこと。

（後注。某作家とはもちろん大江健三郎さんのこと。このあたりの中公でのドンパチは村松友視さんの『ヤスケンの海』（幻冬舎）の第八章「大江健三郎事件」で詳述もされている。ヤスケンこと安原顯さんの『ぜんぶ、本の話』ジャパン・ミックス刊行でも触れている）

一九九一年十一月七日（木）

エフトシェンコ氏と木村氏の対談まとめ、一応終える。まとめていると、けっこうエフトシェンコ氏も正論を述べているなという印象を受けた。》

その後、一九九二年十月に木村さんは急逝。通訳してくれた米原万里さんは、売れっ子作家となり、『嘘つきアーニャの真っ赤な真実』（角川書店、二〇〇一年）で大宅壮一ノンフィクション賞を受賞。しかし、若くして逝去（二〇〇六年五月）。長生きしたエフトシェンコさんも二〇一七年四月に八十四歳で死去した。みんないなくなった……。

米原万里一家の恥部

ところで、米原万里さんといえば、お父さんは日本共産党幹部の米原昶《いたる》さん。この人に関してはいささか疑問を感じるところがあった。たとえば、彼には『私のあゆんだ道』（東京民報社）という本がある。一九六八年一月刊行ということもあり、チェコの悲劇、プラハの春には直面していなかっただろうが（家族とともに一九五九年より一九六四年までチェコに駐在）、本を出したあと、どんなふうにコメントしたか気になるところだ。だが、この本では、朝鮮戦争はアメリカ側が仕掛けた戦争であると断定（一九五六年のハンガリー動乱などについての記述はなにもない。なにも言えないからだろう）。

《アメリカ国務省顧問ダレスから激励を受けた「韓国軍」は、六月二十五日、三十八度線の全線において、侵略戦争を開始しました。》

見てきたような嘘をよく書けるものだというしかない。「反知性主義」にもホドがある断定調。いま、ネットでこんな見解を述べたら「ネトウヨ」ならぬ「ネトサヨ」となろうか。ハンガリー動乱に関しても、せめて同じようなことを書いたらいいかがかなと思う。それは書けないのか。「ソ連はハンガリーに対して侵略戦争を開始しました」とは？

東ドイツを訪れては、西ドイツに米軍基地があるのは日本と同じと批判もしている（東ドイツにもソ連の軍事基地があったのでは?・）。本書の最終頁には、本人と奥さんと娘二人の家族四人の写真が掲載されている。

それにしても、共産主義者、イデオロギーの亡者の書く自叙伝は、歴史の流れに耐えられないことが自明だ。本書でも、のちに裏切り者として除名される野坂参三さんバンザイだし、冒頭に野坂さんの推薦文が麗々しく掲載されている。

ほかにも妄言多々ある。たとえば、チエコや北朝鮮の医療体制がいかに素晴らしいかを書いている。

《北朝鮮では、「千里馬」という映画に出てくるような立派な勤労者住宅が全国いたるところに建っていて、これが十五年前アメリカの爆撃で全土が廃墟となった国かとおどろきましたが、さらにその家賃が「給与の二パーセント」ときいて、びっくりしてしまいました。住宅不足と、高い家賃に苦しんでいる日本とくらべると、まったく夢のようだといっても過言ではありません。》

この筆致からすると、北朝鮮を訪問したこともあるようだが、そういう地獄を天国とみなすかのような「反知性主義」極まる、日共と北朝鮮の合同デマ宣伝に載せられて「帰国運動」の犠牲者となった在日やその配偶者（日本人妻）や子息の救援のために、米原さんや日本共産党はいままでなにをしてきたのだろうか。まともなことをやっていた『赤旗』元平壌特派員の萩原遼氏を「除籍」するしかノウのないのが共産党ではないか。本当に情けないグロテスクな尊大極まる独善主義的な独裁政党というしかない。間違いと気づいたら、路線を修正して「正しい道」を歩んだらいいのにと思う。

米原さんは、一九五九年から一九六一年にかけて共産党系出版社から出た、寺尾五郎の北朝鮮ヨイショ本（『38度線の北』『朝鮮・その北と南』新日本出版社）を愛読したことだろう。だが、同じく在日で当初北朝鮮に期待したものの、すぐに楽園の嘘を見破った関貴星氏の『楽園の夢破れて‥北朝鮮の真相』（全貌社、一九六二年）、『真っ二つの祖国‥続・楽園の夢破れて』（全貌社、一九六三年）を読まなかったのだろうか。

読んで、よく考えていれば、一九六八年一月に刊行した自叙伝の内容に、いささかの「知性」を反映させることができたはずではないか。彼らが受けた苦しみは、あなたが自叙伝の中で、糾弾している戦前の日本にて苦悩した人々以上のものがあったのではないか。間違った選択（帰国）を勧めた言論責任を痛感しなかったのだろうか。

戦前戦中の日本では、治安維持法のみで死刑になった人はいないが、北朝鮮や中共やソ連や東欧諸国でどれだけ多数の人間が、ささいな犯罪をでっちあげられて「投獄」や「粛清」（殺戮）されたことか。そういうことへの視点が欠けている人の「正義」や「平和」という言葉を信用することはとてもできない。

さらにはトロツキスト批判ということで、春日庄次郎などが党大会に出れば圧倒的少数で負けることがわかったから党から脱走したと批判しつつ、「この人たちは、少数は多数にしたがうという、ごく簡単な民主主義の初歩的ルールさえ守れない人たちだったのです。そんな個人主義的な考え方で、どうして幾百万、幾千万の人民を団結させなければならない共産党の活動ができるでしょうか」とも。

おやおや、「少数は多数にしたがうという、ごく簡単な民主主義の初歩的ルールさえ守れない」のは、ほかならぬ共産党ではないのか。多数決で物事を決めるという議会制民主主義のルールに難癖つけて、そういう国会内での「少数」を誤魔化すために徒党を組んで、あたかも「多数」はわれにありと偽称しようと国会前で街頭デモを展開するのではないか。かといって、ソ連のアフガン侵攻など、非難声明は出しても、大使館前で大規模な抗議活動はしたりしないことで、奇妙なバランスをとる。本当に、口先だけの政党というしかない。

そういえば、神谷不二氏の『朝鮮戦争』(中公新書)は一九六六年二月に刊行されている。朝鮮戦争が南から攻めたなんてことがありえないことを実証した作品。読んでいなかったのか。それでも、一九六八年刊行の本で、朝鮮戦争に関して、「アメリカ国務省顧問ダレスから激励を受けた『韓国軍』は、六月二十五日、三十八度線の全線において、侵略戦争を開始しました」と断言するような人は、どう考えても「反知性主義」の人というしかない。これが一九五五年ごろに出た本というのなら、まだ情報が乱れ飛んでいたから同情もできるが……。いくらなんでも一九六八年の段階では……。

佐々淳行さんと共産党幹部との知的格差

そんな教条主義的な共産主義者とはまったく異なる知的誠実さを追究したのが佐々淳行さんだった。

というのも、僕が中学生のころ、愛読していた『赤旗』で、「解同朝田一派を許すな」云々の見出し記事をよく見ていた。当時は「解同」や「朝田一派」と聞いても読んでもなんのことやらと思っていたが、後日、佐々淳行さんの本（『菊の御紋章と火炎ビン』文春文庫）を担当し、彼が回想記としてこのころのこと（兵庫・八鹿高校事件）を書いているのを読んで、なるほどと思ったことがある。

この点、日本共産党の言い分のほうが、部落解放同盟を支持していた社会党よりベターだったようだ。佐々さんからも、そのころの懐かしい捜査エピソードをしばしばうかがったものだ。佐々さんは不破哲三さんとは東大で「同窓」だったが、日本共産党に対しても「是々非々」を貫いていた。八鹿高校での窮状を訴えた共産党の警備要望にも的確に対応していた。

その佐々さんも、二〇一八年十月十日に老衰で死去（享年八十七）。晩年の三部作『私を通りすぎた政治家たち』『私を通りすぎたマドンナたち』『私を通りすぎたスパイたち』（文藝春秋。文庫版では『私を通りすぎたスパイたち』は『亡国スパイ秘録』と改題）をすべて、五反田正宏さん（取材構成）とともに、編集者として担当もさせていただいた。

学生時代に、三部作の『危機管理のノウハウ①②③』（PHP研究所）を赤線をひきながら、「そう、そう、そうだ！」と読んだものだ。爾来、何十冊かの本をひもといたものだ（編集担当もした。『諸君！』時代の連載「インテリジェンス・アイ」担当も）。

『危機管理のノウハウ』など、一般向けの警鐘の書以外に、佐々さんは、子供時代の回想記である『戦時少年佐々淳行：父と母と伊藤先生』（文春文庫）から始まり、全生涯の歩みをほぼ「活字化」している。

その歩みは『焼け跡の青春・佐々淳行：ぼくの昭和20年代史』（文春文庫）に引き継がれ、大学卒業後、警察官となって以降は『目黒警察署物語：佐々警部補パトロール日記』『美人女優と前科七犯』『目黒署アベック殺人事件：佐々警部補シリーズ完結篇』（文春文庫）と続く。やがて、左翼学生・過激派との「暴動」と闘う修羅場を体験。それは、『東大落城：安田講堂攻防七十二時間』『連合赤軍「あさま山荘」事件』『菊の御紋章と火炎ビン：「ひめゆりの塔」「伊勢神宮」で襲われた今上天皇』（文春文庫）に描かれている。

共産圏相手のスパイ摘発やグローバルな捜査体験などは、『香港領事佐々淳行：香港マカオ暴動、サイゴン・テト攻勢』『謎の独裁者・金正日：テポドン・諜報・テロ・拉致』（文春文庫）、『私を通りすぎたスパイたち』に詳しい。

あさま山荘事件は、映画『突入せよ！　あさま山荘事件』にもなった。この映画は、試写会場で見た。佐々さんの役を役所広司さんがやっていたが、ご本人もたしか映画の中でチョイ役で出ていた。映画館で映画を見ているオジサンといった風体で出演していた。

大学の講義録でもあった『ポリティコ・ミリタリーのすすめ：日本の安全保障行政の現場から慶應義塾大学講義録』（都市出版）も素晴らしい一冊だった。上司の後藤田正晴さんのことを綴った『わが上司後藤田正晴：決断するペシミスト』『後藤田正晴と十二人の総理たち：もう鳴らない〝ゴット・フォン〟』（文春文庫）もおもしろい評伝であった。

『彼らが日本を滅ぼす』『ほんとに彼らが日本を滅ぼす』（幻冬舎）では無能な民主党内閣を手厳しく批判した。晩年は前述したように『私を通りすぎた政治家たち』『私を通りすぎたマドンナたち』『私を通りすぎたスパイたち』を発表。とりわけ、『スパイたち』では、父親・佐々弘雄さんと尾崎秀実の逮捕当日前後の生々しい話が、『病める巨象・朝日新聞私史』（文藝春秋）の著者で、兄の佐々克明氏（朝日記者）の回想などとともに綴られていて貴重な証言書になっている。瀬島龍三をソ連の代弁者であったと批判もしていた。

近年流行のNGOなどもとっくの昔からやっていた。その実践記『一隅を照らす行灯たちの物語：実践的青少年教育のノウハウ』（冨山房インターナショナル）などを読めば、かつての「仮想敵国」ソ連にも救援の手を差し向けていたことがわかる（このあたりになると、さらに頑強な反共リベラル派（曽野明氏）は、ソ連の援助だけはしたくないと離れていったそうな。それも無理はないかも）。

僕がいちばん感銘を受けた佐々さんの文章は、『危機の政治学：ハンガリー事件から、湾岸戦争、ソ連邦崩壊まで』（文春文庫）に収録されている「私はブダペストの警官にはなりたくない」だ。これは『中央公論』に掲載された論文だ。

当時の大物と称せられる進歩的文化人、廣中俊雄、清水幾太郎、堀田善衛、中野好夫等々の砂川闘争などにおける警察官批判に対して、警察官幹部見習いの若き警察官佐々淳行さんは、ハンガリー問題に関しては「やましい沈黙」をする彼らを論難している。「どちらがより悪い」のか、よくよく考えろ！と。その舌鋒はいま読み返しても鋭く深く、彼らに切り込んでいる。ハンガリーどころか、その十二年後のチェコ反革命の人民の抵抗に対するソ連の弾圧も見て見ぬフリをしていた日本共産党幹部との知的格差には唖然とするしかあるまい。

「東大の岡義武教授が政治史の開講の辞の中で、『この世にヒロイズムがあるとすれば、それは現実を直視し、しかもこれを愛することである』というロマン・ローランの言葉を引用して、『これが政治史を学ぶ私の態度です』と言われたのを聞いて、その言葉の美しさにただ訳もなく感激したことを憶えている。そして、警察官として働きながら、私はいま、この言葉の深い意味を実感をこめてしみじみと味わっている」と結語していた。

ロマン・ローランはアンドレ・ジイドとちょっと違って、ソ連贔屓のままで生涯を終えた……というイメージがあるのだが、それはさておき、佐々氏はその言葉を文字通り実行した「行動する知識人」だったのだと、いま改めて思う。

「この世にヒロイズムがあるとすれば、それは現実を直視し、しかもこれを愛しつつも、それだけでは日本がダメになるから現実も変えていこう……」と。憲法9条改正を主張もしていた。石原慎太郎都知事の選挙の参謀になったこともあった。

「安倍晋三の再起を促す会」もいち早くやっていた。赤坂プリンスホテルのある一室で、首相辞任後の野党時代の安倍さんを励ます会をやるから、「文春代表として仙頭君がきてよ」と誘われたこともあった。駆けつけると、第一次安倍内閣時代の官房副長官だった的場順三さんや西武の後藤高志さんなど数人が出席するだけのこじんまりとした会だった。しかし、そのとき、数年後に安倍さんが首相として返り咲き、長期政権を維持し続けるとは思いもしなかった。

それもあってだろうが、二〇一八年十月十五日、僕も足を運んだ佐々さんのお通夜の席に、安倍首相も駆けつけておられた。

ともあれ、警察の世界にあっても、ことなかれ主義で、「悪に対して妥協せず行動する警察官」であった佐々さんを冷遇する上司もいた。そのために、閑職に追われたり、「万年課長」の悲哀を味わったこともあったと述懐していた。佐々さんのような人でも、そんな「暗い谷間の時期」があったのだ。

しかし、ちゃんと評価する上司もいた。後藤田さんなんかは掃海艇の海外派遣に反対するといったハト派的なところもあったが、そのあたりはきちんと佐々さんのことを評価もしていた。防衛庁や防衛施設庁に移ったりして警察官としては、いろいろと人事的に不満なところもあったのかもしれないが……。

初代内閣安全保障室長を最後に官僚の世界から飛び出し、民間の世界で、時には大学で、時には新聞紙上で、熱弁と健筆を振るい、数々の作品を残されたことに深く感謝したい。その一端をお手伝いできたことも編集者として大変うれしい思い出だ。

ミネルヴァ書房から、著名人に関する評伝シリーズが出ている。村上篤直氏の『評伝　小室直樹（上）：学問と酒と猫を愛した過激な天才』『評伝　小室直樹（下）：現実はやがて私に追いつくであろう』なる本については先に触れたが、いつの日か、『評伝　佐々淳行：ミスター危機管理と呼ばれた風雲児』なる本が、誰かによって書かれることだろう。その筆者は、たぶん、晩年、佐々さんのオーラルヒストリーのために面談取材を続けていた伊藤隆先生になるに違いない。

志賀義雄さんとの遭遇

日本共産党関係者でまともな人は「除名」された人といわれるが、その意味で、志賀義雄氏もまともな人だったといえるのかもしれない。

僕が『諸君！』で研修を始めたころ、彼は、『諸君！』に「言い遺しておきたいこと」と題して、インタビューを連載していた。一九八四年一月号から十月号にかけてだ。聞き手は編集部といった体裁だったが、高名な政治評論家（しかも反共リベラル系）が聞き手だった。その対談まとめなどを、ご両者に届けたりしたものだった。

当時、まだ国鉄だった四ツ谷駅の先、四谷三丁目の交差点を少し曲がったところに、志賀さんの事務所「平和と社会主義」があった（と記憶している）。急な階段を上がった二階の事務所に何度か通った。あと、吉祥寺の自宅にお届けしたこともあった。好々爺といった感じの人だった。親ソ派だったけど、向坂逸郎氏に比べて、まだ好印象は残る人だった。

前述したように、そのころの僕は「キョーサン（京さん）主義者」になってまもない時期だったが、さすがに、元日本共産党幹部の志賀さんの謦咳に触れたからといって、「共産主義者」「容共リベラル」になることはなかったが……。僕より上の世代の人にとって、志賀さんや清水幾太郎さんなどは、カリスマ性のあるアジテイターでもあったのだろうが、僕にとっては、どちらも温和な好々爺という印象が第一に残る人たちだった。

フランス書院との遭遇には「校了の法則」があった！

話が前後して恐縮だが、木村浩さんとの遭遇でも書いたように、フランス書院文庫というエロス専門文庫がある。これは三笠書房の子会社であるフランス書院が刊行している。

三笠書房は、「知的生き方文庫」でも知られるし、硬めの政治・経営本もよく出している出版社（フクヤマの『歴史の終わり』など）。しかし、三笠書房はかつては、そこそこエロス文学の翻訳も出していた。その部門が、発展的解消というのか、発展的別会社（子会社）として、フランス書院ができたようだ。

ジキル出版（親会社・三笠書房）とハイド出版（子会社・裏会社フランス書院）という構図だ。似た構図として二見書房とマドンナメイト社がある。二見書房も、フフフのエロス本を結構出していたし、いまでも二見文庫で、その傾向の本を若干出しているが、三笠同様、その手の本はマドンナメイト社のマドンナメイト文庫が、ほぼ一手に引き受けて刊行している。

ともあれ、フランス書院の中で、名著として知られるのが、トー・クンの『女教師』だ。ハードカバーは、一九七五年の刊行。僕はこの本を大学一年のとき、川越のデパートの古本市で購入した(と思う)。一読賛嘆!

「清純な女教師ルイーズの中に眠る淫奔の悪魔を目醒めさせる少年たちの熱いまなざし。一人の女性の中に棲む二つの人格の葛藤を豊潤な筆致で描いた衝撃の書」と、帯にあるとおりの本だ。

爾来、この翻訳(ハードカバー)シリーズを愛読するようになった。トー・クンの『女教師』に続く、『義母』『姉』や、ノーマ・イーガンの『義母の寝室』なども名著。やがて、このハードカバーは新書サイズで刊行され、さらにはフランス書院文庫が創刊されると文庫にもなっていく(そして、翻訳モノばかりではなく、日本の作家が書いたオリジナル作品も毎月数点刊行されるようになっていく)。

あるとき、フランス書院の売上(法人所得)を見たら、文春よりも多かったのに驚いたことがある。なにしろ、普通の図書館はフランス書院文庫を所蔵していない。読みたければ、買うしかない分野の本だ。それもあっての売上だろう。

松井社長が在職中、「図書館は文庫を置かないでほしい」といった主旨の発言をしたことがある。出版社として、ドル箱だった文庫の売上が低下し、困惑していたからだ。その点、少なくとも区立図書館や市立図書館は、フランス書院文庫をほとんどのところが蒐集(蔵書)していない。特定嗜好分野のエロ本という決めつけをしているのだろう。フランス書院としては願ったり叶ったりだろう。

そういうフランス書院文庫の隆盛を見て、僕は出版局にいたとき、平尾隆弘社長が出版の新企画を募集していたので、「文春シークレット文庫」の創刊を提案したことがある。当時、「文春ビジュアル文庫」などがあった。それと同じように、エロス系小説（ノンフィクション含む）に特化し、それを「秘密」（シークレット）と称して刊行すべしという発想からだった。残念ながら没になった……。

ライバルと見ていたのは、富士見ロマン文庫や光文社CR文庫だった。フランス書院文庫ほど「露骨」なものではなくても、スティーヴン・ヴィジンツェイの『年上の女：アンドラーシュの愛の回想』（富士見ロマン文庫）などは、もとの単行本は早川書房から、『年上の女を讃える：ヴァイダ・アンドラーシュの愛の回想』として刊行されていた一般書。内容も、ハンガリー反革命がらみのもので、たんなるポルノ小説ではない。こういうのを出せば……と思ったのだ。

ほかにも、他社本（ノンフィクション）でも、伴淳三郎氏の『伴淳好色放浪記』（カッパ・ブックス）や、ディック・ミネの『すりこぎ随筆：わが歌と女の半世紀』（カッパ・ブックス）や、竹村健一氏の『世界の女は俺の手に：日本男児海を行く』（桃源社）を、文春シークレット文庫として「復刊」すればおもしろいものがあったと思う。しかし、文春は、「文春学藝ライブラリー」と称して、講談社学術文庫のような「硬い本」の復刊文庫化シリーズを創刊して今日に至っている。それもいいけど……。

フランス書院文庫は、毎月二十四日〜二十五日ごろに発売されている。『諸君！』の校了は、前述したように二十日〜二十二日ごろが多かった。すると……。

一週間から十日ほど続く校了（昼夜逆転というか、昼夜兼業というか、会社泊も多し）。あるとき計算したが、午前二時に仮眠室に行き、仮眠。朝六時に起きて仕事開始。そして次の日の午前二時に仮眠室へ……。そういう生活を、もっとも忙しいときは最低五日間ぐらい繰り返していた。

一日二十四時間のうち、仮眠四時間と、若干の食事時間を除くと、通勤時間がゼロだから、一日十八時間は働いていた。五日間で九十時間労働（一日七時間労働が普通だとしたら、五日間で二週間分近く働いていた計算になるだろう）を毎月二十二日ごろに終えて、ひと眠りして書店に行くと、ちょうど出たばかりのフランス書院の新刊文庫がズラリと並んでいるのだ（自宅の近くの新刊書店に、その手の本を常備しているところがたまたまあったし、校了明けに神保町の古本屋街に行くと、そういう本を若干値引きして売っている書店もあった）。

学生時代から愛読しているので（？）、若干のストレスも抱えた疲れた頭・体にはそういう本が目につく。当然手にとり、パラパラとめくる……。

いちばん最初に読んだエロ本は、トー・クンの『女教師』ではなく、中学・高校時代、いや小学高学年まで遡るかもしれないが、僕の中学高校時代の愛読週刊誌はジキルが『朝日ジャーナル』で、ハイドが『話のチャンネル』、中間が『週刊明星』『週刊平凡』『週刊プレイボーイ』『平凡パンチ』だった。本の場合は、トー・クンより、宇能鴻一郎や富島健夫に遭遇したほうが早かった。源氏鶏太も好きだったが、これは一応、勧善懲悪型のジキル本になる。

ともあれ、やはり中高校生（少年）にとっては、「女教師」というのは、いちばん最初に遭遇する「年上の女性」だ。

ということもあり、結婚してからも、そのタイトルのものに、ついつい手が伸びる……。もちろん、少年にとって、「年上の女性」といえば、「兄嫁」や「未亡人」や「隣人妻」や「看護婦」や「スチュワーデス」や「女医」や「歯科衛生士」や「下宿のおばさん」や「義母」や「叔母」や「伯母」や「養母」や「従姉」や「女上司」などもあるのだが、「女教師」「女家庭教師」に勝る者はないのだ（ちなみに僕は長男なので「兄嫁」は現実には遭遇することはありえない。上記の中で、「実在」したのは、「女教師」や、「従姉」の「スチュワーデス」や「歯科衛生士」や「下宿のおばさん」だが……。現実の世界はメルヘンではない?・）。

また、レイプものとかそういうのも好みではない。あくまでも、トー・クンの『女教師』のように、少年の好奇の目に晒《さら》されて、その欲望と奸計に跪《ひざまず》いていく女教師の葛藤の数々のシーンが、多少なりとも文学的に描かれている作風に感銘を受ける——ということなのだ。

その意味で、フランス書院からの刊行ではないが、先に紹介したスティーヴン・ヴィジンツェイの『年上の女を讃える：ヴァイダ・アンドラーシュの愛の回想』などは傑作だった。これは、のちに、文庫化もされて『年上の女：アンドラーシュの愛の回想』として世に出るのだが、第二次大戦末期からハンガリー動乱、亡命にいたる過程での、少年から大人になっていく男の「年上の女性」との愛の遍歴物語だ。

富士見ロマン文庫といえば、フランス書院文庫と並んで、エロス専門文庫のイメージが漂う文庫シリーズの一冊だったが、この本は、岩波現代文庫や角川ソフィア文庫か、ちくま学芸文庫に入ってもおかしくない小説だ（いや、岩波現代文庫は無理か。共産主義批判の書だから）。

「共産主義と人妻」といえば、ロバート・オーエンの『人妻だけに恋した男』（浪速書房）という本がある。箱入りで巻頭には白人女性のオールヌード写真が四頁もある。一九七〇年発行で五百八十円。七歳から始まる人妻とのラブロマンスを描いたエロ本。だが……。

冒頭「共産主義の体制下には自由はない。それはかつてナチスの支配下にあったときとまったく変わりはしない。ぼくは、今、自由の国、アメリカにいて、ますますその感を強くするのだ。ぼくが、突然この本を書いて世に発表しようと思ったのは、ソ連が、理不尽にも、チェコの自由化にブレーキをかけようとして、突然、戦車で国境を越えて、チェコに侵入してきたことにある……」という書き出し。いやはや、まっとうな本ではないか。

共産圏における閉塞的な状況の中で、「人妻だけに恋した男」の性的・政治的遍歴を扱った問題作ともいえよう。たんなるエロ本と思ったら大間違いなのである。前出の米原さんは、この本を読まなかったのだろうか。

そのほかに、「少年と年上の女性」との物語といえばいろいろとある。

松岡正剛氏の『少年の憂鬱』（角川ソフィア文庫）によると、「真相を知りたがり、そのくせいつも妄想に走っている」のが少年である——と見ているが、その視点からすれば、『女教師』などはその最たる作品といえよう。ほかにも、ピーター・ヴァーテルの『少年の日』（角川文庫）や、ハーマン・ローチャーの『おもいでの夏』（角川文庫）なども、その系列につらなる作品といえよう。いずれも第二次世界大戦という閉塞的な状況と関連づけた、少年と人妻物語というのがミソである。中里恒子の小説『綾の鼓』（文春文庫）も、戦争（スペイン内戦など）も関連していく人妻物語だ。

そんなふうに、校了が終わると、本屋（や古本屋）で、フランス書院文庫の新刊（凌辱モノを除く。ただし「因果応報」的なモノ――万引きをしたのを警備員に脅されて堕ちていく女教師物語『狙われた女教師』などは例外。みずからが犯罪をおかした以上、その罪を補うのに……という物語は小説ならば許される）や、上記のようなさまざまなエロス物語を何冊か購入して読破するという生活が続いた。

もちろん、硬めの本もそこそこ読んでいる。そうした硬軟まざった読書メモは、『自由』に連載し、本にもなった（拙著『本の饗宴・新保守の読書術』『20世紀の嘘：書評で綴る新しい時代史』参照）。ともあれ、そうした「趣味の読書」が仕事に活かせることもある。といっても、さすがに『諸君！』ではなく、一時刊行されていた情報宣伝雑誌（月刊）の『本の話』。

堤さんが出版局長だったとき、岩波の『図書』や新潮の『波』のような、ほぼ無料の出版宣伝雑誌を出そうということで『本の話』が創刊された。先行誌と同じく、まもなく出る自社の新刊本の紹介をメインにしていたが、創刊初期のころは、本にまつわるテーマで、「特集」を組んで、自社本紹介以外の記事なども多めだった。

出版局にいたとき、この編集をときどき手伝うことがあり、「古本屋」や「20世紀の迷著」特集などを組んだりしたものだった。何度かそういう特集を担当したのだが、その中でとりわけおもしろかったのが、「秘密の本」特集号（一九九八年十二月号）。

要は「エロス・ポルノ本」なのだが、そういう露骨なタイトルもなんだしということで「秘密の本」という特集タイトルにしたし、巻頭トビラのイラスト（ちょっとスケベそうな中年男性が、覗き穴から裸婦を覗くもの）は池谷伊佐夫さんに描いてもらったし、巻頭エッセイは、鹿島茂さんの「ポルノグラフィー進化の歴史」というマジメなもの。『ファニー・ヒル』や『我が秘密の生涯』や『イマージュ』など、クラシックなエロス小説などを解析。

その次には、『女教師』の翻訳者であった小鷹信光さんをはじめとして、糸井重里さんや藤本義一さんや島村洋子さんや阿部牧郎さんや団鬼六さんや永倉萬治さんにご登場いただき、それぞれの愛読の「秘密の本」を披露していただいた（勝目梓さんにも交渉したが、断られた）。

ここまでは特に問題はないのだが、最後に「ポルノ小説は大人のファンタジーだ」「編集者&愛読者匿名座談会」「作り手と読み手がホンネで語り合う本邦初のポルノ論」といった四人、A（フランス書院文庫）、B（マドンナメイト文庫）、C（河出文庫）、D（ポルノ読書歴20余年。僕のこと）――による匿名座談会をやったのだが、それがいろいろと物議を醸したのだ。

冒頭、Dさんこと僕の「小学五年の時、鉄棒で逆上がりをしていて性に目覚め、六年で友達の家にあったエロマンガを読み、中学生になって病院の待合室にあった女性週刊誌の性相談コーナーを愛読したあたりから深みにはまってしまいました。そして、高校生になって『イマージュ』や『エマニエル夫人』や『O嬢の物語』や『ダビデの星』を読んでから映画を見てさらに性長し、大学生の時、『女教師』に出会い、後は熟女モノ系のポルノ小説を耽読する日々を過ごしてるんですが、皆さんの会社が成長するのに貢献したと思いますよ」という発言から座談会が始まる。

『エマニエル夫人』は、マドンナメイト文庫の親会社の二見書房から出ていた本なので、Bさんがそれを指摘したり、Cさんが『イマージュ』は河出文庫から最近「復刊」したとか、Aさんが『女教師』は文庫も入れて六十万部と自慢したり……。なにしろ、その座談会で指摘もしたのだが、そのころの「法人所得」ランキング四十をみると、フランス書院は三十四位（前年比二十四％アップ）なのに、文春は四十位内にも入っていなかった。

それから「兄嫁」か「義姉」か、どちらが「言葉」（タイトル）として刺激的かといった議論などいろいろとあるのだが、さまざまなエロス作品について僕が論じると、Ａさんが「よく読んでますね、本当に（と少し呆れる）」なんてコメントも出てくる始末。

ただ、この座談会、一堂に会してやったものではないのだ。最初は一堂に会してと思ったのだが、フランス書院とマドンナメイト文庫は「犬猿の仲」のようで、一緒にやるのは嫌だというのだ。この手の本、予告のとき、いつも仮題が掲載されることが多い。ライバル会社に、正式書名をギリギリまで知られたくないという企業秘密をめぐる攻防もあってのこと。それもあり、同席お断り、ということだった。

しかたなく僕は各社を訪ね、一人ひとりに同じ質問をして、それを編集してまとめたのだ（これは『諸君！』などでも、「代議士（与野党）匿名座談会」などをやったとき、一堂に会する時間もなく、また、与野党ともなると、そもそも同席不可のことが多くなり、これまた、一人ひとりの政治家と面談し、同じ質問をして、それを座談会風にまとめる作業をしていたのと同じやり方）。

そのときはじめて知ったのだが、エロス本（フランス書院・マドンナメイト文庫）には、「ハシラ」（だいたい奇数頁の上にあるもの）には章の見出しを入れていないというのだ。普通文庫でもなんでも、本ならばハシラに章タイトルが明記されているものだ。しかし、この手の本を電車で読んでいる際、隣人に「ハシラ」を見られると「プライバシー侵害」になりかねない……。なるほどと思って、確認するとたしかにハシラにはなにもない（いまもそうだと思う）。

たとえば、鏡龍樹氏の『ぐっしょり熟女：義母、女教師、そして兄嫁と』（フランス書院文庫）の本の各章のタイトル「第一章　湯上がり熟女　しっとり美肌をひとりじめ」「第二章　入れて、お願い「先生」と呼ぶたびに締まる蜜壺」「第三章　三角姦係　いやらしすぎる恥肉くらべ」「第四章　懊悩兄嫁　禁忌づくしの温泉旅行」「第五章　ぐっしょり楽園　乱れる、交わる、溺れる」……がハシラに明記されていると、ちょっと隣人の目を意識するようにもなるだろう。それにしても、凄い「見出し」の数々。でも、読むと……。

後述するけど、保守系論壇雑誌のタイトルが過激すぎると批判する向きがあるけど、エロス本のこうした見出しも過激すぎるかもしれないが、この程度の過激さはどちらも「言論の自由」の範囲ではないか。目くじらたてるほうがおかしい。

本文内容に捏造があるならまだしも、中身がシャープで論敵を鋭く追及していて、ちょっとタイトルが過激だと、中身をまったく俎上に上げずに「ウヨ」だのとレッテル貼りをして、全面否定して見せるのは、知的怠惰であり、反知性主義の最たるものだろう。

ともあれ、この座談会の記事を読んだ、ある女性社員が、このDさん（ポルノ読書歴二十余年）って誰ですか、と編集部の人に聞いたらしい。「あぁ、あれは仙頭だよ」「えぇ?」と。

どちらかというと硬派で、マジメで、タバコ嫌い、組合嫌いの堅物と思われていたのに、そんな読書趣味があると知られてしまって……。なんとなく女性社員の目が冷たくなったような気が、しばらくのあいだしたしだいだ。

蛇足になるが、『日刊ゲンダイ』（二〇一二年六月二日付。実際は六月一日売り）に中目黒の古本屋・杉野書店が紹介されていた。『「50円均一」と「エロ本」が充実』との見出し。ここは行ったことがある。たしかにエロ本がたくさんあった。『日刊ゲンダイ』が、取材したときには店内に買いとったばかりの本が山ほどあったそうな。

そして店主いわく、「ふふふ、大学教授や検事さんはエロ本が好きですよ。偉い人も、家に帰ったら普通の人」「ほら、駅で女の子のスカートの中を隠し撮りしちゃったらマズいけど、自宅で見るのはいいからね。エロは大事です。大学の先生も検事さんも、バランスをとってるのでしょ」と。

たしかに……。編集者もそうなのである。バランスが大事。人はみなジキルとハイド。読むだけなら「罪」にはならない。それでいいのだ。

「ポル・ポトの弁護人」を批判したら思わぬ抗議が

『諸君！』で忘れられない思い出は、一九九三年九月号に本名で論文を書いたことだ。「和田俊記者はなぜ間違えたか：検証日本の『ポル・ポト弁護人』たち」というタイトルだった。

カンボジアへの自衛隊ＰＫＯ派遣問題が話題になっていたこともあり、一昔前の和田俊（朝日元記者。当時、テレビ朝日のニュース番組の「司会」だった久米宏さんの隣りに座ってコメンテーターをしていた）の「迷言」が問題になっていたのを踏まえての原稿だった。

和田氏以外にも、ポル・ポト革命を賛美した新聞記者や識者がいたので、総まとめでその妄言を検証するというものだった。ちなみに、和田氏の問題記事（一九七五年四月十九日）は以下のとおり。

《カンボジア解放勢力のプノンペン制圧は、武力解放のわりには、流血の惨がほとんどみられなかった。入城する解放軍兵士とロン・ノル政府軍兵士は手を取り合って抱擁。（中略）平穏のうちに行われたようだ。しかも、解放勢力の指導者がプノンペンの〝裏切り者〟たちに対し、「身の安全のために、早く逃げろ」と繰り返し忠告した。これを裏返せば「君たちが残っていると、われわれは逮捕、ひいては処刑も考慮しなければならない。それよりも目の前から消えてくれた方がいい」という意味であり、敵を遇するうえで、きわめてアジア的な優しさにあふれているようにみえる。解放勢力指導者のこうした態度とカンボジア人が天性持っている楽天性を考えると、新生カンボジアは、いわば「明るい社会主義国」として、人々の期待にこたえるかもしれない。（中略）

カンボジアは内戦中も、秘密警察的な暗さがなかった。ロン・ノル政府側の要人も、警備にはさして関心を払っていなかった。政府主催の公式レセプションでも検問所はなく、招待状なしでも要人にやすやすと近づくことができた。これでよく事件が起きないものだと不思議に思ったが、南国的明るさとは暗殺とはそぐわないのかもしれない。

ロン・ノル政府は七三年春、王族やその関係者を逮捕したことがあった。彼らの自宅には監視のため憲兵が派遣されたが、外来者を呼びとがめるわけでもなく、暇をもてあまして昼寝ばかりしていた。そして、しばらくするうち、憲兵はいつの間にか現れなくなった。逮捕された人たちは起訴もされず、罪状不明のまま釈放された。拘留中も差し入れ、面会自由。酒も飲み放題だったという。

ハン・ツン・ハク首相（当時）の命を受けて、解放勢力側と接触をはかろうとした人物をたずねたときも、あまりに開放的なのでびっくりした。秘密的なにおいはまったくなく、こうままにどんどん資料を見せてくれた。その素朴さと明るさは類がない。

カンボジア王国民族連合政府は自力で解放を達成した数少ない国の一つとなった。民族運動戦線（赤いクメール）を中心とする指導者たちは、徐々に社会主義の道を歩むであろう。しかし、カンボジア人の融通自在の行動様式からみて、革命の後につきものの陰険な粛清は起こらないのではあるまいか。（和田前ブノンペン特派員）》

じつは、このタイトルの論文は某私立大学教授に執筆を依頼していた。必要な資料（上述の朝日記事など）一式を用意し手渡していた。締め切り直前に原稿をいただいたのだが、ちょっと硬い筆致で読みにくく感じた。笹本編集長も同感とのこと。それで先生に電話をして、ちょっと柔らかくしていいかとお尋ね。「あぁ、いいですよ」と。それでちょこちょこと修正。そしてすぐに入稿してゲラにしてから、先生にお送りしたところ……。

「これでは私の原稿とは言えない。掲載しないでください」との冷たい返事が校了日前日に返ってきた。ううむ……。締め切り寸前でどうしようかと。すると笹本編集長が、「おまえが書け！資料は全部こちらで揃えていたんだからいいだろう」との命令。ええ？　ということで、先生の書いたコメントなどは削除し、改めてデータを利用して書いた。

雑誌が出たあと、和田さん以外にも「ポル・ポト弁護人」として、文中で批判した相手（正確には、その人の名を名乗る人）から抗議の電話が編集部にきた。

「俺は和田と違って虐殺を肯定などしていない」というものだった。

「いや、そんなことはないでしょう。あなたの発言は引用したとおりなんだから。和田さんほどひどくはないかもしれないけど、五十歩百歩でしょう」

すると、「……おまえは入社して何年目だ。当時のことをなにも知らないだろうに」とか、失礼な反問も。

若造がなにを言うか……という思いからだったのだろう。

口先リベラルの進歩派の中には、相手の年齢を根拠に批判する手合いがいる。

最近も、岩田温さんの書いた『「リベラル」という病：奇怪すぎる日本型反知性主義』（彩図社）に対して、「この岩田温という学者ぶりが鼻につくと思って年齢を調べたら案の定三十四歳という若さだ。東欧革命やゴルバチョフ・レーガン会談、東西ドイツのときにはまだ赤ちゃんのような青二才が歴史の知ったかぶりをしている。日本型リベラルがどーのっていう彼の論は三十年以上前の論争だという事さえ知らないのだね」と意味不明の批判（ツイート）を投げつけている人がいた。おお、そういえば、和田批判論文を書いたときの僕も三十四歳だった……。

それはさておき、さいわい誰かさんみたいに、名誉棄損だというような訴訟は起きなかった。和田さんなど、「容共リベラル」ともいうべき人だったのだろうが、間違いや誤報は誰にでもあるのだから、気づいた時点で、ごく普通にさりげなくお詫びなり、修正しておけばいいのに……と思う。

吉田証言を鵜呑みにして賛美した北畠清泰氏にしても、虚報というか、「勇み足」があった点は素直に認めればいいのだ……。朝日の記者はプライドゆえの傲慢さがあっての開き直りが目立つ(?)。「アジの開き」は美味いが、「朝日の開き(直り)」は見苦しい限りだ。

詐話師・吉田清治氏の慰安婦強制連行「証言」の嘘を暴いた

もう一つ、こちらは名前は出なくて「編集部」名義の原稿だが、いわゆる「従軍慰安婦」問題で、あの下関労務報国会動員部長・吉田清治氏の「慰安婦強制連行証言」を真正面から批判した、上杉千年さん(教科書研究家)との共同執筆論文も、一九九二年八月号の『諸君!』に掲載された(タイトルは「(検証 吉田『慰安婦狩り証言』):警察OB大いに怒る」。執筆者名は「上杉千年&編集部」)。

これは、文春新書の『「従軍慰安婦」朝日新聞 vs.文藝春秋』に収録されている。

冒頭は、ジョージ・オーウェルの警句で始まる。「イギリスの作家・ジョージ・オーウェルは、『ペンの自己規制』というエッセイの中で、『重要なのは偽造が行われるということではなくて、その事実を知っても左翼の知識人は一般になんらの反応も示さないという点である。真理を教えるのは『まずい』とか『利敵』行為だという議論には口をつぐまざるをえないと考えられており、大目に見のがした嘘が新聞から歴史書へ流れ込むという予想に心を痛める人間はほとんどいない」と。

慰安婦問題でいち早く、吉田氏の嘘を見抜いていた秦郁彦さんが、門司に教え子がいるということで、その人からもいろいろと教示を受け、吉田氏の出身学校（門司市立商業学校）まで行き、卒業者名簿を見せてもらった（当時の資料には、各卒業生の「出自」まで書いてあった）。さらに、吉田氏の実姉（当時八十三歳）がやっている飲み屋にまで出かけたりして「養子（戦死）」の嘘を確認したり、元警察官に取材をしたりした。

タイトルにある「警官」とは、吉田氏が済州島で連行した女性を下関に連れてくるにあたって、下関の水上警察などの警官などが監視警備にあたったと書いていることに関して、彼らに、そんな事実はあったのですかと、あたったものだ。警官たちは実名でコメントをしてくれた。もちろん、吉田「証言」を否定するものだった。

下関へ取材に行くときは夜行寝台列車に乗った（個室寝台）。あとにも先にも個室寝台に乗ったのはこのときだけ。室内にシャワーもない、たんなる「個室」だった。

帰りは飛行機だったが、東京に戻り、常磐線天王台駅から歩いて五分ぐらいの吉田氏の家（某アパートの四〇二号室）まで何度か押しかけて、ドアをどんどんと叩いたこともあった（いずれも留守）。隣りの四〇三号室は息子さんの部屋だったようだが……。

そういえば、彼の二人の息子さんである吉田英治氏&吉田健二氏の『恋はルーブルでは買えない：モスクワの青春』（日新報道）という本は、古本市で数年前に購入していて積んどくしているはずだが、見当たらず……。

書名からも自明のように、モスクワ留学を綴った日々。共産圏といえども、留学するとなれば、かなりのお金もかかったことだろう。このあたり、不可思議な共産党コネクションがあってのことかどうか。気になるところだ。

格差社会反対を声高に主張しながら、ご自身の子供は私立一貫中学・高校に入れたり、ご自身も海外に家族ともども留学したりしている進歩的文化人がいる。聞くところでは、親がしがない商売をしていたとはいえ、その「土地」が高く売れて、余裕のある生活を営むことができるようになったとのこと。「土地成り金」は昔もいまも存在するようだ。

ユニークな産経記者たちとの遭遇

産経新聞の久保紘之さんとの出会いも印象に残った。いちばん最初に書いていただいたのは、「逃げる宰相：宮沢喜一氏と戦後知識人」（『諸君！』一九九二年三月号）。

一九九一年の年末近くだったか、ＴＢＳテレビの毎週日曜日朝放送（生中継）されていた「時事放談」を見ていたら、藤原弘達さん（だったか）が（対談・放談相手は加藤寛さんだったか）「今日の産経に出ている久保氏のオピニオンアップの宮沢論がいいね」と言う。自宅では産経を購読していたので、僕もその日の朝一読し、ふむふむなるほどと思っていただけに、お墨付きをもら

ったかのように感じて、この人に宮沢論を書いてもらえばとプランに出し、笹本編集長ともども
アポをとり大手町の産経新聞に出かけた。
いまの高層ビルの産経会館ではなく、一昔前の産経会館。「正論の会」の講演会でいつも出か
けていたが、一階受付で呼び出しのお願いをしたところ、エレベーターから降りてきたのは、分
厚い冬用のオーバーコートをきた異色の風体の人だった。
ともあれ、あとで気づいたのだが、じつは僕は久保さんとは通勤電車でしばしば遭遇していた
のだ。というのも、執筆依頼をしたあと、通勤電車で向かいに座っている異様な人を見かけた。
その人は、『赤旗』を手にして広げ、赤ペンを手にしてしばし線を引きながら読んでいるのだ。
以前からときどき見かけたことがあった。ううむ、このオッサンは党員か。『聖教新聞』を車中
読んでいる人はたまに見かけるが、『赤旗』はめったにいない。ただ読むだけでなく、赤ペンを
手にしてラインを引きながら読んでいるのだから、どう見ても変わった人だなと……。しかし、
よくよく観察すると、おやおや、この前、会った久保さんではないかと気づいたのだ。
久保さんは常磐線柏駅から東武野田線で数駅行ったところに住んでおり、そこから柏駅に出て、
千代田線（常磐緩行線）で大手町の産経新聞に通っていた。僕もその沿線に住んでいたので、と
きどき車中で遭遇していたのだ。そのときは、午前十時過ぎで、通勤ラッシュも終わっていたこ
ろ。座って新聞を広げて読む空間もあった。
とにもかくにも、通勤電車の車中での「赤旗読み」の迫力からして、並大抵の人ではなかった。
そのあと、『諸君！』にはしばしば登場していただき、時には岩波『世界』が、少しまともな編

集長（安江良介↓山口昭男）に代わったときには、『世界』にも原稿を頼まれて執筆することもあった。

のちに出版局に異動になったとき、書き下ろしの『田中角栄とその弟子たち』を刊行した。いやはや、そのとき、締め切りに間に合わず、何度か刊行延期もあったりした。

毎週のように、できあがったぶんを産経会館にいただきにあがり、なんとか刊行。なにしろ一頁四十五字×二十行で、六百ページの大著。八千部初版、二千部増刷の結果となったが、校了を終えて息も絶え絶えになっていたとき、当時出版局長だった堤堯さんに、「おい、こんな新人の聞いたこともない物書きの本が、六百頁だと？　分量が多すぎるぞ。これじゃ、売れないぞ。ちょっと削れ！」と一喝された。

「ええ？　でも、もう校了にしてしまっているんです」「なんだと……しかたないな」と。

でも、そんな堤さんが、いまや、『Ｗ・ｉＬＬ』を経て、某月刊誌で久保さんと仲良く毎月対談「蒟蒻問答」をしているのもおもしろい。そのきっかけをつくったのが、久保さんの『諸君！』登場、処女作刊行だった。

久保さんの奥さんは公認会計士。そのおかげもあってか（?·）、産経時代の給与は、趣味のオーディオの世界につぎ込んでいた（ようだ）。一度、ご自宅にお邪魔し、その自慢のプレーヤーに南沙織さんのＣＤ『ＭＡＴＵＲＩＴＹ（マチュリティー）』を入れて拝聴したが、なかなかの迫力だった。わが家のミニコンポで聴くのとは月とスッポンだった。その後も、御茶の水（神保町）の中古レコード屋や古本屋で何度か遭遇したこともある。

このように、産経新聞にはユニークな筆者が多い。

ほかにも、髙山正之さんの著書『「訴訟亡国」アメリカ：標的にされる在米日系企業』も、産経の同名（訴訟亡国アメリカ）の連載を見て、一九九五年六月に本にしたもの。当時、髙山さんは産経ロス支局長。メールなどもなかった時代、国際電話で何度かやりとりしながらの本造りだった。売れ行き好調ですぐに増刷となり、のちに文春文庫にも入った。

毎日から産経に移った古森義久さんの本は直接担当したことはなかったが、『諸君！』などではしばしば執筆もしてもらった。そのほか、福島香織さんには『諸君！』執筆から始まり、『潜入ルポ 中国の女：エイズ売春婦から大富豪まで』（文藝春秋）を刊行。

松下政経塾の後輩にもなる矢板明夫さん（十八期生）は、卒塾後、産経新聞に入社し、北京特派員時代に文春から『習近平：共産中国最弱の帝王』を刊行し、第七回樫山純三賞を受賞もしている。

あと、産経記者といえば、「はじめに」でも触れたように、真打ちは石井英夫さん。高校時代から読んでいた産経新聞の「サンケイ抄」「産経抄」の筆者。お名前はサイマル出版会から刊行された『鳥の目・虫の目：にんげん歳時記 石井英夫の年々歳々抄』『コラムの愉しさ：「サンケイ抄」傑作選』などで承知。一九六九年から二〇〇四年まで執筆していたというから、僕が十歳のころからのスタート。文藝春秋からも、『クロニクル 産経抄25年〈上〉〈下〉』などが刊行された（あいにく、その本の担当は僕ではない）。

石井さんとは「恩師」が同じだった。というのも……。

石井さんは早稲田大学政経学部に政治学科と経済学科のほかに新聞学科があったときの新聞学科の卒業生。そのころ、読売新聞社論説委員だった梅田博さんが、文章講座の授業を持っていて、石井さんも教え子だったという。梅田さんは清水幾太郎さんと読売時代、記者（論説委員）として一緒だった時期もあるが、読売のあと、『言論人』の創刊などに関与したり、『世界日報』の「上昇気流」というコラムを書かれていた。ちょうど産経新聞の「産経抄」のようなところだ。

学生時代、ある人（「正論の会」の幹事だった宮山昇氏）の紹介で、梅田さんが日曜日にマスコミ希望者向けの作文添削の「私塾」を開催していて、そこに二年ちょっと通うことができた。毎回作文の題が決められて、一週間後にそれを書いて持参し、何人かの記者志望の学生とともに論評しあうというものだった。投書マニアではあったが、そういう「お題」があっての作文講座はいろいろと勉強になった。

中央大学では、これまた読売出身（元論説委員）の多田実さんの文章講座ゼミがあって、そこにも参加していた。稀に作文をほめられたこともあった。

ともあれ、梅田さんは石井さんにとっても、文章上の先生であったとのこと。梅田さんは、「仙頭君、文章を書く人は、花鳥風月を書けなくてはいけない。君の文は、ちょっとそのあたりが欠けているね」と指摘されたものだった。石井さんの肩書同様にまれに「コラムニスト」を使うこともあるわが身ではあるが、もちろん月とスッポン……。

山本夏彦さん、平林孝さん、遠藤浩一さんとの別れ

コラムニストといえば、石井さんと並んでというか、石井さんの先生にもあたるのが山本夏彦さん。『諸君!』でも「笑わぬでもなし」を、二〇〇二年十月二十三日に亡くなる直前まで連載していた（二〇〇二年十一月号まで掲載）。晩年は連載担当もした。最後には、入院先の虎の門病院や市川の病室まで原稿をいただきにあがったりもしたものだ。

そもそも、文春に入るきっかけになったのが、前述したように、「笑わぬでもなし」の連載百回記念の読者との懇談会に応募し参加したからこそ。抽選で選ばれて、はじめて文藝春秋ビルに行き、そのとき、当時の編集長だった堤堯さんとの面識を得たりもしたからだ。山本さんとの思い出もいろいろとあるが……。

《二〇〇二年十月十七日（木）

昨日は山本夏彦さんのお見舞いに聖路加病院へ。山本さんからのハガキも昼届いて、「ハガキ一枚書くのも大変で諸君!連載休ませてください」とのこと。市川の病院にお見舞いしたときに比べても少しやせていたと感じた。首に点滴をつけていて痛々しい。ちょうどお見舞いの人があったためか、ベッドから出ていて椅子のほうにいた。杖も手にして……。》

ちょうどそのころ、中央公論の平林孝さんも末期状況だった。当時の日記を見ると、そのこともしばしば綴られている。山本さんが十月二十三日に死去（享年八十七）したあと、平林さんは二〇〇二年十一月九日午前二時ごろ永眠されている。

平林さんの自宅（佐倉）にお見舞い（二〇〇二年五月三十日・木曜日）でうかがったときは、横浜や市ヶ谷の病院への通院も電車で行けるようになったと話していたものだった。以前だと、個人タクシーを調達して横浜の病院に行ったりしたこともあったそうな。いまは京成線で行けるから、そんなところを社の人が見たら「さぼっている」と思われるかもしれないと笑っていた。血管内治療で痛みがとれたとのことで、「私はガンから生き返った」なんて手記を『諸君!』で書かないですかなどと話し合ったものだったが……。

平林さんとはじめて会ったのは、塾の同期の松沢成文氏が、中公新書から『この目で見たアメリカ連邦議員選挙』を出したとき。一九八六年の夏。この本の出版記念会を六本木でやったとき、担当編集者としてお見えになっていた。

この本は、『自由』（一九八五年四月号）に掲載された彼の論文「アメリカ下院議員選挙‥その実態をレポートする」がもとになっている。当時、彼はアメリカで研修中。むこうからその論文を送ってきて、『自由』に載せられないかと。そこで、石原萠記編集長に打診して掲載されたものだった。そのあと、彼は、中央公論社の粕谷一希さんに原稿を持って行って本になった。

このときの「謝礼」に松沢氏からもらったのが、ノーマン・ポドレッツが編集長をしていたアメリカの雑誌『コメンタリー』だった（だが当然、英語なので読めない……）。そうか、これが『コメンタリー』か……。ジョージ・オーウェルのことをちゃんと正しく評価しているポドレッツが編集をしている雑誌か……と感慨深く手にして眺めたものだった（『リーダーズ・ダイジェスト』日本版の一九八四年一月号にポドレッツのオーウェルに関するエッセイが訳出されていた）。

そのあと、平林さんとはいろいろなつきあいが続く……。『中央公論』編集長にもなったが、そのとき、『中央公論』に佐瀬昌盛さんや俵孝太郎さんやら『諸君！』系の筆者が次々に登場。「まるで『諸君！』じゃないですか」と感想を述べたことがあった（当時、僕は『諸君！』にいなかったので実害はなかったが……）。「ハハハ、だから、すぐに編集長を替えさせられたよ。○○さんが、こんなのは『中央公論』じゃないと文句を言ったから」とも。

○○さんの名前も記憶に残っているが、この経済評論家（ご存命中！）のバカめ！と思ったものだった。

山本さんと平林さんは、闘病の末の病死。まだ別れの言葉を交わすこともできたが、若くして急死する人とはそうもいかない。

二〇一四年一月四日に五十五歳の若さで遠藤浩一さんが亡くなったときは驚いた。知ったのは一月六日の産経朝刊一面の訃報記事だった。学生時代から、面識があった。民社研の新年の久保講堂などでの大会のとき、学生バイトとして出会ったのが最初だったかと……。文春に入ったあと、「民社党から出馬しませんか」と誘われたこともあった。民社党の党の職員を経て、解党後は拓殖大学教授として、論客として活躍。政治評論家として『諸君！』にも何度かご登場いただいた。

演劇にも強く、福田恆存と三島由紀夫に関する本（『福田恆存と三島由紀夫（上・下）』麗澤大学出版会）や『戦後政治史論：窯変する保守政治1945―1952』（勁草書房）や、デビュー作の『消費される権力者』（中央公論社）などが懐かしい。『消費される権力者』を、中央公論社の編集者として担当したのが平林孝さんだった。あと二十年は頑張ってほしかった。同世代の物書きとして期待していただけに、残念である。

二〇一四年一月三日の産経正論欄の『観念的戦後』に風穴開けた参拝」が絶筆であろうか。このエッセイは民主党政権時代の前原誠司氏のいう自称「現実的保守」論を皮肉っている。自分は「現実的保守」で、安倍首相などは「観念的保守」だと、彼はあるテレビ番組で語ったそうな。「現実的保守」とは、……まぁ「リベラルな保守」といったところか。彼の恩師の高坂正堯氏もそんなところであろうか。

もっともヘーゲル左派ではないが、高坂ゼミ出身者でも高坂右派という面々がいて、それは中西輝政氏や島田洋一氏などで、そういう人々がどれだけ活躍できるか否か……に日本の将来もかかわってくるのかもしれない。前原氏などは、高坂左派に該当するのであろうが……。もちろん、左派といっても、社会主義協会のような社会党「左派」よりは立派だと思う。

遠藤さんとはほぼ同世代だったということもあるが、あるとき、「西尾幹二体験」が同じだったというのに、なるほどと言い合ったことがある。

高校の国語の教科書に西尾さんのエッセイが掲載されていて、それを読んで西尾さんが好きになったというのだ。僕もそうだった。そのエッセイを読んで、「この人の言っていることは鋭いな。

誰だろう」と思ったのだ。『自由』などに連載されて、そのあと本になったものの一節だったのではないか。『ヨーロッパの個人主義』（講談社現代新書）だったかのように記憶しているのだが……。

それもあって、大学一年のときの宮島直機ゼミで「日本思想」をやったとき、いろんな「思想家」を取り上げる中、僕は西尾幹二さんを選んだ——そのとき、丸山真男氏なども選択肢にあって、それをきっかけに『日本の思想』（岩波新書）やら『現代政治の思想と行動』（未来社）などを読破したが、「日本型ファシズム政治」の実態解釈などをめぐって中村菊男政治学とは対立するものだから、当然、批判的にとらえたものだった。

それにしても、研究者・物書き・編集者の五十代（もちろん三十代、四十代も）の夭逝は残念至極というしかない。

志水速雄さんの早すぎる死

遠藤さんより若くして死去したのは志水速雄さんだ。一九八五年三月逝去。享年四十九。

《一九八五年三月二十五日（月）

昨日（三月二十四日）志水さんが死去。鎌倉でお葬式のお手伝いを。半年前は、ごくふつうに元気だった人が……。死因は胃癌とのこと。四十九歳。高根正昭さんといい、志水さんといい、これからという矢先の突然の死は残念でならない。読売、産経、日経の訃報欄は志水さんの顔写真入りで報道。朝日は顔写真なし。朝日らしい取り扱い方だ……。》

「正論の会」でも講演を拝聴し、松下政経塾でも「講義」をされていた。ちょうどソ連のブレジネフ書記長が死んだ（一九八二年十一月十日死去）直後に塾で話をうかがったりもしたものだ。よもや、それから三年足らずで志水さんが亡くなるとは……。

文春に入って、志水さんには、斎藤編集長のほうから、ゾルゲをテーマにした長期連載を依頼していた。その資料集めを拝命。志水さんからも、とり揃えてほしい資料（本）リストをいただいていた。品切れ絶版本がほとんどだった。

当時は、ネットの「日本の古本屋」もアマゾンもない。学生時代から、中村菊男さんの刊行書を探し求めて古本屋に足繁く通うのは慣れていたが、短期間に集めなくてはいけない。そこで、そういった現代史・戦史関連に強い古本屋の都立書房や神保町の文華堂などに、そのリストを持参し、この本が見つかったらご一報願う……とかけずり回ったりもした。

たまたま、日記を読み返していたら、こんなことがあった（ようだが、記憶はまったくない）。

《一九八四年九月二十六日（水）

今日は、校了明けの休みということもあり、志水先生の資料探しということで神保町へ。

文華堂の書棚を見ていたら、店主が電話していて、『諸君！』の仙頭さんをお願いします」

と言っているので、「ここにいます」と言って四冊もらう。偶然とはいえ笑ったね。志水先生の本もこれで残り七冊となった。まぁ順調。明日は久しぶりに高田馬場の古本屋街へ行ってみようと思う。うまくいけば二〜三冊は入手できるだろう。》

そうして集めた資料は鎌倉の新築まもないご自宅にお届けし、お見舞いにもうかがったことがある。腰が痛いということで畳の部屋に伏していたが、回復されるだろうと思っていた。ゾルゲ・尾崎秀実と朝日新聞などに関しては、あとで綴る長谷川熙《ひろし》さんの『崩壊朝日新聞』（ワック）でも取り上げられているが、ソ連が専門の志水さんなら違った角度から攻めていったことだろう。

コピーボーイ時代、志水さんの「ジョージ・オーウェルが怒るぞ！」という論文が『諸君！』（一九八四年三月号）に掲載された。オーウェルの『一九八四年』が左翼全体主義への批判書だということを軽視して、管理社会がどうのこうの、資本主義のほうに問題ありといった解釈を試みる一部マスコミや進歩的文化人を徹底論破していて小気味よいものだった。

学生時代に『日本人はなぜソ連が嫌いか』（山手書房）を一読し、その後もいろんな本を愛読したものだった（これもいまだと「ヘイト本」になるのだろうか）。オーウェルの論文は、『対ソ国家戦略論』（ＰＨＰ研究所）に収録されている。

そういえば、出版局にいたとき、『「諸君！」の30年　１９６９〜１９９９』という本を一人で編纂したことがある。『諸君！』刊行三十周年を記念しての論文選集だ。

「紳士と淑女」は徳岡さんに、この本用のものを書き下ろしていただいたが、それ以外は、かつて掲載したものから再録した。以下こんな感じだ。

当時の「上司」には、こちらが用意した目次案を見て了承をもらったが、唯一、鶴見俊輔・吉田満両氏の対談「『戦後』が失ったもの」を追加するように指示を受けた。う〜む、鶴見俊輔か……と思ったが、この対談、読んでみると、なかなかの出来ばえだった。京都の鶴見さんに電話をして交渉。なかなかオッケーが出なかったが、最終的に了承をもらった（本人も収録されるのを嫌がったのかな）。

第一章　国家と市民の安全観
「権力なき国家」の幻想　高坂正堯／関東大震災がやってくる　清水幾太郎／反核運動の欺瞞
福田恆存／当世護憲音頭　福田和也／文明衝突時代の指導者　野田宣雄

第二章　日本の戦後史はどう語られたか
「ごっこ」の世界が終ったとき　江藤淳／「ファシズムの足音が聞える」か？　西義之／宰相・
鈴木貫太郎論　小堀桂一郎／ヴァイツゼッカー独大統領謝罪演説の欺瞞　西尾幹二／南京大虐殺
の神話的構造　松本健一

第三章　共産主義からの脱出

マルクス主義者の終焉　香山健一／中国の静かな非毛沢東化　柴田穂／共産党戦術東欧の教えてくれるもの　佐瀬昌盛／二つの〝無謬〟集団　山本七平／ベトナムを忘れたのは誰だ　徳岡孝夫／中国に呪縛される日本　中嶋嶺雄／「ユートピア」の葬送　猪木正道・林健太郎・武藤光朗

第四章　日本文化は何処へゆく

日本人にとって天皇とは何か　福田恆存・林健太郎・司馬遼太郎・山崎正和／歴史について　小林秀雄・江藤淳／「戦後」が失ったもの　鶴見俊輔・吉田満／「開かれた皇室」論への疑問　西部邁／宗教教育が「怪力・乱神」を防ぐ　加地伸行／「天皇」はどこへいくのか　大塚英志

第五章「新聞世論」へのオブジェクション

報道の自由とは何か　田中美知太郎／万犬虚に吠えた教科書問題　渡部昇一／ジョージ・オーウエルが怒るぞ！　志水速雄

第六章　珠玉の連載より

最後の晩餐　開高健／神さま、それをお望みですか　曽野綾子／国家なる幻影　石原慎太郎／笑わぬでもなし　山本夏彦そのほかに、石井英夫氏、阿川尚之氏、谷沢永一氏、粕谷一希氏の書き下ろしエッセイを収録。この本にはじつは「仕掛け」がしてあった。というのも、巻頭の高坂論文は、日本人の国家意識の欠落について論じる中で、冒頭に近い部分で、ジョージ・オーウェルの『一九八四年』に言及しているくだりがある。つまり、この本は、オーウェルに言及する論文が巻頭論文として置かれている。そして、第五章の最後の論文が先述した志水さんの論文（ジョージ・オーウェルが怒るぞ！）だ。第六章は連載の中からの収録であるから脇に置くとして、この本を編纂した人（小生）は、『諸君！』の三十年は、ジョージ・オーウェルで始まり、オーウェルにて終わるということを表わしたかったのだ。そのために、こういう構成にしてみたのだ。

一九三五年生まれの志水さんは一九六〇年の安保闘争時には全学連幹部として「活躍」。一九三三年生まれの香山健一さんも全学連幹部として参画。その後、香山さんは「グループ1984年」の主要メンバーとして活躍。文藝春秋には、実名で、「『1984年』の真実と幻：ジョージ・オーウェルの世界を検証する」（一九八四年二月号）を書いている。これが『諸君！』掲載論文なら、当然、『「諸君！」の30年』に収録していただろう。香山さんも若くして亡くなった（享年六十四）。

一九三五年生まれの西尾幹二さんが「新しい歴史教科書をつくる会」を結成したのが六十一歳。『国民の歴史』（産経新聞ニュースサービス）を刊行したのが六十四歳。志水さんや香山さんが、いまも生きておられ、西尾さんのように次々と言論活動を展開していたら、日本の論壇もさらに活性化していたことだろう。

もし妻が『正論』編集長になっていたら?

妻を産経の「オピニオンプラザ」で見つけたこともあって、また、編集者になってからは産経の記者にはいろいろとお世話になったりしたものだから、大手町方面には足を向けて寝られない……と結婚したばかりの若いときは思っていたが、最近は、「もしも(イフ)」あの論文審査会のとき、「公平な審査」を追究していれば、某私立医大と逆の「女性枠」などが考慮されることなく、妻は佳作に入ることなく落ちて生涯知り合うこともなかったかもしれない……と、ふと考えるときがある。妻が週末ギャンブルに出かけて、ワンコ蕎麦(ワンコイン五百円玉でお釣りのもらえる駅立ち食い蕎麦屋でのかき揚げ蕎麦)を夕食として食べているときなど……に。

文藝春秋に入ったときも、先の山田カメラマンの回顧ではないが、美人社員が多々いたのだから、もしその中の一人と結ばれていたら……と。南沙織との結婚……は無理としても、いろいろと妄想は荒野をかけめぐる。

ちなみに妻は、学生時代、防衛庁の中級公務員(海上自衛隊資料隊)の試験に合格していた(一年目に採用通知がこず、二年目に通知がきて民間企業から転職)。当時、民間企業としては、唯一サンケイ出版を受けていた。書類選考(作文など)は通り、二次試験(筆記)に臨んだときの受験者はざっと百人。大学時代の同級生(ミス早稲田クラス)も試験会場で会ったという。

そのときの採用試験で漢字の問題に「杜撰」の読み方を問うものがあった。これを「トセン」

と書いたために不合格になった（と思われる。ミス早稲田クラスの女性も落ちたとのこと。ちなみに「美人薄命」とはよく言ったもので、その女性は若くして亡くなった）。

あのとき、「もしも（イフ）」、「ズサン」と正解を書いてサンケイ出版に通っていれば……。防衛庁の採用が一年目はなく、当然、そのままサンケイ出版に入っていただろう（実際は、年が明けても採用通知がこないので問い合わせをしたら、そういうことだったのであわてて民間企業を物色し、日立マイコンに就職。やがて日立製作所東京本社に出向したが、防衛庁から採用通知がきたので、十二月にボーナスをもらって退社。その「恩」があるので、電器製品を日立から購入すること多し。僕は「松下」なので、冷蔵庫や洗濯機を買い換えるときには「日立」か「松下」かで論争になる。「東芝」は「東芝機械」がココム違反をしたことがあった。ソ連原潜の「戦力向上」に貢献したということで、爾来「東芝」に関しては、わが家では共通して「ボイコット」路線をとっているのだが）。

だが、サンケイ出版なら、防衛庁にも行かずにそのまま仕事を続けたかもしれない。そして、サンケイ出版を経由して産経新聞出版の一社員として定年を迎えるころだったかもしれない（もしくは、前述のように、産経新聞にスカウトされ途中入社して防衛記者を担っていたかもしれない）。

さらには、防衛記者から『正論』の編集者、編集長になっていたかもしれない。もし、そうだとすると、僕より「右派」だから、『正論』は、恐るべき雑誌になっていたことだろう……。

というのも、僕が編集長になったとき、開口一番、彼女がなんと言ったか。

「松原正先生を起用しなさい。連載でもしてもらうといいわね。私が連絡しましょうか」と言ってきたのだ。即座に「謝絶」した。

それはまだいいとして、女系天皇肯定論を田中卓氏（皇學館大学名誉教授）に書いてもらったことがある（「寛仁親王殿下へ　歴史学の泰斗からの諫言：女系天皇で問題ありません」二〇〇六年三月号）。一部の社員から、『諸君！』なのに女系容認とは驚きだ……と言われて、逆に「？」となった記憶があるが、もちろん、男系維持の論者にも前後いろいろと出てもらっていた。

そのとき妻は怒り（？）、「『諸君！』ともあろうものが……」と、数日、晩飯をつくってくれないときがあった。もし、そのとき、妻が産経にいたら……。そして、もし『正論』編集長だったら……。

「『諸君！』よ、狂ったか！　田中卓のアホ・バカ・マヌケの女系天皇容認論をぶった斬る！」——編集長みずから書き下ろし、なんてやられたかもしれない。

自宅でも、「天皇制度」をめぐっては、ときどき火花が飛んでいるから……。その田中先生も、二〇一八年十一月二十四日に逝去（享年九十四）。合掌。

ともあれ、産経新聞の防衛記者といえば、牛場昭彦氏のあとは、何人か出て、いまだと野口裕之さんが著名（彼はBS11に移った）。彼とは面識を得ているが、その書くものを見ても、わが妻にこんなレベルのものが書けるわけがない（と思う）。オピニオンプラザの最初の論文審査員と産経新聞担当者の「温情」が、一人の有為な男性（僕）の人生を大きく狂わせたのである。

真の人権弁護士・川人博さんとの遭遇

ところで、先の田中卓さんの論文を『諸君!』に掲載した後に、講談社現代新書から一水会の鈴木邦男さんが、本（『愛国者は信用できるか』）を出した。二〇〇六年五月二十日の刊行。

『諸君!』のその論文（二〇〇六年三月号）は二〇〇六年二月一日発売で、新書の校了日（たぶん三月初めごろでは?）より前に出ていたかと思うが、鈴木さんが「愛国者」批判の中で、『諸君!』や『正論』は男系に固執しすぎているといった趣旨の批判をしている箇所が、初版本では次のようにあった。

《今、『諸君!』『正論』を始め保守オピニオン雑誌では、女帝反対論者の声ばかりが毎号出ている。女帝を認める人の声は、ほとんど聞こえてこないが、最近、田中卓さんの小冊子を手に入れた。衝撃をうけた。これこそ正論だと思った。田中卓さんは皇學館大学名誉教授で、女帝を認めている。僕らが右派学生運動をしていた頃は、田中さんの本を読み、左翼学生と闘う時の武器にしたものだ。非常に論理的な文章を書く人で、戦後の体制を「YP体制」と名付けた人だ。「ヤルタ・ポツダム体制」のことだ。》

鈴木氏はそう書いて、田中さんの女系容認の主張を要約紹介していた。しかし、その女系容認の主張をもっと詳しく論じてもらったのが、『諸君!』の先の論文なのだ。

どう見ても、鈴木氏の指摘する――今、『諸君!』『正論』を始め保守オピニオン誌では、女帝反対論者の声ばかりが毎号出ている。女帝を認める人の声は、ほとんど聞こえてこない――というのは、初歩的な事実誤認というしかあるまい。巻頭論文ではなかったが、二段組で十六頁の論文だ。

こういう単純な思い込みで、右派系雑誌を十把ひとからげにくくって平然としているのは反知性主義の最たるものだろう。大特集は女系天皇反対論ばかりで、小さな連載コラムで女系天皇肯定論をたまたま掲載していて、それをもってして、小誌は両論併記でやっているとうそぶいているのではない。

この本の担当編集者は名物の女性編集者（岡部ひとみ氏）。直接電話をして、「この本の校了前にも田中卓さんの論文が目に留まる時間があったはずだし、ごらんのように、少なくとも『正論』とは違って『諸君!』は男系に固執していません」と伝えたものだった。「もし、この本が増刷になられたら、そのあたりの記述は修正してください」とお願いしたものだった（その後、増刷されたのか、どうなったのかは未確認だったが、この本を書くために確認したら、三刷では『諸君!』が消えていて、『正論』だけになっていた）。

そういえば、この女性編集者は、過労死問題で岩波新書から本を出していて、そして『諸君!』で北朝鮮問題に関して姜尚中さんを批判した川人博さんの本（『金正日と日本の知識人』）を担当もしていた。それ以前には姜尚中さんの本も担当していたが、その点を、姜さんが批判して、川人さんの本を出すならということで、講談社新書で出す予定の自分の本を引き上げたという記事（たしか『週刊文春』など）を読んだ記憶もある。

川人さんには『諸君！』時代に書いていただいた（「『人権弁護士』の警告：姜尚中は金正日のサポーターか」二〇〇七年四月号）。過労死問題、北朝鮮人権問題でも活躍されている、本当の意味での「人権弁護士」と尊敬している。何度かお会いしたとき、お医者さんの川人明さんが実兄だとうかがって驚いたことがある。というのも、『週刊文春』編集部にいたとき、川人明さんが書いた本『正直な誤診のはなし』（勁草書房、ちくま文庫）を読んだことがある。

かなり昔に読んだので細かいことは忘れているが、地域病院の一臨床医として、驕ることなく、開き直ることもなく、客観的に自由な立場から誤診や医療ミスの正直な実情、過程を明らかにし、誤診を生まないために患者と医師との共同の努力を語っていた本だった。おもしろい本だなと思って、『週刊文春』にいたので、プランに出したら、さっそく著者インタビューなどで大きく特集記事「現役医師が正直に書いた『誤診はこんなにある』」（『週刊文春』一九八六年十月二十三号）を組んだものだった。

このときは、僕自身は取材には加わらず、その週は、「朝日新聞編集委員が国鉄崩壊の『戦犯』と名指した磯崎元総裁の罪」の取材に加わった。「はきだめ（朝日）にツル」と言われた大谷健さんがその編集委員だったのだが、その取材で彼とお会いしたのも「一期一会」だった……。草思社から刊行された彼の『問題記事：ある朝日新聞記者の回顧』は名著。

ともあれ、過労死は『世界』に、北朝鮮問題は『諸君！』に書き分けているというか、それぞれの編集者が一方のテーマしか発注しないというのは、問題といえば問題かもしれないが、多様な雑誌があるのだから、多少はしかたがないのかなとも当時感じていた（雑誌編集者も、先述したように、校了一週間は「地獄」「過労」は間違いないが、さすがに、校了後は、フランス書院文庫を読みあさるぐらいの時間的余裕はあるから）。

男系女系問題にしても、『諸君！』『正論』などを同一視する向きもあるだろうが、少なくとも、女系天皇容認論を、僕が編集長時代の『諸君！』は大きく提示していた。その違いはちゃんと認識した上で、雑誌論は発言してほしいものだ。左派系だからといっても、『論座』『世界』『潮』だって、一緒くたにされたら迷惑だろう。微妙に編集方針などの違いがあるものだ。

朝日本社とて、新聞本体はともかくとして、『週刊朝日』は稲垣武副編集長時代は、一味違った記事を掲載していた。退職後、ささいな言いがかりで社友停止処分を受けた川村二郎氏が編集長だったときの『週刊朝日』も一味違う論調を展開していた。

また、先の川人論文を、当時『週刊朝日』が大きく取り上げたりもした。

まず、二〇〇七年三月三十日号で、姜尚中氏が、「私は金正日のサポーターではない」と反論。すると、四月二十日号で、川人氏が「独裁者と対峙せよ」と反論。すると四月二十七日号で、姜氏が再反論。すると、五月十八日号で、川人氏が「日朝正常化のために拉致問題を黙殺するのか」「姜尚中氏は北朝鮮独裁体制を批判することに反対なのか」と再批判。それに対する姜氏の再々反論が五月二十五日号に掲載されたりもした。

雑誌（月刊誌・週刊誌）はいろいろありなのだ。

「週刊文春の取材を止めてくれ！」と電話口で泣き叫んだ大学教授

女性問題（不倫、セクハラ）といえば思い出す「事件」がある。

平日だったが、『諸君！』の校了明けで自宅で休んでいたときだった。正午ごろ、会社（編集部）から、電話がかかってきた。なにか緊急事態発生かと思ったら、「〇〇大学の先生が、仙頭さんに至急連絡をとりたい、電話をほしいとのことです」と。

その先生は、テレビにもよく出る方。『諸君！』には別にその号では執筆はしていなかった。以前、会社で会って名刺交換をしたりしたことはあった程度のおつきあいだ。

なんだろうと思って電話をしたところ、開口一番「仙頭さん、助けてください！『週刊文春』の記者がくるんです！」と言うのだ。

「ええ？」

要は、その先生は教え子かなにかにセクハラをしていて、『週刊文春』のM記者から、その事実確認をしたいとの連絡があり、いま記者が大学にやってくる……なんとかストップしてほしいと……。それを、ワンワンと泣き叫びながら言うのだ。

当時の日記によれば……。

《二〇〇一年九月二十六日（水）

（中略）大学に電話をしたところ、『週刊文春』のM記者が、私（先生）がセクハラをした件で、取材にくると言って、それをとりなしてくれと言うのだ。やれやれ。いったん切って、『週刊文春』編集部に電話をしたら、間違いなく証拠があって取材をするという。折り返し、先生に電話をする。

「先生、身にやましいことがないなら、取材に応じて潔白を主張すればいいんですよ。それが本当なら記事になることもないでしょうから」と言い、説明するものの、最後には泣きだす始末。

「私はそんなセクハラはしていないのに、なんで話をしなくてはいけないのか、仙頭さんとはいろいろとおつきあいをさせていただいているのに、なんとかしてくれないのか」とか言う。

藁にもすがるつもりで電話をしてきたのだろうが、お役に立てないよね。ますます疲れがたまってしまった。当時の国際情勢解説のために、テレビによく出ていて有名人になったから、タレコミでも『週刊文春』にあって、彼を標的にしたのかもしれないが……。本当の意味でのセクハラをやっていたとなれば自業自得であろうが。そのあと、午後3時から5時まで昼寝……。（以下略）。》

そのあとで、僕はその先生に、慰めの葉書を出したようだ（記憶にはないのだが）。後日、先生から十月十三日付で、こんな手紙をもらったから。

《前略　このたびは丁寧なお葉書を誠に有り難うございました。細やかな心遣いに感謝いたしております。また、お電話した際には取り乱してしまい、申し訳ありませんでした。どうかご容赦ください。『週刊文春』のMさんからは、十月四日（木）の夕刻に電話があり、記事にしなかったことを改めて連絡されてきました。今回のこと、良い勉強になりました。大学に勤務してから良いこともあれば、悪いこともありましたが、悪いことばかりを考え、それにとらわれていてもしかたありません。なるべく早く意識することがないように努力したいと思っております。また、『諸君！』でお役に立てることが（あれば）ぜひお申しつけください。機会を与えていただければ大変幸甚に思います……。》

一件落着したようでなによりだったが……。しかし、この方が、そのあと、テレビに出るたびに、この事案を思い出してしまう……。

最近も、文芸評論家として知られる早稲田大学文学学術院の渡部直己教授から、セクハラやパワハラ被害を受けたとして、元大学院生の女性が早大側に被害を申し立てたことから、彼が辞任したりしたことがあった。また、リベラルな言動を展開していたフォトジャーナリストの広河隆一氏も、セクハラを女性スタッフにしていたとして社会的制裁を受けたようだ。先の先生にしても冤罪なのか、針小棒大なのか、よくわからないが……。

似たような「ヘルプ・ミー」的なことは何度かあった。それも、いつもよりによって校了明けで、自宅で休んでいるときに限って、『週刊文春』の取材をなんとかしてくれ」というのだ。編集部も違うし、雑誌は編集長のもの、社長だってそうそう容喙《ようかい》できず、ほかの部署にいるたんなる一社員がどうこうできるわけもないのに、外部の人は、なんとかしてくれるのではないかと期待、というか誤解をするようだ。

東海大学の某先生のスキャンダルを『週刊文春』が追及していてまもなく記事になるみたいだから、なんとかしてくれ……と。それは自宅電話番号を知っている知人からかかってきた。その知人の友人が東海大学の付属学校の先生（僕も面識のある人）をしているからだったのだが……。そういう電話を受けたあとは、堅い本を読む気になれず、エロス本を手にしたりすることにもなるのだ。

大学教授がらみの苦情（というか抗議）の電話といえば……。『諸君！』に配属になったばかりのとき、雑誌に掲載された大学教授の奥さんと名乗る人からの電話を受けたことがある。「この論文の原稿料の振込先はどこの銀行になるの？」と。調べて返事をすると、「そこはダメ！こっちの口座に振り込んでください。いいですか、今後は必ずそこに変更してください」と怒声が……。

そのあと、その先生は離婚して、若い研究者と再婚。そういう時期だったので、原稿料は自分が管理している口座に振り込ませて、夫の自由にさせないということだったのだろう。「他山の石」にしなくては……と、いまにして思うこのごろ（？）。

「田中角栄を擁護するとはケシカラン」

そういえば、角栄裁判批判を『諸君!』はよくやっていた。東京裁判でも認められていた反対尋問を角栄被告ができないのはおかしいではないか、それは東京裁判以上の暗黒裁判だと批判する論考を渡部昇一さんや左翼弁護士として著名な石島泰氏や井上正治氏などに書いてもらっていた。

- 渡部昇一「『角栄裁判』は東京裁判以上の暗黒裁判だ!」(一九八四年一月号)。
- 石島泰「『角栄裁判』は〝司法の自殺〟だ!〝日本一の刑事弁護士〟が有罪判決を鋭く批判する」(一九八四年五月号)。
- 井上正治「日本の刑法学の泰斗《たいと》が批判する『角栄裁判』は主権の放棄だ!」(一九八四年六月号)。

ちなみに、井上氏は、『田中角栄は無罪である。』(講談社)という本まで出した。

そういう論文が掲載されると、発売日のその日の朝から、編集部に「田中角栄を擁護するとはケシカラン。いくらカネをもらっているのだ! 編集長を出せ」といった抗議の電話がよくかかってきた(読みもしないで、新聞広告のタイトルだけ見てコーフンする人がいるのだ)。

普通、編集部にかかってくるそんな電話は、若い編集部員が対応して、編集長が目の前に座っていても、「すみません、編集長はいま出かけていて、代わりに承ります」と言って、長々と続く抗議の電話を受けて、「貴重なご意見、ありがとうございました。編集長にもあとで伝えます。ご意見、批判などはなるべく封書でいただければ幸いです。筆者の住所はお教えできませんが、手紙でしたら転送もしますので……」と対応するのだが、堤さんは、そういう電話にもしばしば出て、読者と論争したあと、最後には「あんたね、そういうのを下司《げす》の勘繰《かんぐ》りって言うんだよ、わかったかい!」と言ってガチャンと電話を切るのだ。

でも、そんな豪放磊落《ごうほうらいらく》な堤さんでも、やはり人間。心労というのはあった。角栄裁判で徹夜続きや会社泊まりが続いていたある晩、「おい、仙頭、ちょっと……」と言って、部屋の隅に移動する。「はて?」と思ったら、「ちょっとこれ、塗ってくれ」と言って、髪の毛をかきわけるのだ。すると、そこには「十円ハゲ」……。いわゆる急性円形脱毛症。

毛生え薬かなにかの液体をブラシにつけて、その「十円ハゲ」のところに何度か塗ったものだ。さすがに、京さんにやってもらうわけにはいかない(いまならセクハラになる?)。ちょうどコピーボーイみたいな若造の僕がいたから頼みやすかったのだろう。少しは役立つことができたのは幸いだった。

中林美恵子さんの論壇デビュー作が「組み置き」を免れた理由

『諸君!』といえば、読者層は男性が多い。筆者も男性が多くなりがち。近年、防衛問題は常にテーマとなっているが、このテーマを女性、しかも若い研究者が書くこともあるのが『諸君！』のいいところだった。佐藤誠三郎さんの奥様でもあった佐藤欣子さんに「女もすなる『防衛費1%枠』論議」（一九八五年三月号）をお書きいただいたことがある。

いま、テレビで売れっ子にもなっている早稲田大学教授の中林美恵子さんの論壇デビューが『諸君！』ということはあまり知られていない。

笹本編集長時代、「現代軍人は誤解されている：ＰＫＯを阻んだ日本の常識」（一九九二年二月号）と題して掲載された。

この論文は、笹本編集長に、中林さんの師匠にあたる中村好寿氏（軍事評論家。元防衛研究所主任研究員）の推奨があって掲載されたものだが、内容的にはしっかりしたもの。申し分ないものだった。当時、中林さんは日本の女子大学を出て、アメリカに留学中で日本にはいなかった。そのころは、海外とメールで瞬時に原稿や写真が送受信できるような情報環境ではなかった。

一度、国際電話をしたあとは、ファックスでゲラをやりとり……。あと、略歴を掲載するので、顔写真があればエアメールで送ってくださいと伝えていた。

校了まぎわ、全体の頁数の関係で、中林論文を掲載するか次号に回すか、最終段階で検討中だった矢先に、アメリカから中林さんの手紙（写真同封）が届いた。おもむろに、それを開封して出てきた写真が、とても見目麗しいものだった！

コーフンした僕は、息せき切って「笹本さん、大変です！　中林さんって、こんなに美人です」と写真を届ける。笹本さんも一目見て、「おおぉ！　今月号、掲載決定！」との命令。無事、組《く》み置《お》きになることなく、掲載されたのはいうまでもない。

この組み置き……。編集長や編集部がいろいろと原稿執筆を発注する中で、雑誌の誌面の分量を越えたぶんは、当然載せられない。やむをえず「組み置き」として、筆者には「次号に掲載しますから……」と伝える。しかし、その次号になっても……。「また次号に……」と。古くならない内容のものなら、時には半年ないし一年近くも組み置きになったりしたこともある。

自由社の『自由』編集長の石原萠記さんと『ざっくばらん』編集長の奈須田敬さんの対談「昭和論壇秘史『丸山史観』から『司馬史観』まで…古参編集者が見た、戦後の左右各派学者・文化人の知られざるエピソードの数々を初公開」は、実際の対談を行なってから一年近く経過して掲載されたりもした（二〇〇二年二月号掲載）。

だが、旬のものは、一、二カ月、組み置いたりすると「没」になることもしばしばだった。没原稿料をお支払いすることも……。ちょっと悲喜劇なのは、年末年始の二月号の場合。これは十二月二十五日ごろの発行になるのだが、校了が十二月十五日過ぎ。そのころ、執筆した筆者は早々と年賀状を投函する。その際、賀状の隅に「『諸君！』二月号に拙文を書きました」などと書くことがある。ところが、その後で組み置きになったりすると……。困った事態が発生したりするのだ。

ある校了まぎわのとき、いろんな事情で、金山宣夫氏の「キューバ革命とは何だったか」という論文を組み置きにすることになった。ところが、そのあと、ある論文が急遽載せられないことになった。すると、それと同じ頁数のさっき組み置きにしようとしたその論文をやはり掲載しようということになった（一九九四年三月号）。そのとき、僕が「これこそ『急場』凌ぎですね」と言ったとき、編集部にちょっと「笑い」が生じたものだった。

ともあれ、中林さんは、アメリカで永住権などを獲得し、アメリカ議会（共和党）の正式スタッフとして採用されたこともあって、その見聞を『諸君！』で「キャピトル・ヒル通信」として、連載してもらうことになった。

その際、ちょっとした問題が生じた。というのも、彼女は正式に米国公務員としてそのポストを得たのだが、給与を議会からもらうにあたって、副職等々で収入を得ることは御法度だったのだ。些少の原稿料とはいえ、それを受けとるわけにはいかなかったのだ。

この連載は、笹本編集長の次の編集長時代にも引き継がれ、三年近く続いた。結局、連載中は一銭も支払わず、連載が終わってしばらくして、彼女が公務員の職を解かれたあとに、まとめて支払うかたちで辻褄合わせをしたしだい。

その後、彼女は、日本で国会議員（民主党）にもなり、そのあとは大学に戻り、バランスのとれた国際情勢分析を語り綴っている。

土佐女が訴えた「松平永芳さんの怒り」

女性パワーといえば、忘れられないのが東京レディスフォーラムの土居祐里恵さん。この人、高知出身の土佐女。いわゆる「はちきん」。女性中心型の「正論の会」のような保守系勉強会を主催し、『諸君！』にもその月例会の広告を出稿してくれていた。

ところで、東條英機などのいわゆる「A級戦犯」を合祀したのが、靖国神社の宮司だった松平永芳さん。その措置をめぐって、今日までさまざまな論争が続いている。その松平宮司の問題論文が掲載されたのは笹本編集長のときだった。「誰が御霊を汚したのか‥『靖国』奉仕14年の無念」（『諸君！』一九九二年十二月号）。

この論文は、土居さんが主催する勉強会で、ゲストに松平さんを呼んだのがきっかけで掲載されたものだ。土居さんが、「この前の講演会、ちょっとおもしろかったんですが、『諸君！』で興味ありますか。これ、活字になりませんか」との提案があった。その講演会のテープを笹本さんがしばし聴いていたら、「おおっ！」と雄叫びを挙げたのだ。

ちょうど半年前、中林美恵子さんの写真を届けたときの反応にも似ていた。「中曽根の悪口を言っている。これはおもしろい！」と。

ということで一挙掲載したのが、先の「論文」だった。公式参拝をしながらも、マスコミの批判を恐れる中曽根さんが、正式の参拝をせずに簡略してすませるのを批判もしていた。

このあと、土居さんが、『諸君！』に掲載してもらったお礼に松平さんを囲んで一席を設けたい」とのこと。本来、笹本さんが行くべきところだったが、その日は所要があるということで、僕が代理出席をすることになった。

土居さんをはじめ、東京レディスフォーラムの女性スタッフなどが同席（見目麗しい方多し）。中華料理のコースをツマミながら、改めて松平節を拝聴した。

その後、松平さんは超タカ派の右翼宮司のような扱いを受けている。毎日新聞「靖国」取材班の『靖国戦後秘史：A級戦犯を合祀した男』（毎日新聞社）などは、まぁ、そこまでは断定していないにせよ、行間には、そういう含みをもたせたような筆致を展開している。

ともあれ、僕は「ネバー・セイ・ネバー（決してできないと言わない）」論者なので、A級戦犯の「分祀」はできないという靖国神社側の説明を必ずしも百パーセント信じているわけではないが、一度、合祀したものを分祀するのは、理にかなわないことだと思っている。もし、昭和天皇がそれを理由に参拝したくないというのが本当なら、それはそれでしかたないのかもしれない。いまや自衛隊の最高指揮官は首相なのだから、首相が参拝すれば、それでいいではないかと思う人も少なくあるまい。

また、そのうちに、トランプ大統領が靖国神社に参拝するなんてこともあるかもしれない。そのあたりの可能性については、馬渕睦夫さんに「トランプ大統領が靖国神社を参拝する日」（『歴史通』〔『WiLL』二〇一八年八月号増刊号〕）を書いていただいた。国際政治は「ネバー・セイ・ネバー」。なにが起こるか……。最大の敵国の元首が靖国神社に参拝したら、数多くの「難癖」も消滅することだろう。

文藝春秋で出せなかった『新「南京大虐殺」のまぼろし』

第3章
こんな文藝春秋に誰がした

『新「南京大虐殺」のまぼろし』はなぜ文春から出なかったのか

前章で産経記者にお世話になった旨を記したが、石川水穂さん（産経客員論説委員）も、南京事件などで『諸君！』にご登場いただいている。僕がデスク時代に担当した「徹底検証『南京論点整理学』」（二〇〇一年二月号）は、南京大虐殺派（藤原彰氏ほか）、中間派（秦郁彦氏ほか）、まぼろし派（渡部昇一氏ほか）が「全員集合！」という感じで、力作をいただいた。

この号は、石川さんの取材ルポのほかに、「大虐殺派」「中間派」「まぼろし派」の三派に属する研究者やジャーナリストなどにもアンケート形式で執筆もしていただいた。きわめて客観的で中庸な企画だったと自負している。

石川さんと一緒に、虐殺派の藤原彰氏の自宅にお邪魔したときには、「アイリス・チャンにも困ったものでね。せっかく翻訳書の解説書もつくったのに出せなくなって……」とぼやいていたのが印象に残っている。取材した部屋の隣室に山積みになっている『ザ・レイプ・オブ・南京』の解説書を拝見したものだった。

このチャンの本の影響力は国際的には大きなものがあった。『真珠湾の真実：ルーズベルト欺瞞の日々』（文藝春秋）の著者ロバート・スティネットさんのご自宅（サンフランシスコ近くのオークランド）を取材同行で、西木正明氏、塩谷紘氏とともに訪ねた際、彼の書庫にもこの本が鎮座していたから。

虐殺派と見られている藤原氏にしても、また、名古屋で石川さんとともに取材した江口圭一氏にしても、しごく温厚な感じの人だった。江口さんも、チャンの本に関しては「単純ミスに満ちており、学術研究書とはいえない」とし、南京事件に関しても「ホロコーストのような事前のシナリオにもとづく事件ではなく、中国共産党の根拠地を潰すためにやった三光作戦とは異質である」と語っていた。

ともあれ、南京といえば『「南京大虐殺」のまぼろし』の著者・鈴木明さんを思い出す人も多いだろう。文春時代、いろいろとお世話になった。鈴木さんは、田中健五さんが『諸君!』編集長だったころに、それを連載し、文春から本にもなり、大宅賞を受賞もした。『諸君!』にもしばしばエッセイを発表していたが、出版局にいたとき、この続編を書くということになった。題して、『新「南京大虐殺」のまぼろし』。

さっそく、筑摩書房でエドガー・スノーの『中国の赤い星』を担当していた編集者（風間元治さん）のところに、一九九四年十月七日に一緒にお邪魔をして取材もスタート。その日に借出し四十万円もしていた。中国に取材に出かけるための旅費であった。総額だと百万円以上になったと記憶している。もちろん、さまざまな資料集めもやった。

当時、田中さんにせよ、鈴木さんを担当していた以前の編集者はみな偉くなっていた。鈴木さんのように、若くして論壇にデビューすると、熟練になったころには、当時担当した編集者も熟練というか管理職になっていて、現場の編集者とは少し歳が離れすぎて疎遠になってしまいかねない。

当時の僕は三十代半ばだったが、鈴木さんが今後さらに晩年に向かって活躍するとき、担当する編集者がいなくなるといけないと思って、そのころから仕事で鈴木さんのような中高年筆者と会ったりするときは、一回り若手の編集者と同行したりするように心がけたものだった（が、目をかけていた若手社員が、僕より先に他社に転職転社したりしたので、せっかくの「工作」も水の泡になってしまった）。

ともあれ、そういうふうに取材を数年間進め、原稿もできあがってきた。鈴木さんは当時は手書き派で生原稿。それを読み、ふむふむ、これで稲垣武さんの『「悪魔祓い」の戦後史』に続いて、山本七平賞を狙えるなと思っていたら、「上司」がちょっと待て……と。現代史には一家言を持っているだけに、なにか気に入らないところがあるようだった。

そのときの「上司」が語った理由に関しては……さておくとして、とにもかくにも、生原稿では「上司」のさらなる「上司」（堤堯さんではない）がちょっと判断しがたいからということで、まずはゲラにした。印刷所は理想社。ゲラにしても、かなりの頁数にはなった。校正も一度はしたかと。

しかし、「上司の上司」もゲラで一読はしたものの、結局「上司」の助言がすべてで、刊行されることはなかった。ゲラにまでしたのに……。その理由は……。当時の日記は……。

《一九九八年六月二十三日（火）

昨日（六月二十二日）鈴木明氏来社。「上司」とともに午後三時～五時半まで長時間話す。

千四百枚までに削るのが出版の条件……。鈴木さんもしばらくうつむいてじっと考え込んでいたのが印象的。すったもんだがあったが、とにかく一度ゲラにすることになりそう。

一九九八年六月三十日（火）

某氏から電話。「上司」が「出版部長」になったことについて。『諸君！』の部数を減らし、新雑誌で失敗した人がなぜ出版部長になるのかと憤慨している。別の人からも連絡あり。「文春は中公化している」と。ただ、「上司」が『諸君！』編集長をしていたとき、僕が藤岡信勝さんと会って、こんなおもしろい人がいますよと伝えたら、ちゃんと会ってくれて、藤岡さんに原稿依頼をしてくれた。藤岡さんの『諸君！』デビューはその「上司」のときだから……。そこまではレッテルは貼れない。「部分の全体化」はよろしくないかと（藤岡信勝「自由主義史観とは何か」一九九六年四月号）。

一九九八年八月十日（月）

今日は仕事で同席できなかったが、「上司」と鈴木さんとの会合、社であり。午後、二時間ぐらいやったようだ。そのあと鈴木さんから、原稿について「編集者に差し出がましいことを言われたくないが、カットはしてみる」とのこと。そのあと、夜、奈須田敬さんとの会合があって銀座の並木書房へ。中公の平林孝さんも同席。平林さんも「鈴木さんから愚痴を聞いているぞ」とのこと。ゲラを読んでくれとも言われているともいう。ううむ。ウチが無理なら中公から出せばいいかも……。

一九九八年八月十八日（火）

鈴木明さんから電話。冒頭、また書き直すとのこと。

一九九八年十月四日（日）

十月二日（金）はいろいろとあった。鈴木明さんの原稿、結局、本にしないことになった。「上司」と「上司の上司」の判断。ウーム。鈴木さんに電話をしたら、夕方、原稿ゲラを一切合切とりにきた。田中社長もいささか「空手形」を出していたきらいがあるが……。十月五日までに「再校」を読むとか聞いていたらしい。それなのに、十月二日に返事がきて、いささか「?・」と思ったらしい。

「田中さんに渡した原稿だから、田中さんに戻してもらうのが筋だが、今回のこと（没）は田中さんも認識していないということで受けとりに行く」と再三電話で言われた。

鈴木さんが来たとき、田中さんは外出中で、戻ってきてから、田中さんと「上司」と「上司の上司」とで四十分ぐらい、午後五時半から話し合い。

六時半ごろ、鈴木さんがやってきてゲラを渡す。『「上司』の顔は見たくない……」とのこと。「仙頭君にはいろいろやってもらって、迷惑をかけた」との言葉。中公の平林さんのところに持っていくだろうか?　中公から出て、そこそこ増刷になれば不幸中の幸いになろうが……。

一九九九年五月三十一日（月）

鈴木さんより、飛鳥新社から刊行された『新・「南京大虐殺」のまぼろし』届く。分厚い本。せっかくうちで百万以上の取材費をつぎ込んだのに、他社に手放すことになって残念。ベストセラーになれば「上司」も後悔するかな？

一九九九年六月十九日（土）

この前、鈴木さんから電話。『リリーマルレーン』の在庫を聞かれた。文庫は絶版、単行本は二百七十一冊あると答えると三十冊購入したいとのことだった。『新「南京」〜』は、一万部増刷になったとのこと。累計三万部という。》

ともあれ、そんな経過があったしだい。

「刊行しません」との申し出を「上司」から直接受けた鈴木さんは大変憤慨していた。そりゃ、そうだろう。大宅賞作家でもあり、このテーマの続編を、文藝春秋が断るのだから……。結局、この本は前述のように、飛鳥新社から一九九九年五月に刊行された。謹呈のサインつきのもらった本はいまも手元にある。

アマゾンの本書のレビューで、南京事件研究家の松尾一郎氏がこんなコメントを残している。

《著者（鈴木明）は当時、誰も信じて疑わない30万人虐殺説がまかり通っていた時代の昭和48（1973）年3月に『「南京大虐殺」のまぼろし』を出版し、真実に対する疑問への一石を投じた鈴木明氏である。

約30年もの時間が経ったものの作者は南京事件に対する真実を追究する願いは衰えず、中国へ取材を行いながらも少しずつ集めた史料によってティンパーリーが当時の蔣介石率いる国民党によって日本軍の暴行記録を出版したのは、国民党宣伝工作員であったためである事を始めて公にし、第二の布石を投げかけた、作者は南京事件における最大功労者の1人と言える。

本書の資料的価値もかなり高く中国側における日中戦争から戦後の国共内戦前後の外国人や多くの中国著名人による関係も描かれている。

南京事件の本質的問題点を示唆する名著と言える。

鈴木氏は残念ながら2003年に他界されたものの最後まで南京事件に関する真実に迫ろうとしていた姿勢は頭が下がる思いである。》

本を刊行したあと、鈴木さんは二〇〇三年七月に逝去。享年七十七。実際の年齢より若く称していたことをそのとき知った。ダンディな作家だった。家賃収入などもあり、わりと優雅に暮らすことも可能だったようだ。文春にはいつも自家用車でやってきていた。資料室で、一緒に資料を漁っていたことも懐かしい。ＴＢＳ近くのお店で追悼会があったときには沢木耕太郎さんもきていた。

ティンパーリーはともかくとして、エドガー・スノーに関しては、そのあと、『諸君！』に戻り、こんなことをやった。スノー夫人（ロイス・ホイーラー・スノーさん）のインタビュー記事を掲載したのだ。聞き手は、当時アメリカ在住の池原麻里子さん。「夫、エドガー・スノーは毛沢東に騙されていた」（『諸君！』二〇〇六年六月号）がそれだ。

《「中国政府は夫のエドガー・スノーを模範的尊敬すべきジャーナリストと称賛していますが、実際に中国のジャーナリストがスノーのような執筆活動をしたら、ただちに投獄されてしまいます。まったく偽善的としか言いようがありません。中国政府による言論統制は文革時代と変わっていないのです。彼らはスノーを自分たちの都合のよいように利用することにしか興味がないのです。これに同調するわけにはいきません」》

《（最後の訪中のとき）「夫は病気で体が弱っていたので、これが最後の訪中になると認識していました。ですから可能な限り自分の目で確かめて、真実を探り出そうと試みたのですが、中国側がありとあらゆる手段でそれを阻止したので、とても不満に思っていました」》

《「そして『中国の赤い星』で描いた革命はとても将来性があると期待していたのが、最後の訪中では現実がそれを裏切る結果になっていたことにすっかり傷心していました。彼は今日の中国の姿を決して是認しなかったでしょう」》

池原氏が、電話取材した当時、未亡人は八十五歳だったが、二〇一八年四月、スイスで彼女は亡くなったそうな。それも池原さんから知らされてはじめて知った。日本の新聞の訃報欄に出ていただろうか。享年九十七。

文藝春秋が出しそこなったベストセラー

そういえば、もう一冊ゲラになっていたのに、刊行停止になった本があった。だが、それは……。

テレビにも、よく登場したノンキャリの元外交官（大学教授の肩書も、のちに手に入れていた）。ちょっとした大使館体験記だったが……。なんと、民放某局の女性アナウンサーにいろいろとセクハラがらみの恐喝をしていて、「今度文春から出す本でおまえのことを批判しているからな」と脅していたという。

その放送局に、たまたま文春から転職転社して行った人がいて、その人経由で、「その人の、そういう本が出るのでしょうか」とのお尋ねがあったしだい。その本のゲラには、もちろんそんな私的なものはなかったが……。

セクハラを受けている女性社員と、元文春社員と、某女性ライターとが来社して、いろいろと「上司」とともに確認。結局、その本は別の視点からのプライバシー問題が発生する可能性があるとの理由で、本にしないことにした（そういうふうに著者には伝えたが、要は著者の人格の欠落が心配だから本にしないことにしたしだい）。これはしかたのない「焚書」だった。しかし、その本は、講談社から後に刊行されて、そこそこは売れたようだ。

講談社といえば……。

麻生幾さんの『情報、官邸に達せず…「情報後進国」日本の悲劇』『極秘捜査…警察・自衛隊の対オウム事件ファイル』（文藝春秋）を担当したが、彼は雑誌『文藝春秋』に「有事法制なき日本、戦慄のシミュレーション小説・潜水艦敦賀半島に漂着す」（一九九七年一月号）を書いた。これを本にしたいという問い合わせが講談社から麻生氏にあり、麻生さんは当然、文春に対して、そういう申し出があったけど『文藝春秋』に掲載したのだから……と声をかけてくれた。

いうまでもなく、文春でやるべきものだったが、「上司」の「ノーサンキュー」で、みすみす講談社にとられて、それがのちに『宣戦布告』となり、ベストセラーになったものだ。

ともあれ、一九九八年七月九日の日記にこんなことが書いてあった。

《一九九八年七月九日（木）

麻生幾さんと平河町にある○○保全センターに取材同行。門外不出の報告書をせっせと筆写するのを手伝うため。その間、筆写するのは大変なので、麻生さん宛に『週刊文春』の女性から携帯電話に電話をかけてもらい、その際、電波の状態が悪いからということで、そっと外に出て、トイレで接写カメラで撮影するという手筈。スパイ的手法の取材の手伝いを。

バレなかったがヒヤヒヤ。》

まぁ、そんな「合法」的取材への同行はいいのだが、麻生さんが『週刊文春』から独立したとき、イスラエル大使館のそばの貸し事務所の保証人になったことがあった。すると……。ある日、自宅に「麻生さん、家賃未払いにつき、あんた保証人だからなんとかしろ」という、ヤクザのような脅し文句的なダミ声の怖い電話がかかってきて、古女房がそれをたまたま受けたので、大変なことになったことがあった。安易に保証人になってはいけないということを麻生さんに教えてもらったしだい。

また、そういった麻生さんがらみの取材をしていたとき、小学校時代の友人から突然電話があった。中学校からは別々の学校に行ったこともあり、疎遠になっていたが、なんと「内閣情報調査室」勤務とのこと。

いまはなき赤坂プリンスホテルの某レストランで彼と旧交をあたためるというふれこみで会ったのだが、なんとなく「麻生幾」情報を集めている雰囲気だった。そういえば、その前後、麻生さんと二人で歩いていたとき、急に彼が、携帯を取り出して、「僕には尾行は付けないと言っていたのに、なぜ付けるんですか」と怒声を浴びせたことがあった。思わず、周辺をキョロキョロしてしまったが……。そんなふうに、「ゴルゴ13」の世界を少し垣間見たこともあった。

そのころ、ときどき、麻生さんの携帯に電話をすると、「この電話はお客様のご都合でかからなくなっています」とよくアナウンスが出た。「お客さまのご都合」ってなんだろうと思ったら、要は電話代を払っていないという理由。引き落としにしていなかっただけだろうが、フリーの物書きになるのも大変なんだな、家賃や電話代を滞納したりするぐらいだからと、当時はおもんばかったものだった。その後、ベストセラーを刊行もし、もっといい広い仕事場に移られてご活躍されているのは慶賀のいたりだ。

同じく、本にならなかった企画としては、門田隆将氏が『文藝春秋』（二〇一〇年十月号〜十二月号）に連載した「九十歳の兵士たち」という戦記ノンフィクションを、文春から本にしようとしたら、これまた上司が「ノーサンキュー」ということで、『太平洋戦争最後の証言（三部作）』として小学館が刊行することになった（のちに角川文庫に収録）。

立花隆氏が『文藝春秋』に書いた田中角栄論や日本共産党論も、ことごとく文藝春秋から本にならずに、講談社から本になっている。このあたり、文芸書重視、ノンフィクション軽視という社の伝統があるのかもしれないが……。どちらかというと雑誌のほうは新進気鋭の筆者を起用したり、斬新なテーマに切り込んでいくのに対して、出版部のほうは、殿様商法という傾向があるのかもしれない。

そのあたりは、僕と同じく中途入社で文春に入り、比較的早く退社して、フリーのノンフィクションライターとして活躍している柳澤健氏が、『小説宝石』で連載している「２０１６年の週刊文春」でも、少し触れていた。

《『田中角栄研究』の第二弾はやらない。単行本も出さない」という文藝春秋上層部の決定に呆れ果てた立花隆は、文藝春秋とは距離を置き、主に講談社で田中角栄について書き続けた。「田中角栄研究」の単行本も講談社から出している。》（『小説宝石』二〇一八年八月号）

「南京大虐殺」を肯定する本が代わりに出た！

ともあれ、鈴木明さんの『新「南京大虐殺」のまぼろし』を断った文春が、よりにもよって、清水潔氏の『「南京事件」を調査せよ』という本を、二〇一六年八月に刊行したのだ。事実上、「南京大虐殺があった」という立場の本だ。

じつは、この本のゲラを担当編集者（女性）が僕のところに持ってきたのが、その年の春先だった。文藝春秋を辞めようかなと思っていたころだった。その担当者から「仙頭さん、南京虐殺、詳しいでしょう。このゲラを読んで、気になるところがあったら助言してほしいんです」と言われたのだ。

そういえば、「上司」（先ほどとは別の人）が、「仙頭くん、この原稿をどう思うかね」と東中野修道さんの南京に関する原稿を持ってきたことがあった。当時（二十数年前）のことは記憶が薄れているが、一読して、いろいろと感想を述べた記憶がある。結局、その原稿は、文藝春秋からは本にはならず、展転社から『「南京虐殺」の徹底検証』と題して一九九八年に刊行されたのち、中国側からの名誉棄損などで裁判沙汰になった。

清水さんがどういう人か、そのときはよくは知らなかったが、この本のもととなったという映像番組（日本テレビ「南京事件 兵士たちの遺言」二〇一五年十月放送）も、のちに拝見した。

ゲラに関しては、参考文献などが、虐殺否定（批判）派のものが少ないので、そのあたりは少し増やしておいたほうが、より客観的に調査した印象を読者に与えることになるのではないかとか、あたりさわりのない程度のことをメモにして渡した。

ほかにも、いろいろと気になるところはあったが、まぁ、こういう本を出すようになったのか……という思いを持った。

とはいえ、鈴木明さんの『「南京大虐殺」のまぼろし』や、北村稔氏の『「南京事件」の探究‥その実像をもとめて』（文春新書）を出している文藝春秋から、こういう「虐殺があった！」という本が出ても、別にそれはそれでいいだろうと思っていた。

北村稔さんの本も、『諸君！』で「『南京虐殺』の虚構‥『虐殺』を世界ではじめて報じた英字紙記者ティンパーリーは、国民党の宣伝工作員だった！」」（二〇〇二年一月号）に出ていただいたりしたのがきっかけで、先の文春新書が刊行された経緯があった。

というのも北村さんはそのとき、岩波書店から『第一次国共合作の研究‥現代中国を形成した二大勢力の出現』という学術書を刊行しており、『「南京事件」の探究』も、岩波新書編集部などで刊行を検討してもらったことがあったとのことだった。

しかし、南京大虐殺があったとみなす人々が多い出版社ゆえか断られた経緯があった。それで文春新書からの刊行となったのだが、文藝春秋が南京虐殺肯定派の本を出すのも酔狂かもしれない。「多様な言論」も社内であってもいいだろうから……。

ただ、こういう本の刊行の背景には、「反アベ」を声高に公言して、雑誌や出版プランにもストレートに口を出す、松井清人社長みずからのリーダーシップもあってのことだったのかもしれない。安倍首相の信念に反する本を出せ、安倍首相の足元を揺るがすような記事や本を出せと――。そういえば、清水氏の本を担当した女性編集者が、安倍首相に親しいジャーナリストを狙い撃ちしたかのような、伊藤詩織氏の『Black Box ブラックボックス』も担当したというから……。

ともあれ、そのあと、ちょうど会社を辞める直前に見本ができたということで、その女性編集者が一冊謹呈してくれた。しかし、転職転社してからも、ひもとくこともなく半年ほどが過ぎたのだが、『歴史通』(二〇一七年四月号)の編集をするとき、清水氏の本と番組を俎上にのせようと考え一読してみた。

その上で、松尾一郎さんに「文春ともあろうものが……『「南京事件」を調査せよ』絶版のすすめ」という論文を書いてもらい、その号に掲載した。清水氏の本に対する「批判」はこれに尽きようか。

このタイトルはもちろん僕がつけたし、脇のリード「杜撰な〃史料〃誤用と、ご都合主義的解釈に『騙されてたまるか』『『南京大虐殺』のまぼろし』(文藝春秋)の著者・鈴木明氏も草葉の陰で啞然?-」も、もちろん僕が書いた(せめてもの抵抗?-)。

『騙されてたまるか』は、清水さんの著作『騙されてたまるか:調査報道の裏側』(新潮新書)をもじったものだった。

この松尾論文に対する担当編集者や著者からの「反論」はなかった（担当編集者には、見本の返礼ということで、雑誌は送っていた）。その後、先の清水氏の本は、二〇一七年十二月に文春文庫に入った。「文庫版のためのあとがき」では、番組を批判した産経新聞には反論をしていたが、『歴史通』の松尾論文は無視黙殺していた。反論する余地がなかったのかもしれない（文庫版の本文中身は再読はしていないが……）。

そのあと、清水氏は、番組の続編ともいうべき作品（二〇一八年五月十四日に放送した「南京事件Ⅱ　歴史修正を検証せよ」）を作成している。ビデオには録っているが見てはいない。

この清水氏の南京論に関しては、有馬哲夫氏が『こうして歴史問題は捏造される』（新潮新書）の中で、「反証不可能」的な「個人的証言」の安易な利用を批判しているが、まったく同感だ。それにしても、鈴木明さんを、どこかの宗教団体の「霊界通信」ではないが、呼び出してみたいものだ。

「仙頭くん、なんで僕の本が刊行拒否で、清水さんの本を刊行するんだ。両方を出すというならまだわかるが、文春はどうなっているんだ」と叱責されそうで怖いが……。

朝日批判本『崩壊朝日新聞』も刊行中止に！

『諸君！』といえば、「南京大虐殺否定」「慰安婦強制連行否定」のほかにも「朝日批判」をよくしていた雑誌というイメージもあるだろう。ただ、たんなる批判のための批判ではなく、論理的に考えて、明らかに誤報や虚報があり、それを隠蔽するのは、戦前の空想的軍国主義論調同様、許容できないものがあるからこその批判であった。

僕の場合は、読者としては、渡部昇一氏&香山健一氏の「朝日新聞は日本のプラウダか」（一九八三年四月号）や、教科書問題（誤報）事件のときの渡部氏の「万犬虚に吠えた教科書問題:モラトリアム日本の終り」（一九八二年十月号）などが記憶に残っているが、入社してから、先の稲垣武さんの「朝日新聞血風録」の連載やら、いろいろと企画担当したものだ。その中で、拉致事件のとき、さんざん北朝鮮を庇っていた朝日新聞の知的権威は、慰安婦報道同様に地に堕ちたものだった。

しかし、その中でも、ハキダメにツルではないが、まともな北朝鮮報道を『AERA』などで展開していたのが、長谷川熙さんだった。在職中にお会いしたのがいつだったか。もうかなり昔になる。有楽町の交通会館にある銀座スカイラウンジで食事をして以降、ときどき、お会いしていた。

時には『諸君!』にも拉致問題でご登場いただいた。さすがに本名ではまずいので、ペンネーム（金田一堯）にて、佐藤勝巳さんと対談（二〇〇二年五月号）、島田洋一氏、西岡力氏と鼎談（二〇〇二年十二月号）をしていただいた。

そんな長谷川さんが朝日を定年退職後も、『AERA』専属ライターとして活躍していたところ、あの慰安婦虚報釈明記事（二〇一四年八月五日、六日）を見て、完全決別を決意。その「退社」への経緯が、『週刊文春』（二〇一四年九月十八日号）に記事として掲載された。

その見本を発売日より一日早く読んでいた僕は、すぐに長谷川さんに電話をした。「朝日との決別の手記を書きませんか」と。ちょうど、そばにいた「上司」も関心を寄せ、その同意を瞬時にもらってのお願いであった。

ということで、さっそく取材の開始。元記者ということで、取材に関してはご自身が仕切って東奔西走。僕がやったことは、せいぜいで資料集め。そのほかには、長谷川さんの同僚記者であった松井やよりがらみで、彼女の一連の記事（マレーでの日本軍虐殺云々）の信憑性を分析する上で、『日中戦争いまだ終らず：マレー「虐殺」の謎』（文藝春秋）の著者である中島みちさんに面談取材をしたいとの申し出があったのでその準備。

たまたま、僕は出版局時代には、中島みちさんの担当をしていて、その本（『日中戦争いまだ終らず』）は、僕以前の編集者が担当した本だが、『奇跡のごとく：患者よ、がんと闘おう』（文藝春秋）などを編集していたこともあり、懇意にしていた。

ただ、当時、中島さんは病床にあった。彼女の息子さんは、これまたハキダメにツル（？）ではないが、某大手民放局に勤めている幹部社員。北京やロンドン特派員を務めたりもしていた。テレビでもよくお見かけした。彼を通じて、こういうテーマで取材をさせてほしいと頼んだのだが、あいにくと物理的に取材に応じていただくことはできなかった。書面取材も困難とのこと。その中島さんも、長谷川さんの本が出る直前の二〇一五年十月二十九日に亡くなった。享年八十四。杉並区の葬儀場にも顔を出してご冥福をお祈りした。

ともあれ、そんな態勢で取材は順調に進んだ。やがて原稿も入った。長谷川さんは手書き肉筆派だが、そのときは、長谷川さんが知人に入力を頼んでいたこともあって、パソコン文字による原稿だった。コピーして「上司」に渡し、一日、二日熟読し、ふむふむと思い、さっそく入稿しようと思った矢先、「上司」からストップが……。

第一部の松井やよりなどを論評しているところはいま一つ決定的な証拠がなく、第二部以降の朝日の戦前からの歴史的体質についての分析はありふれていておもしろくないから、本にするのは止めよう——というものだった。

やれやれ……？　鈴木明さんのときに次ぐ、出版差し止め？　いまにして思えば、松井社長からの横やりでもあったのかと疑心暗鬼にもなりそうだが……。

そんなこともあるまいが……。松井さんも『諸君！』の編集長をやられた方。そのころの『諸君！』は普通だった。ただ、懇意にしていた（あくまでも当時！）副島隆彦さんに、佐高信批判論文を書いてもらったことがあるのだが（「最後の進歩的文化人　佐高信氏の正体」一九九三年十月号）、よりにもよって、その後、編集長になった松井さんが、彼を起用して「大蔵官僚をいますぐ駆逐せよ」（一九九六年十一月号）なんてやっていたのには疑問を抱いたことがあった……。

その佐高さんが、松井さんに「エール」を送った『週刊金曜日』の記事はいろいろと波紋を呼んだ。

《文春社長、松井清人殿

あなたとの出会いは、およそ30年前に遡ります。当時、あなたは『文藝春秋』の編集部員で私は駆け出しのライターでした。同誌編集長だった堤堯氏に求められて書いた新日本製鐵（現新日鐵住金）についての拙稿が問題となり、担当のあなたに苦労をかけましたね。堤氏のよく知る『経済界』主幹、佐藤正忠氏と新日鐵首脳との関係を暴いた箇所を堤氏から削れと言われ、私が突っぱねたので、あなたは板挟みになってしまいました。結局これは掲載されませんでしたが、その一件を私は『わが筆禍史』（河出書房新社）に書きました。お目にとまりましたか？

ところで新谷学編集長下の『週刊文春』で重用されてきた元ＴＢＳワシントン支局長の山口敬之にレイプされたと告発している伊藤詩織さんの『Black Box』が御社から刊行されましたね。この本はあなたの特命事項で、社内でも知らない人が多かったとか。これで、あなたと新谷氏の関係は決定的に悪化したそうですが、権力擁護ではなく、かつての「田中角栄研究」のような権力批判の伝統に戻るということでしょうか。

新谷氏はＯＢの花田紀凱氏に傾倒しているようですから、あるいは辞めて『月刊Ｈａｎａｄａ』に移るのかもしれません。

ただ、心配なのは、あなたが〝裸の王様〟になっていて、ほかの社員はすべて承知のあなたの「個人的事情」を、まだ知られていないと思っていることです。それは官邸筋も把握している事情であり、とすれば、権力批判も鈍ってしまわないかと危惧します。

御社は社長が後継者を指名し、そのまま会長にならずに退くのが慣例だそうですね。もちろん、あなたはそれを踏襲するつもりでしょう。まちがっても会長になって実権を握りつづ

けることなど考えていないと思います（以下略）。》　　（『週刊金曜日』二〇一七年十一月十日号）

その後のさまざまな経緯は省くとして、結局、長谷川さんの本は文春から刊行されることはなかった。長谷川さんもいささか気落ちし、知り合いの大手出版社にあたったりしていたが、色好い返事はもらえなかった。

そこで、僕もいくつかの出版社をまわり、結局、ワックが刊行してくれることになった。『崩壊朝日新聞』と題して、二〇一五年十二月に上梓。二〇一八年六月には、僕自身が担当してワックブンコの一冊として刊行もされた。累計で五万部ぐらい。稲垣武さんの『朝日新聞血風録』と並んで、朝日新聞を語る上では必読の文献だと思う。

ワックからは、長谷川さんは『偽りの報道：冤罪「モリ・カケ」事件と朝日新聞』『自壊：ルーズベルトに翻弄された日本』、永栄潔さんとの共著『こんな朝日新聞に誰がした？』も出している。

江藤淳の名著の解説になぜ白井聡氏起用だったのか

こんなふうに、「文春的な本」が出ず、「文春らしからぬ（朝日・岩波的な？）本」の刊行が目立つようになったのは、いろいろと理由があろうが、それはやはり編集者（編集責任者・発行人）の意向というものが関係しているのは間違いない。

出版社によって、いろいろとルールがあろうが、文藝春秋は、奥付にある「発行人」の名義は、各部局の責任者の名前が記されることになっていた。岩波書店などは、発行人となれば、岩波文庫でも岩波新書でも単行本でもすべて「社長」名義だが、文春は、文春文庫なら文庫局長、文春新書なら新書局長、単行本なら、ノンフィクションはノンフィクション局の局長、小説なら小説部門の局長、翻訳なら翻訳部の局長といったふうになっていた。

そんなノンフィクション関連の文庫として、講談社の学術文庫のような体裁の文庫が文春からも出るようになった。「文春学藝ライブラリー」という文庫だ。

二〇一三年十月に創刊された。自社刊行書籍のみならず、他社刊行のちょっとしたクラシックな装いのある格調あるノンフィクション作品や学術書などを「文庫化」するというものだった。文庫といっても千五百円前後はして、ちょっとした単行本なみのお値段だ。

ちなみに、創刊リストは、『近代以前』（江藤淳）、『保守とは何か』（福田恆存、浜崎洋介編）、『支那論』（内藤湖南）、『天才・菊池寛：逸話でつづる作家の素顔』（文藝春秋編）、『デフレ不況をいかに克服するか：ケインズ1930年代評論集』（J・M・ケインズ、松川周二編訳）だった。

この編集部には僕は直接には関与していないが、ときどき担当している筆者の文庫化は手伝った。たとえば、楊海英氏の『モンゴルとイスラーム的中国』や、中西輝政さんの『アメリカ外交の魂：帝国の理念と本能』などを担当して編集したりはした。水谷三公さんの『イギリス王室とメディア：エドワード大衆王とその時代』がライブラリー文庫に入ったときなどは、この本もいいけど、僕が文庫編集長だったら、水谷さんの『ラスキとその仲間：「赤い三〇年代」の知識人』

（中公叢書）のほうをライブラリーに入れるのだが……と思ったりしたものだった。

それはともかくとして、たまげたのが、江藤淳さんの名著『一九四六年憲法・その拘束』が二〇一五年四月に、ライブラリーの一冊として出た際に、その文庫解説を白井聡氏が書いていたことだった。

これは文春文庫でも『一九四六年憲法・その拘束　その他』として以前刊行もされていた。そのときの解説者は福田和也さんだったから、それをそのまま再録するか、新たに福田氏に書いてもらうということも可能だったかもしれない（ライブラリー文庫は、「その他」が抜けたダイジェスト版にもなっているから……）。ところが、なんと『永続敗戦論・戦後日本の核心』（太田出版）の著者の白井聡氏を解説者に起用していたのだ。

変なたとえだが、百田尚樹さんの『カエルの楽園』を新潮社が文庫化したときに、文庫解説を櫻井よしこ氏に頼んでいたが、白井聡氏や斎藤美奈子氏に解説を頼むだろうか。

ちなみにアマゾンのレビューでは、この「解説者」（白井聡氏）に対して、こんな苦言が呈されている（この記録を以前とった後、消えているのもあるようだが）。

《巻末の解説者は不要で不快！　投稿者 非公開者　2015年11月11日
江藤淳の論旨は明確で日本人ならば誰もが知っているべき事実を実証している良書なのだが、巻末の解説者が上から目線の解説を書いたがために、本書の価値を落とし、読者に不快な読後感を持たせた。江藤淳の評価は五つ星だが、解説者のためにマイナス星ふたつ。》

《中身には星五つだが、解説には星ゼロ！　投稿者 ゆうた　２０１６年８月４日
久しぶりに本書を読み返したのは、今年の参院選挙で改憲派が衆参両院で２／３以上を占めたからです。
やっと、憲法論議を開始できるということですが……中身は相変わらず素晴らしい。今こそ踏まえなければいけない議論の基が列記してある。ところが解説に驚いた。
読解力がまるでない。時代遅れの左翼、というよりサヨクの理屈で江藤淳を批判したつもりになっている。
こんな解説を巻末につける編集者のレベル低下も著しいのだろう。
朝日文庫かと思ってカバーを見たら、文春文庫だった。「文藝春秋」が全く面白くなく全く売れない理由も分かった。
ま、そんなことより、せっかくの本文が、頭の悪い解説と編集者で汚されたという印象です。》
《白井聡は狂ったか　投稿者 小谷野敦　２０１５年11月14日
なぜか『江藤淳と大江健三郎』を出したころに文春から送られてきたのだが、白井聡が解説を書いていたからわが目を疑った。もはや白井は、反米のためなら天皇制右翼の江藤すら利用しようという愚かな地点へとさまよいつつあるらしい……（以下略）。》
人それぞれではあるが……。江藤さんが生きていれば、この白井氏の解説を読んで、どう感じ

たことか。

文藝春秋の元常務だった斎藤禎氏の『江藤淳の言い分』(書籍工房早山)の書名ではないが、「江藤淳の言い分(反論?・)」を聴きたいものだ。死んだ人との「会話」をしようとすると、やはり、大川隆法さんに頼むしかないか(?・)。

その中で「あの解説はどう思われますか」「文春ともあろうものが……福田和也くんのものを再録するか、もしくは平山周吉くんか斎藤禎くんに書いてほしかった……」なんてことも(?・)。

冗談はともかく、『諸君!』編集長も務めたこともある「元上司」(堤さん、斎藤さん、笹本さん、立林さんには非ず)も、「あの解説には違和感を持った」とのメールをくれたものだった。

「こんな解説を巻末につける編集者のレベル低下も著しいのだろう。朝日文庫かと思ってカバーを見たら、文春文庫だった。『文藝春秋』が全く面白くなく全く売れない理由も分かった。ま、そんなことより、せっかくの本文が、頭の悪い解説と編集者で汚されたという印象です」という言葉に、ある程度の共感を覚えていたこともあって、その本の「発行人&上司」に、辞める少し前に、「よりにもよって、白井聡なんかに誰が解説を頼んだんですかね」と尋ねたら、「俺だよ」との返事。そして「若いやつがいいと思ってさ」との返事。ふうむ……。若いにもホドがある。

だったら岩田温さんに頼めばいいのに。僕が文庫編集長なら白井聡さんではなく岩田温さんに解説を頼んだだろう。もしくは、「上司」も親しく付き合っていた(と思う)遠藤浩一さん(拓殖大学教授)に頼めば……とも(しかし、遠藤さんは、前述したように、二〇一四年一月四日に五十五歳で亡くなっているから物理的に不可能ではあるが……)。

文春幹部は「欺瞞」「呪縛」「捏造」がお嫌い？

ともあれ、『日本の論点』のように甲乙、対論形式なら、いくらでも左右の論客を起用したり、対談や座談会など、いろいろと論敵と闘わせるというのはアリだと思うが、文庫解説に関しては適材適所をこころがけるべきだろう。

それはさておき、この「上司」「発行人」は、後に役員となり、「はじめに」でも触れた二〇一八年初夏の松井社長による「院政紛争」のときは、松井社長を支持していた。松井社長退任後は、新体制の下、さらなる出世（昇任）をされている。

その「上司」が、数年前の出版の全体会議で、「『諸君！』はちょっとやりすぎた感があったね。そもそもタイトルでよく使われていた『欺瞞』『呪縛』『捏造』とか、そういう言葉は俺は好きではないんだ。そういうのは今後は使いたくない」と広言していたものだ。ふうむ……。女性を縛るのはあまり好きではないが「呪縛」って好きだけどなぁ。そんなにいけない言葉なのか。差別語、ヘイトなのかしらん。

「捏造」だって、慰安婦問題などに関して、吉田清治の書いた本は「捏造」というしかあるまい。「欺瞞」も同様だ。

『諸君！』にいたとき、いまは亡き中嶋嶺雄さんの自宅（東武東上線大山駅の近くだった。駅チカに古本屋があった）をお邪魔していただいた御原稿「中国に呪縛される日本」（『諸君！』一九八六年三月号）の感動を忘れたことはない。

　このタイトルをつけたのは僕ではなく、当時の斎藤禎編集長。そしてそれは『中国に呪縛される日本』（文藝春秋）として単行本にもなった。靖国問題はじめ、歴史問題で謝罪する必要もないことまで謝罪するような精神構造に陥っていた当時（いまも）の日本の状況を説明するにあたって、「呪縛される日本」という以外に、どういう表現があるのだろうか。

中嶋先生には、その後もいろいろと相談をして、「はじめに」の社中日記にもあった、『諸君!』史上最高部数を記録した（それまでは田中健五さんが初代編集長として創刊したときの創刊時の実売部数が最高部数だった）『歴史の嘘』を見破る!」「もし中国（胡錦濤）にああ言われたら——こう言い返せ」（『諸君!』二〇〇六年二月号）の企画のときも、相談にあずかったものだ。テーマや筆者の選定などでもお世話になった（これは、文春新書の一冊としても刊行されている。中嶋嶺雄編『歴史の嘘を見破る：日中近現代史の争点35』）。

この号の編集後記で「『戦後六十年』も終わり、マルクス主義史学による洗脳の効果も薄れ、『歴史の嘘』も解明されつつあります。中嶋嶺雄氏にご教示をいただきつつ、近現代史に詳しい第一線の研究家、ジャーナリストらに、政治・経済・歴史認識に関して『もし中国（胡錦濤）にああ言われたら』、どう言い返すべきかについての論文をいただきました。勿論、反省すべきは反省しつつも、事実に基づき反論すべきはきちんと反論するという姿勢が大切だと考えての総力特集です」と記した。これも中国の歴史洗脳の呪縛から逃れるための企画だった。こういうのも「やりすぎだった」のだろうか。

「反省すべきは反省しつつも、事実にもとづき反論すべきはきちんと反論するという姿勢」は常に堅持してきたつもりだ。

おそらく、少なくとも、もしかしたらだが、文藝春秋からは「呪縛」という名のつく本はしばらく刊行されないのかもしれない。

ちなみに、アマゾンで「呪縛」＆「文藝春秋」で打ってみたら、五冊の本がヒットした。中嶋さんの先の本と、小説らしい弘田静憲氏の『海の呪縛』以外の三冊は以下のとおり。

①櫻井よしこ編『日本よ、「歴史力」を磨け‥「現代史」の呪縛を解く』
②稲垣武『「悪魔祓い」の現在史‥マスメディアの歪みと呪縛』
③櫻井よしこ編『日本よ、「戦略力」を高めよ‥「憲法9条」「国連至上主義」の呪縛を解く』

なんと、三冊とも僕が担当した本ではないか。そうか、この本（①と③）を出したときのノンフィクション局の責任者（上司）は、松井社長の「院政」に抵抗してともに退社した人（木俣さん）だったからこそ、この書名で刊行できたのかもしれない。これからはしばらくは「呪縛本」は出せないだろうか。

あと蛇足だが、スパイ問題を考える上で話題になっている「ヴェノナ」。その中の一冊として、ジョン・アール・ヘインズ＆ハーヴェイ・クレアの『ヴェノナ‥解読されたソ連の暗号とスパイ活動』（ＰＨＰ研究所）という本がある。中西輝政さんが『諸君！』の連載で、この「ヴェノナ」

に言及しているのを見て、翻訳を出せないものかと出版企画会議に出したことがあるが×。
ということで、ＰＨＰ研究所の白石さんにそちらで翻訳を……と声をかけたところ、無事、中西さんの監訳で訳書が刊行された。

渡部昇一さんの文春への苦言

ちなみに、晩年、文藝春秋からあまり顧みられなくなった渡部昇一さんは、こんなメッセージを文藝春秋に残している（『渡部昇一の世界史最終講義』飛鳥新社）。

かつて朝日新聞に『週刊文春』のコラムを歪曲して紹介され叩かれたとき、『文藝春秋』に反論を書かせてもらったことが渡部さんにはあった。

このときの安藤満編集長（のちの社長）は、「古いタイプで、『文藝春秋は、朝日新聞とＮＨＫとは別のことを言う』という伝統を知る人だったから、私に反論を書かせてくれた」と指摘。

《残念なのは、文藝春秋は近年「朝日新聞とＮＨＫとは別のことを言う」という、かつてのジャーナリスティックな伝統をなくしてしまったことです。日本は悪いことをしたという意識を植え付けられた人たちが中心になり、リベラルになってしまいました。》

《（松井）社長がある会合で「極右の塊である現政権をこれ以上、暴走させてはならない」とあいさつしたといいますから、朝日と見紛うような状態です。

東京裁判史観に取り込まれ、マッカーサーを賛美する半藤一利（元専務）や保阪正康といった人たちが歴史観の基調を握っているのは危ない。》

そういえば、ある女性編集者が二十年ほど前だったか、「仙頭さん、面接した学生に、どうしてわが社を受けたのかと聞いたら、『諸君！』が好きだからって、仙頭さんみたいなことを言うから、そんな変人は落としちゃったわよ、ハハハ」と、冗談っぽく話しかけてきたことがあった。その学生が『諸君！』と言ったら、僕の顔が浮かんで（？）落としたのではなく、総合的に判断してのものだっただろうが……。

あとで詳しく触れる坪内祐三さんも三十数年前に、文藝春秋を受けたとき、希望部署を聞かれて『諸君！』と答えたことがあったそうな。『右であれ左であれ、思想はネットでは伝わらない。』（幻戯書房）の「池島信平」さんのところでこんなことを書いている。

《そういえば私は、文春の入社試験の時、面接（当時は筆記試験の前に仮面接があったのです）で、もし雑誌だったらどの雑誌に行きたい、と尋ねられ、『諸君！』です、と答えたら、面接官の人から不思議そうな顔をされたのを憶えています。》

そのころから『諸君！』は、社内でも風変わりな雑誌と不思議に思われていたのかもしれない。文春に入れば、なにはともあれ『文藝春秋』編集部か、小説雑誌を希望するのが普通だと……。

しかし、僕が文春に入ったあと、面接などを担当したこともあったが、男なら『Ｎｕｍｂｅｒ』希望とか、女なら『ＣＲＥＡ』希望というのが標準的な答えだった……。まれに、清水幾太郎さんの秘書をやっていた伊藤冬美さんが、大学での教え子が『諸君！』が好きなので文春を受けたい……と言って連れてきたりしたことがあったぐらいだ（あいにく通らなかった。当時は社員推薦があれば、書類選考は必ず通るのだが、そのあとの試験で落ちた）。

ともあれ、坪内さんがそのとき文春に入り、『諸君！』編集部に配属されていれば、堤堯さんのときの『諸君！』。坪内さんと僕とは学年的には同じ。彼は一浪し、僕は現役合格だが一休したので、卒業年次は同じ。「もしも（イフ）」、彼が文春に入り『諸君！』配属となり、その少しあとに、研修生として僕が『諸君！』に行っていたら、どんな出会いが二人にあったことだろうか。

中学時代に『赤旗』『朝日ジャーナル』、高校時代に、中村菊男や「グループ１９８４年」の本や『自由』と出会ったり、大学時代に『諸君！』『改革者』やオーウェルや古女房などと遭遇……。そして社会人になってから……。ちょっとしたボタンの掛け違いやら誤解やら共感やら反感やらいろいろとあっての人生だなと思うしだいだ。

『諸君！』史上最高部数を記録した
2006年2月号

第4章
誰よりも『諸君！』を愛す

編集部員に渡した「プラン会議についてのお願い」

前述したように、中学時代からいろんな雑誌や本を読んで過ごし、松下政経塾を経て文藝春秋に入社し、二〇〇五年春に念願(?)の『諸君!』編集長になった。

内示を当時の上野徹社長から二月十六日にいただいたとき、「ペンネームの執筆もほどほどにね」と注意を受けた。当時、『自由』に読書(書評)エッセイを連載していた。一編集部員としてならいいが、編集長になると、いろいろと外部からの容喙もあるから……との懸念もあったようだ。実際、ネットなどで、その前後からいろいろと書く人もいた。文春から給料をもらっているくせに原稿料も稼いでいるとか……。

たしか毎月四百字換算で四十~五十枚前後書いていた。月刊誌の原稿料は普通一枚二千円~五千円ぐらいが相場。三千円なら十万円以上の原稿料になっただろう。しかし『自由』は原則、原稿料はなかった。宮崎正弘さんのような大物クラスだとあったが、それでも、四百字一枚あたり五百円とかのレベル(「しかも振り込みは半年遅れ。それでも福田恆存も三島由紀夫も書いていた。『自由』しかなかったから」――『アジアの覇者は誰か 習近平か、いやトランプと安倍だ!』ワック参照)。

大家は、一応、そんなふうに最低限度の原稿料は支払われていたようだが、僕などはお歳暮に「新巻き鮭」をもらった程度。でも、自由社からは印税もなかったが、自己負担もゼロで、本を四冊も出してもらった。知人が、ある自費出版会社から、手書き原稿だったこともあるが、小説本を出したとき、一千部前後の部数で三百万円払ったと聞いた。それで換算すると、四冊だと千二百万円相当がゼロ円……。それに毎回、四十人ぐらいの人に掲載誌を無料で送本してもらっていたから、実質、三万円相当の原稿料をもらっていた計算にはなろうか。

三月二十九日には、行きつけの新宿のバー「オフロード」で、知人たちが『諸君!』編集長就任を祝う会を開催してくれた。なぜか、某大臣も出席。

その前後、「世上を怒り嘆くばかりではなく、ユーモア感覚も忘れることなく、『暗い世の中も、切りようで明るくなる』との視点もあわせ持てればとも考えております」云々の挨拶状を出した。

上坂冬子さんから「仙頭『諸君!』の新装ぶりに注目させていただきます」等々のご返事をいただいたりしたが、『諸君!』元編集長の村田耕二さんからは、こんな激励をいただいた。

《ご挨拶状、ありがとう存じました。たしか学生のころの大兄を見知っている小生としては、ハウ・タイム・フライズと嘆ずるほかありません。『ユーモアも忘れず』とありましたが、『諸君!』にいま欠けているのは、それでしょう。もしアメリカが策を弄して大騒動を起こしたら、『諸君!』の大特集のタイトルは『正常位よ、永遠なれ』しかない。》

村田さんらしい、わかるようでちょっとわかりにくいブラック(エロス)ユーモアだった。

あと田中健五さんからは、□万円の入った現金書留が届いた。中には現金以外なにも入っていなくて、ご祝儀なのだろうかと思ったが。お返しに高知の品をお送りしたのだが、当時、遠方国に旅立っていたせいか戻ってきた。

ともあれ、二〇〇五年六月号から二〇〇七年五月号まで、丸二年間、編集長を務めることになった。それ以前の立林編集長時代の後半三年間、細井秀雄編集長時代の二年間はデスクをしていたので、連続して七年、『諸君!』に在籍したことになる（その前に、六年弱在籍したから計十三年弱在籍）。

編集長になってはじめての編集会議（二〇〇五年四月四日）の前に、こんな一枚のペーパーを部員（前島篤志、西本幸恒、深田政彦、三阪直弘）に渡した。

《プラン会議についてのお願い
①毎月、自分が編集長だったらという考えで、その月々にあった「特集」テーマを考えて（たとえば「中国経済特集」）、それに見合う筆者数人とそのテーマを挙げるかたちで出せるようなら出してみて下さい。
②内外の情勢厳しい折り、ただでさえ固くなりがちな『諸君!』に、小生（?・）です。少しは（笑）のあるユーモアめいた対談、座談会、エッセイ、連載（?・）企画なども是非考案して下さい。
③毎年、六月二日発売の七月号は、創刊号記念号になります。七月号、八月号に向けてのプランも歓迎です。
④六月号では、国連批判特集、東京裁判見直し特集、憲法改正特集を組む予定です。異動の

変わり目ということもあって、やむをえず早めに発注していますが、その関連のテーマでプランがあれば出してください。特に改憲問題に関しては、9条の改正案について四枚程度（実際の条文改正案も提示してもらって）を考えています。人選はあらゆる人対象です。「護憲派」にしても、いまの政府のような拡大解釈を許さないために、もっと理想主義に改正するべしという論で原稿を依頼できればと思います。進歩的文化人的な人も含めて幅広く人選をお願いします。いままで自分の担当してきた筆者の中からでも結構です。

⑤そのほか、何でも。形式的に校了の後、プラン会議を開きますが、その後でも随時、口頭でも結構ですから、どんどん思いついたプランを出してください。先ずは「思いつき」が大事ですから。

⑥あと、『諸君！』は新しい筆者の開拓の場でもあります。新聞、新書等々によく目を通され、文系、理系を問わず新人発掘に精出してください。「本の広場」（諸君！の著者インタビューなど）などは、そのきっかけの場になれば幸いです。

⑦初日の校了前日夜に特集のタイトル、リードなどを決定します。したがって、校了の前々日夜までに、それぞれ担当のタイトルを提示して下さい。それを元にしつつ、校了前日夕方までにタイトルを決定し、夜食後、すみやかにリード製作にとりかかれるようにしたいと思います（夜の十時ごろからトビラ製作に入れるように……）。》

池島信平さんの『雑誌記者』（中公文庫）は学生時代、愛読した。文春に入ってから、ときどきやってくるＯＢ訪問の学生たちには、「文春を受けるなら、この本を必ず読むように」と伝えたものだった。その中で、編集者（編集長）たるものの心構えなどを論じている箇所がある。

「編集者の武芸十八般」という見出しのところ。

武士ならば、弓・馬・槍・剣・水泳・抜刀・短刀・十手（じって）・銑鋧（しゅりけん）・含針（ふくみばり）・薙刀（なぎなた）・砲・捕手（とりて）・柔・棒・鎖鎌（くさりがま）・錑（もじり）・隠（しのび）を一通りマスターしておく必要があるのと同様に、編集者ならば……と。

①編集者は企画を樹てなければならない――「編集者はいつもよい企画を追い駆ける一種の猟人である。よく鼻の利く猟人で、追い込みがきき、確実に獲物を手にとりあげることに全力を挙げなければならない」。当たり前のことだが、なかなか難しい。
②編集者は原稿をとらなければならない。これも当たり前だが、難しい。
③編集者は文章を書けなければならない。談話筆記を編集者はしなくてはならないということ。
④編集者は座談会を司会しなければならない。これはまぁ……。
⑤編集者は絵画と写真について相当な知識をもっていなければならない。ううむ……。
⑥編集者は広告を作成しなければならない。

こういった条件は時代とともに若干の変化が生まれるだろうが、人によって得意、不得意な分野はあるだろう。オールマイティというわけにはいくまい。編集部も編集長以下数名はいる。それぞれ、部員の得意分野などをわきまえて、おたがい智恵を出し合えば、足りぬところをお互い補いながら、一冊の雑誌ができていくものだ。

『諸君！』のような雑誌の編集長は、海軍でいえば、駆逐艦、イージス艦の艦長ぐらいかなと思っていた。位でいえば「大佐」（一佐）ぐらいかと。小回りがきき、潜水艦相手には無論のこと、時には戦艦や空母相手にもそこそこの決戦を挑むこともできる軍備は備えている。

防衛大学校を出て軍隊（自衛隊）に入れば、「大佐」ぐらいにはなりたいものだと思うだろう。一般大学を出て幹部候補生として自衛隊に入っても同様だろう。その意味で、『諸君！』の「編集長」になれたことは、いい体験となった（『文藝春秋』編集長ともなると、昔なら「戦艦」、いまなら「空母」の艦長、中将くらいかな）。

新連載企画と「新人」発掘

ともあれ、それから怒濤《どとう》の二年間があっという間に過ぎていった。ただ、今回の本を書くにあたって、雑誌編集者時代のことを思い出すといえば、研修から入って、編集長になる前までの時代のことがほとんどだった。編集長時代のことは、「猪突猛進」すぎて、振り返るだけの精神的余裕がまだないような気もする。

とはいえ、まず、編集長になったとき、始めた新連載企画に関してひとこと。

先述した稲垣武さんの「一読惨憺」。普通は「名著」を読んで「一読賛嘆」となるのだが……。

「惨憺たる読後感」しか残らないような進歩的文化人たちの「迷著」をあえて取り上げ、切り刻むという趣向だった。

逆に、時事通信社の元ロンドン支局長の草野徹さんには「気になるアメリカン・ブックス」をお願いした。これはメッセンジャーズの昔のヒット曲「気になる女の子」をもじったもの。日本ではまだ翻訳されていない(いや、永遠に翻訳されない?)英語の「名著」を紹介してもらうという趣向だった。これはのちに、PHP研究所の白石さんのご尽力で、本になった(『アメリカの混迷:原書から読み解く「情報戦」の攻防』)。

そのほか、池谷伊佐夫さんの『古本蟲がゆく』を連載。これは全国各地の古本屋を行脚してもらい、池谷さん独特の鳥瞰図(イラスト)で古本屋内部を描いてもらいながらの古本蘊蓄も綴っていただく趣向。

会社の机のまわりが、売れない古本屋の店主のカウンターみたいになっていたぐらい古本好きだった細井秀雄編集長時代に、新連載プランとして提案していたのだが、採用されなかった(採用されれば自分が担当編集者となって同行できると考えていたのだが、自分が編集長になると、そんな時間的余裕がなくなり、担当は前島篤志デスクとなり、彼は取材同行できてハッピーだったようだ)。

この連載の最後には英国のヘイ・オン・ワイの古本の町にも出かけてもらおうと思っていた。しかし、「休刊」ということで頓挫。でも『文藝春秋』に売り込み、私費であったが、彼が英国のチャリング・クロスまで出かけた英国古本屋街エッセイを「掲載」してもらい、それも含めた連載分は、文藝春秋から一冊の本(『古本蟲がゆく:神保町からチャリング・クロス街まで』)になった。

出版部に異動したのち、この本の担当もした)。

そのほか、荒木和博さんの「月報『北朝鮮問題』」。これはかつて内藤国夫さんの「月報『創価学会問題』」が長期連載されていたのを見て思いついた。「創価学会」はかつて(いまも?)日本社会に大きな醜悪事件を巻き起こした団体。それと同様に(いや、それ以上に)「北朝鮮・朝鮮総連」は日本にとって「永遠の敵」となりうる存在ということで、拉致問題が解決するまで続けてもらうつもりだったが……。

あと「マイ・ラスト・ソング」を連載していた久世光彦さんが亡くなられたあと、ニューヨーク在住の小手鞠《こでまり》るい氏に「NY発エンキョリ通信」を、二〇〇六年十月号より連載していただいた。彼女のエッセイを読んでいたとき、この人はちゃんとした「リベラル」な方とピンとくるものがあり、依頼したしだいだ。

次に『諸君!』は新人発掘の場。部員時代にも、樋口恒晴さん(常磐大学教授)や丸山浩行さんや神谷万丈さん(防衛大学校教授)や中林美恵子さんなどに書いていただいたりしたが、デスク・編集長時代、こんな「新人」を見出した(あくまでも『諸君!』に初登場という意味。それ以前に、専門誌などで書いたりしていて、知る人ぞ知る存在だった人も「新人」として紹介)。

まずは、ケヴィン・ドークさん。ジョージタウン大学教授。日本語ができる人。メールも日本語でやりとりができるから、取材の依頼をすることもできた。すでに学術書として『日本浪漫派とナショナリズム』(柏書房)を出していた。『諸君!』では在米ジャーナリストの池原麻里子さんがインタビューするかたちで御原稿をいただいた。「バチカンも容認　参拝は『聖なるもの』

へのアプローチだ」（二〇〇六年八月号）。すると、PHPの白石さんが、『大声で歌え「君が代」を』（PHP研究所、二〇〇九年）を刊行。その後、『日本人が気付かない世界一素晴らしい国・日本』（ワック株式会社、二〇一六年）という本も出た。

次は、産経新聞の阿比留瑠比さん。奈須田敬さんと田久保忠衛さんのお二人による「文化同友会」のゲストによくお見えになっていたので、国内政治ものをお願いしたのだが、そのときは多忙を理由に書いてもらえなかった。その後のご活躍はご案内のとおり。文春を辞める直前に、企画立案し異動のため引き継いでもらった『総理の誕生』が文春から本になった。その後、ワックからも『安倍晋三の闘い：官邸からの報告』を担当し刊行した。

在米の伊藤貫さん。お姉さんは国会議員。その事務所でたまたま巡り会い、大変おもしろい戦略論を展開するので、「日本も核武装をという米国の声」（二〇〇三年四月号）をはじめご登場いただいた。すると、これまた、PHPの白石さんが『中国の「核」が世界を制す』（PHP研究所）という本を二〇〇六年に刊行した。

あと地政学問題やミアシャイマー、ルトワックなどの紹介者で知られる奥山真司さん。彼が二〇〇四年に『地政学：アメリカの世界戦略地図』（五月書房）を出したとき、すぐに会いに行った。そして「副島隆彦」さんとの遭遇と離別（訣別？）体験をたがいに語り合い、意気投合したしだい（「副島隆彦さんとの遭遇と離別」も本来書くべきであるが……）。

シカゴ大学のミアシャイマーのおもしろい本（『大国政治の悲劇：米中は必ず衝突する！』五月書房）を訳しているというので、そのエッセンス（解説と訳文）を『諸君！』（二〇〇五年九月号）に掲載

（「米・地政学の権威が予測：20XX年 中国はアメリカと激突する」）。

ミアシャイマーのこの論文は、あとでも触れるが、きわめてシャープなもの。当時、国際関係論の某専門家に「ミアシャイマーってご存じですか」とお尋ねすると「知らない」との返事をいただき、ううむ……と思ったりもしたことがあったが、その後、副島隆彦さんによる訳書（『イスラエル・ロビーとアメリカの外交政策（1・2）』講談社）も出て、日本でもかなり有名になった。

そのあとも、奥山さんには、当時、国際問題の新進気鋭の論客であった坂元一哉氏（大阪大学教授）、村田晃嗣氏（同志社大学教授）との京都での鼎談にも出ていただいた（「過信は禁物　日米同盟は盤石ならず」二〇〇六年一月号）。坂元さんと村田さんのお二人は、「奥山フー？」という感じだったが……。

村田さんには、「仙頭さん、京都のお祭り（時代祭りだったか）を見るために、こんな座談会の企画を立てたんですか」と聞かれたりしたが、そんなことはない。お祭りがあるなんて知らなかった。ただ、奥山さんは日帰りだったが、僕は京都に一泊して、翌日の京都の古本市（大本山百万遍知恩寺境内）には出かけた記憶はある。その古本市の日程に合わせて、鼎談の日程を決めたかも（?）。

あとユニークだったのが、金沢大学教授の仲正昌樹さん。統一協会の信者だったことはあるが、どちらかというとリベラルな学者。編集部員（深田政彦氏）がおもしろい人だというので、晶文社から出ていた彼の本（『なぜ「話」は通じないのか：コミュニケーションの不自由論』）を読むと、たしかにおもしろい。

ということで、「この世の嫌われモノをどうする!:タバコ・フェミニスト・監視カメラ・人権擁護法案」（小谷野敦氏・八木秀次氏との座談会・二〇〇五年十二月号）に出ていただいた。

すると、その内容をめぐって、それまで仲正さんを仲間だと思っていたフェミニストやリベラル左派の面々から、彼がいろいろと罵倒されることになってしまった。「ネトウヨ」ならぬ「ネトサヨ」のようなところ（?）から、いろいろと批判され、トークショーをやる予定だった左派論客の北田暁大さんまでが、事前にゴチャゴチャ言い出し、トークショーのときにはこんなセリフも出てきたというのだ。

《「この時機に仲正さんが、『諸君!』という『論座』の十倍も売れている雑誌で、八木さんや小谷野さんと、ジェンダーフリーに反対するような鼎談をやっているというのは、大きな問題ですよ」

「仲正さんを基本的に信頼しているので、『諸君!』に出たからといって、右翼になったとは思いませんが、これまで左翼叩きをしている内に、右に行ってしまった人たちが何人もいる」》

ということで、そういう体験をしたことを、「北田暁大に告ぐ:『諸君!』に出て何が悪い」（二〇〇六年二月号）と題して書いていただいた。そのあとも、「あんたたちが『下流社会』化の元凶だ」（二〇〇六年三月号）、『規制緩和』と『格差拡大』は無関係だ」（二〇〇六年四月号）などでご登場いただいた。

仲正氏は、そのあと、統一協会時代の体験記『Nの肖像…統一教会で過ごした日々の記憶』（双風舎）を刊行しているが、北田さんも、栗原裕一郎氏&後藤和智氏との鼎談本『現代ニッポン論壇事情…社会批評の30年史』（イースト・プレス）を刊行。内田樹氏や小熊英二氏や白井聡氏や、岩波・朝日文化人などへの批判もあり、また、モリ・カケ問題が出る前や厚労省の統計詐称問題が発覚する前に収録し、刊行された本ということもあるかもしれないが、基本的テーマは「アベノミクス」で、客観的に論評しているのが目に留まった。

それ（アベノミクス）を悪しざまに批判する岩波・朝日文化人などに対して、「大学院に本当に学生が来なくなっていて困るぐらいに、本当に劇的に変わっている。初任給もそうですよね。でも左翼の中ではそこら辺はスーッと、ないことになっている（笑）。『非正規雇用が増えた』って、それ退職後のおっさんたちの再就職だから」「少なくともアベノミクス全否定はありえない」「それなのに、時々失敗している感じの経済指標とか見ると、大喜びでツイートしたりするでしょう。それはやっぱり、ちょっと病気だなと思ってしまう。よくなったところはいいじゃんという発想がなくて、『安倍危険』という思想が先に立ってしまっている。気持ちとしてはわからなくもないし、政治家として厳しく批判されてしかるべき人だと思うけれど、僕はそこまで安倍さん個人を悪魔化・非凡庸化したくはないので」（北田）と述べていたのは新鮮だった。

もし、いま、『諸君!』があれば、北田さんにも声をかけて、八木さん、小谷野さんとの鼎談に出てもらうよう交渉したかもしれない。

「ああ言われたら――こう言い返せ」特集

ともあれ、北田さんが言うように当時の『諸君!』が『論座』の十倍も売れていたかどうかは知らないが、編集長になってすぐの号(二〇〇五年六月号)か、八月号かで、実売部数が、田中健五さんが編集の創刊号で達成していた最高実売部数を運良く上回ることができた。そのあと、冒頭の「社中日記」でも触れられていた二〇〇六年二月号と四月号でも上回ったことがあった。

二〇〇五年の秋の段階で「社長賞」をくださいと、当時の編集担当の重役だった笹本さんにアピールすると、「まぁ、三浦事件のようなスクープでないと……」とのことで、金一封(十万円)をいただき、編集部員で六本木の中国飯店で上海蟹をたらふく食べた(そのあと「社長賞」の垣根はガクンと下がり、毎月のように、社員を鼓舞するために乱発されるようになっていくのだが……)。

ちなみに、二〇〇五年八月号の特集は「中国に尻尾をふる朝日とポチ政治家の大罪」(遠藤浩一氏)や「中国の横車を許してなるものか」(安倍晋三氏&岡崎久彦氏)など靖国特集をやっていた。変わりダネとして、当時、民主党の国会議員だった原口一博さんにも「小泉首相、靖國で会いましょう」ということで「岡田代表、私は参拝します」「民主党代議士の憂国宣言」なるものを掲載していただいた。原口氏は政経塾の後輩でもあり、民主党にあっては保守系議員として知られていた。「靖國で~」というのはフランク永井さんの「有楽町で逢いましょう」のもじり……。

そのほか、『『東京裁判』を誌上『再審』する」と題して、「戦勝国こそ超A級戦犯がゾロゾロ」

と題して「田久保忠衛氏・上坂冬子氏・鳥海靖氏・平川祐弘氏」の座談会、「中国こそ『平和に対する罪』『人道に対する罪』ではないか」と題して、櫻井よしこ氏・八木秀次氏・庄司潤一郎氏・橋爪大三郎氏の座談会などを掲載した。そういう歴史特集が読者に受けたのかもしれない。

二〇〇六年二月号は「もし中国（胡錦濤）にああ言われたら――こう言い返せ」という特集を組んだ。日清戦争以降の近現代史における中国発の数々の「歴史の嘘」にいつまでも平伏するのはもう止めよう。反省すべきは反省しつつも反論すべきは冷静に反論しようではないか。斯界の権威が分かりやすく「歴史の真実」を追求――との前説。

そして以下のラインナップだった。

《開講の言葉――中嶋嶺雄「歴史認識と真実との恐るべき隔たり」

1「日清戦争は侵略だった」と言われたら／別宮暖朗
2「福沢諭吉は『アジア侵略者』だ」と言われたら／平山洋
3「義和団事件で日本は西欧帝国主義の尻馬に乗った」と言われたら／黄文雄
4「日露戦争は大陸侵攻の足掛かりだった」と言われたら／井上寿一
5「日本から学んだものは何もない」と言われたら／北村稔
6「対支21カ条要求は屈辱だ」と言われたら／岡崎久彦
7「日本は中国革命の敵だ」と言われたら／西木正明
8「日本は満州を横取りした」と言われたら／宮脇淳子

9 「リットン報告は満州事変を侵略と断罪した」と言われたら／田久保忠衛
10 「国共合作で、中国は一体で抗日戦争を戦った」と言われたら／名越健郎
11 「盧溝橋事件は日本軍の謀略で戦争が始まった」と言われたら／秦郁彦
12 「日中戦争の死傷者３５００万、南京大虐殺30万を認めろ」と言われたら／櫻井よしこ
13 「『万人坑』『三光作戦』『７３１』で大量殺戮された」と言われたら／田辺敏雄
14 「中国共産党が日帝を打ち破った」と言われたら／鳥居民
15 「汪兆銘ら対日協力者・漢奸は売国奴だ」と言われたら／譚璐美
16 「台湾は植民地として搾取された」と言われたら／酒井亨
17 『支那』は差別語だ」と言われたら／小谷野敦
18 「朝鮮戦争はアメリカの侵略戦争だ」と言われたら／中島光子
19 「チベットは中国領、虐殺非難は内政干渉だ」と言われたら／酒井信彦
20 「尖閣、そして沖縄までは中国の領土」と言われたら／山本皓一
21 「台湾は中国の一部だ」と言われたら／渋谷司
22 「歴史認識を改めないと、日本企業を排斥するぞ」と言われたら／泉幸男
23 「日本は対中賠償をしていない」と言われたら／青木直人
24 「毒ガス、遺留兵器による被害は日本の責任だ」と言われたら／中西昭彦
25 「日本は軍国主義化、右傾化している」と言われたら／潮匡人
26 「中国は核兵器で日本を五分でやっつけるぞ」と言われたら／平松茂雄

27「A級戦犯を祀る靖國に首相・閣僚が参拝するのはケシカラン」と言われたら／新田均
28「朝日は中国の主張を認める良識ある新聞だ」と言われたら／稲垣武
29「中国は立派な民主主義国だ」と言われたら／孫国鳳
30「日本は安保理常任理事国の資格がない」と言われたら／古森義久
31「日本の歴史教科書は間違っている」と言われたら／鳥海靖》

前述したように、中嶋嶺雄さんに相談しながら、テーマ、筆者を考えた（この内容は、一部取捨選択しつつ文春新書の一冊として出てもいる（中嶋嶺雄編著『歴史の嘘を見破る：日中近現代史の争点35』）。いま読み返しても、もっともな「論点」だと思う。そして「反論」も冷静に論じたものばかり。これを「（ネト）ウヨ」言説という人がいれば、ご自身が「中国を祖国とする偏狭なナショナリズム」に感染しているというしかあるまい。

また、中嶋さんと中條高徳さんとの対談「中国に物言えぬ財界人よ：「社益」を排し「国益」を直視せよ」という対談もあわせて掲載した。

じつはこの対談、「鼎談」の予定だった。中嶋さんは学者だが、「財界人」に対する呼びかけなのだから、OBとして、アサヒビールの副社長などを歴任した中條さんと、もう一人、某大手調味料メーカーの副社長などを歴任したMさんにもお願いしていた。東京駅近くの八重洲富士屋ホテルの会議室で無事鼎談を行なったのだが……。そのすぐあとに、Mさんから「じつは会社が……」と。

要は、経営に直接タッチしていないとはいえ、元幹部がそういう中国批判の鼎談に出ると、中国の覚えが悪くなるのでよしてほしいと言われ、辞退したいと言い出したのだ。やれやれ……。なんという情けないやつだと思った。最初から断ってくるならまだしも……。しかたなく、鼎談だったのを、そのMさんの発言などは割愛しつつ対談としてまとめることになった。

そのあとも、この元幹部は、教科書問題やら歴史問題の会合には参加して、もっともらしいことをしゃべっているのを耳にすることもあったが、「敵前逃亡」のくせに……という思いは消えないままだ。爾来、会合で見かけても、挨拶もしないことにしている。人間、ジキルとハイドではあるけど、あまりにも見苦しいから。

「あら、今月号は珍しく売れているみたいね」

ともあれ、冒頭の「社中日記」でも記されていたように、編集長時代「ああ言われたら――こう言い返せ」シリーズで同誌史上最高部数を記録したとあるのは、この号（二〇〇六年二月号）だった。

これは、二〇〇六年一月二日の発売ではなく、二〇〇五年十二月二十四日（土曜日）の発売だった。その日、土曜日ということもあって、銀座三越で家族と食事したあと、そこにあった書店に寄ったら、目の前で次々と『諸君！』を手にする人が続くのを見て、驚いたことを覚えている。

松原正さんに連載を依頼しなかったことをずっと恨みに思っていて、日ごろはシニカルな古女房が、「あら、今月号は珍しく売れているみたいね」と言ったぐらいだ。僕はレジで『諸君！』を手にして並んでいる人たちに、そっと頭を垂れた（お買い上げありがとうございます）。

日記にもこう書いていた。

《二〇〇五年十二月二十六日（月）

今月号（十二月二十四日発売）は好調な出足のようだ。紀伊國屋の全国売れ行きデータを見ると、十二月二十四日、二十五日、二十六日と三日続けて「月刊誌」の売れ行きベスト10に『諸君！』が入っている。『WiLL』は今日発売だが、その『WiLL』にも三日目なのに勝っている（三日目は地方の発売日に相当するという事情もあるにせよ）。『正論』は低迷状態といったところか。今年一年、編集長になってから、良かったりイマイチだったり……。六勝三敗のペースか、六勝二敗一引分のパターンか……。》

中国の次は、「韓国・北朝鮮」ということで、二〇〇六年四月号で以下の特集を組んだ。

「もし韓国（盧武鉉）・北朝鮮（金正日）にああ言われたら――こう言い返せ」25講座

《【開講の言葉】真実に立脚した「歴史認識」ではなく、感情と思い込みで歪曲された「歴史認識」をいくら振り回しても相手の胸には響かない。韓流ドラマやマスゲームを見ながら談笑するのもいいけれど、時には談論風発といこうではないか――

1「安重根は民族の英雄である」と言われたら／木村幹
2「日韓併合条約は無効である」と言われたら／原田武夫
3「創氏改名で民族名を奪われた」と言われたら／永島広紀
4「日帝は朝鮮語を抹殺した」と言われたら／荒木信子
5「金日成、李承晩等による抵抗運動で日帝を打破した」と言われたら／玉城素
6「従軍慰安婦は日本軍に強制連行された」と言われたら／西岡力
7「在日韓国&朝鮮人は『強制連行』の子孫だ」と言われたら／鄭大均
8「韓国への戦後賠償はまだ済んでいない」と言われたら／冨山泰
9「北朝鮮への帰還運動の悲劇の責任は日本にある」と言われたら／浅川晃広
10「韓国の高度成長は自力で達成した」と言われたら／百瀬格
11「天皇を『日王』と呼んで何が悪い」と言われたら／黒田勝弘
12「竹島は日本領土に非ず、日本海は『東海』だ」と言われたら／下條正男
13「韓国の焼肉が世界一美味い」と言われたら／宮塚利雄
14「剣道、茶道は韓国伝来である」と言われたら／竹嶋渉
15「韓国には言論の自由がある」と言われたら／豊田有恒
16「日本の歴史教科書はデタラメである」と言われたら／竹内睦泰
17「科学技術力は韓国の方が上だ」と言われたら／泉谷渉

18「偽札作り、麻薬製造はしていない」と言われたら／高世仁
19「ヨン様ドラマに日本人は感動した」と言われたら／倉田真由美
20「盧武鉉大統領は素晴らしい改革者である」と言われたら／野村旗守
21「核武装していない日本など怖くない」と言われたら／兵頭二十八
22「拉致は解決済み、早く経済協力をしろ」と言われたら／島田洋一
23「太陽政策で南北統一を実現してみせる」と言われたら／神谷不二
24「韓国では外国人に地方参政権を与えた。だから日本も見習え」と言われたら／百地章
25「韓国はドイツW杯でまたベスト4に入るぞ」と言われたら／西村幸祐》

在日出身の方々にもご登場いただいた。この講座以外にも、「韓流『自己絶対正義』の心理構造」と題して、櫻井よしこ氏＆関川夏央氏＆古田博司氏の鼎談や、ジョージ・アキタさんの「日韓併合後の歴史を『圧制』『搾取』『災厄』『剝奪』で語るのはもはや時代錯誤だ」という論文も掲載している。この号もじつによく売れた。営業部員が書いた「完売御礼」の一筆が編集部周辺、社内のエレベーター脇に貼られたものだった。

鄭大均氏＆古田博司氏編で『韓国・北朝鮮の嘘を見破る：近現代史の争点30』として文春新書にもなった（雑誌掲載のものを取捨選択したりしている）。

さすがに、「ああ言われたら」シリーズはこれでオシマイとなるはずだったが、一応、引き続き、二〇〇六年七月号では「もし朝日新聞にああ言われたら――こう言い返せ」をやった。

稲垣武さんをはじめ、青山昌史さん、本郷美則さんなど朝日OBにもご登場いただいている。

二〇〇七年一月号では「もしアメリカ（ブッシュ&ヒラリー）にああ言われたら――こう言い返せ」とやった。いずれも、先の二号ほどの売れ行きは示さなかった。文春新書にもなっていないが、そういった三十前後の項目を思案したり、筆者も選んだりいろいろとそれなりに頭を使う作業は楽しいもの。そういう特集の内容そのものに対しては、批判するよりも無視して、タイトルがどうのこうのとみなして、「ネトウヨ」だとかレッテル貼りをして、事実上、中国や韓国や北朝鮮の「感情論」を擁護するというのが、左翼系の人々の「半知性主義的対応」だったといえようか。

その実例を、以下少し論じておきたい。

一知半解の『諸君!』批判は失笑モノ

『諸君!』編集長になったとき、朝日の内部雑誌『AIR21』というのが送られてきていた。朝日記者（元『論座』編集長）の上丸洋一氏が「『諸君!』『正論』の研究」というのを連載していて、それを読んだらいかが……という感じだっただろうか。開封したが、特に読む気にもならず、脇の本棚に押し込んだままだった。

そのあと、その連載は『『諸君!』『正論』の研究：保守言論はどう変容してきたか』（岩波書店）という分厚い本になって二〇一一年に刊行された。著者は一九五五年生まれ。朝日新聞編集委員

（元『論座』編集長）だそうな。

本になってはじめて通読した。基本的な立場は、典型的な左派といったところか。いわゆる保守言論も、かつては「良質」なものがあったが、どんどん右傾化、過激化して偏狭なものに「変質」していったと言いたいような筆致というか、牽強付会、一知半解の指摘の数々には失笑を禁じ得なかった。それを若干、検証していくことにしたい。

この本の「あとがき」で啞然としたのが、『諸君！』（二〇〇一年一月号）に載った「人権なき超大国の正体：中国の『ウイグル人迫害』報告」を書いた「ジャーナリスト酒枝響子」に対する批判だった。

上丸氏は、この酒枝論文の中で「私（注・酒枝）が日本人だと知ると、『どうして南京でもっと奴ら（漢族）を殺しておかなかったんだ』などと囁いてくるウイグル人に魏公村で何人も出会った」と記していることを批判していた。

そういうウイグル人に対して、酒枝氏が、「その度、『そんなことを言ってはいけない。日中戦争期の南京虐殺は日本人として本当に申し訳なく恥ずかしいと思う』と答え」たと紹介しつつも、「それにしても、『何人も』のウイグル人が、どうして南京でもっと漢民族を殺しておかなかったのかと日本人に話しかける、などということが本当にあり得るだろうか。私には到底、信じがたい。反中国感情を煽るための作り話ではないか、と私は疑う」「『酒枝響子』はその後、『諸君！』二〇〇四年九月号に執筆したのを最後に、雑誌メディアから姿を消す。このように、両誌に登場して一、二年で消えてしまうライターは、『諸君！』『正論』の歴史上、枚挙にいとまがない」と批判している。

要は、上丸氏は、酒枝氏はペンネームのろくでもない右翼ライターの捏造屋だと見なしているようだ（そうは書いていないが）。だが、酒枝氏は、中国で留学生活をしたりしていたために本名を明かすことができなかった、新進気鋭の中国研究家である水谷尚子氏の筆名であるということは知る人ぞ知る事実である。

彼女は本名で『世界』などで原稿を書いていた人だった。「私はなぜ東史郎氏に異議を唱えるか」（一九九九年八月号）、「趙安博回想録：日中関係史の一断面」（一九九八年十月号）と。南京虐殺派の藤原彰氏編の『日中戦争下中国における日本人の反戦活動』（青木書店）にも寄稿している。『週刊金曜日』や『戦争責任研究』にも寄稿していた。

先に引用している文にしても、そういうウイグル人の「妄言」（?）に対して、「そうそう、あのとき、徹底的にシナ人をやっつけていたらよかったのにねぇ」などと「酒枝」さんが相槌を打ったならともかく、ちゃんと戒めているではないか。

ウイグル人の「反中国感情を煽る」どころか、「そのたび、『そんなことを言ってはいけない。日中戦争期の南京虐殺は日本人として本当に申し訳なく恥ずかしいと思う』と答えた」のであり、「水をぶっかけている」ではないか。

それなのに、そういう筆致で批判するのは感情論すぎておかしいというしかあるまい。人の文章をよく読めと言いたくもなる。

水谷氏は、いささか親中派になっていた『世界』が彼女の原稿を掲載しなくなり、古森義久さんなどの紹介があって、『諸君!』や『SAPIO』に原稿を書くようになったものの、当時はペンネームを使用せざるをえなかったというだけだ。

その後、一定の経過を経て本名で原稿を書くようになり、『諸君!』に連載したウイグル問題などをまとめた『中国を追われたウイグル人：亡命者が語る政治弾圧』(文春新書)を二〇〇七年に刊行。この書は毎日新聞社が設立した一般社団法人アジア調査会の創立二十五周年を記念して一九八九年に創設された毎日新聞提供の「アジア・太平洋賞」(第二十回・二〇〇八年)の特別賞を受賞している。

上丸氏は新疆ウイグル自治区を取材したことがあると記しているが、通訳に内緒で夜間一時間ほどホテルの周辺をぶらついただけ。それでも「漢民族の通訳が、危険ですからやめてください」と青ざめた顔つきで言ったそうな。

ということは、ウイグル人が本音で反漢民族暴言を吐いても、それを理解することはできないし、漢民族の通訳が的確に訳してくれるわけもなかろう。まったくの自力で取材した水谷さんの足元にも及ばないウイグル取材だったことだろう。

自分の取材不足を棚に上げて、真摯に深くウイグル人の取材を海外の亡命者にまで広げていた水谷氏を侮辱するのもほどほどにするがいい。彼女はノーベル平和賞候補ともいわれるラビア・カーディルさんの『ウイグルの母 ラビア・カーディル自伝：中国に一番憎まれている女性』(武田ランダムハウスジャパン)の刊行にも協力し、中国からは好ましくない人物として入国を一時拒否されたこともある、勇気ある研究者だ。

追放されるのを恐れて、林彪は失脚していない……とヨタ記事を書いていた、どっかの新聞社の特派員とは知的レベルが違う。

二〇一八年七月十九日には、NHKBS1ワールドウォッチングにも出演し、「中国でウイグル族大量拘束　今何が?」をテーマに語っている(この番組は中国ではプッツンされただろう)。

ちなみに彼女は、なんと僕と同じ高知県出身者。土佐では、女性は「いごっそう」ではなく「はちきん」と呼ばれることが多い。「男勝りの女性」といった程度のニュアンスだが、右も左も蹴っ飛ばす猛女だ……。怒らせたら怖いぜよ(?)。

「取材不足」「知らぬが仏」にもホドがある

そもそも、水谷尚子さんは、二〇〇五年九月に刊行した『「反日」解剖：歪んだ中国の「愛国」』(文藝春秋)に、そうした酒枝響子名義の『諸君!』や『SAPIO』の論文を収録しており、「酒枝響子はペンネーム」と「初出一覧」(三五四頁)に明記もしている。

上丸氏の本は、二〇一一年六月の刊行。酒枝氏が水谷さんだというのは二〇〇五年の段階で「公開情報」として知られていたのであり、その意味からも、「酒枝響子はその後、『諸君!』二〇〇四年九月号に執筆したのを最後に、雑誌メディアから姿を消す。このように、両誌に登場して一、二年で姿を消してしまうライターは、『諸君!』『正論』の歴史上、枚挙にいとまがない」と批判するのはまったくのお門違い、取材不足というしかあるまい。「知らぬが仏」にもホドがある。

水谷氏は、その本で、「『諸君！』に執筆しようものなら、『進歩的』思想を持つ昔の指導教官から破門宣告されてしまう。一方で、『諸君！』の古くからの読者からは、『魚釣島上陸者のような〝犯罪者〟の話など、どうして取り上げるのだ』と叱られた」と記している。

読者はいろいろといるが、指導教官ともなれば、それなりの知性の持ち主のはず。その人が、その程度のことで「破門宣告」するとなれば、左翼教条主義者の「反知性主義」なるものがどの程度の低さかわかるだろう。もちろん、そういうのは右であれ左であれ真ん中であれ、存在するのであって、特定できるものではなかろうが……。

そういえば、東京裁判などに関して研究成果を発表していた若手学者が、『諸君！』にそれを発表したところ、「内定」していた大学での採用が、岩波文化人の長老だった左翼学長の意向でキャンセルされたという話を聞いたことがある。それは一九九〇年前後の話だったが、そういう「言論弾圧」もあるのだ。

われわれ編集者は、自分が疑問に思ったり、おもしろいと思ったりすることを読者に伝えようとして、調べたり、筆者を見つけてきて書いてもらったりする仕事だ。事実を歪めて特定の政治勢力のために役立てようとすることは戒める。

だから、中共嫌いで台湾に新婚旅行に行った「親台派」を自認するわが身といっても、ついつい、おもしろい発想だと思って、「台湾独立は望まない？　李登輝は『転向』したのか」（二〇〇七年四月号）というエッセイを酒井亨氏に書いてもらったりすると、李登輝友の会関係者からお叱りを受けたりもしたのだ（次号投書欄に反論掲載）。

しかし毛沢東だって、スターリンだって、レーニンだって、ヒトラーだって、金日成だって、人間的にも政策的にも、悪いところばかりではなく、どこかいいところもあるだろう。ゴキブリやネズミだって、人間にとって役立つ、いいところもあるはず。

逆に松下幸之助さんや李登輝さんや昭和天皇にだって、いいところばかりではなく悪いところもあるだろう。その比重にあわせて批判したり評価したりするのは当たり前のこと。ただ、何十万、何百万、何千万もの人を直接指示で殺戮《さつりく》した「指導者」になかなかいいところは見つからないだろうが……。

ともあれ、先の水谷さんの文春新書の内容は、僕がデスク、編集長時代に『諸君！』で連載されたものを加筆してまとめたものだ。このとき、彼女はウイグル関係者（亡命者）への取材で欧州などに飛び、その取材費たるや、先の鈴木明さんの比ではなく（?）、そのため、『諸君！』休刊の一因になったとも言われている（というのは嘘だが）。

この本では、亡命ウイグル人などが、謎の事故死に遭ったりしている例が出てくる。謀殺？　そういうこともあって、「あとがき」などでも、編集者への献辞などは一切省略されている。中国当局の恨みをかわないようにとの配慮からだったと聞いている……。

水谷氏は、その文春新書以前に、先の『「反日」解剖：歪んだ中国の「愛国」』以外にも、『「反日」以前：中国対日工作者たちの回想』といった単行本も文藝春秋から刊行している。

『「反日」以前』のアマゾンレビューにはこういう指摘がある。

《岩波は真実を語るべきである　投稿者 小谷野敦　２００６年10月２日
　わが敬愛する水谷さんの二冊目の本である。ところが本書中、シナの対日工作員だった故趙安博のインタビューで、１９９８年に『世界』に掲載されたもののうち、戦後の部分が『世界』編集部の意向で削られたとあり、そこには日本共産党が伊藤律の処刑を中共に依頼したところ断られたとあって、これは当時新聞報道されたものだが、水谷さんはこれを、当時日共と中共の雪どけムードに水をさすことを『世界』編集部が恐れたからだろう、と書いている。この箇所が正確ではないというので岩波が文春に抗議、文春は謝罪広告を出すというのだが、ネット上の謝罪広告を見ても、ではなぜ『世界』編集部がカットしたのか、真実が分からない。こんな説明では読者は納得しないだろう。文春と岩波は、真実をはっきり語るべきである。》

　この「おわび」の経緯に関しては詳細を僕は知らないが、当時、出版部でこの本を担当したのは、のちに社長になる松井清人氏であった。「おわび」は『本の話』にたしか掲載された（ネット上でも見ることが可能）。当時、『諸君！』にいたので、「岩波のおわび要請が、横やりだったら、『諸君！』で叩きますよ」と松井氏に言ったのだが、「いや、そういう次元じゃないんだよなぁ……」とのことだった。

　それにしても、先の本の「あとがき」の無礼極まる筆致一つとっても、この著者（上丸氏）のジャーナリズム的感覚の限界を感じないではいられない。単細胞的な先入観が著しく強い人なのだろう（だが僕も、若いころはそんなところもあったから「他山の石」としなくては……）。

共通の価値観を有していた『自由』と『諸君！』

あと上丸氏は、要は『諸君！』『正論』に比べて『自由』は少しマシだったと言いたいようだ。

《七〇年代半ばに大学生だった私は、『自由』という雑誌の存在は知っていた。しかし、手にとることはなかった。今回初めてバックナンバーを繰ってみて、意外にリベラルな記事が多いことに驚いた。》

なるほど……。ちなみに竹内洋氏は、その著『革新幻想の戦後史』（中央公論新社）で、『自由』遭遇体験を綴っている。『世界』を大学生のころから読み出したもののイマイチの感じだったこともあり、『中央公論』を読み出したという。高坂正堯さんなどが登場していたころ。やがて大学院生になってはじめて『自由』を読むようになったという。二十六歳のときには『自由』（一九六八年九月号）の投書欄に「現代社会の価値観」という文章が掲載されているとのこと。

僕も前述したとおり、中学生のときから愛読するようになった左派系『朝日ジャーナル』に嫌気を感じていたころに、高校二年ではじめて出会った総合雑誌が『自由』だった。

上丸氏の本には、拙文（江本陽彦、里縞政彦、城島了名義）の論文エッセイは引用されていないが、

『自由』には、自称（?・）編集委員&筆者として長年関与してきた。節度ある（?・）朝日批判もよく書いた。空想的軍国主義を批判しつつも、太平洋戦争（大東亜戦争）が結果としてであれ、アジア解放に一部貢献したことは、それなりに（あくまでも限定的にせよ）評価もした。

編集長（&社長）の石原萠記さんとも、「日本文化フォーラム」（『自由』）と「日本文化会議」（『諸君!』）との結びつきの行き違いや、『諸君!』刊行時の逸話などをよくうかがった。中村菊男さんの思い出話も。ケストラー旋風のエピソードも。

『戦後日本知識人の発言軌跡』『戦後日本知識人の発言軌跡 続』（自由社）でも、しばしば拙論にも触れていただいた。拙文を愛読しているという社会党右派系の政治家との一席も何度か設けていただいた。ジョージ・オーウェルについて『自由』に書いたとき、早稲田大学第一文学部の卒論でオーウェル論を書いたという小渕恵三首相からも、電話で「この筆者（僕）と話したいので連絡先を教えてくれと電話があったけど、教えなかったよ」とも。

石原さんも僕と同様に、ある意味で極端かつ伝統的な保守主義者ではなかったから、そのあたりの政治感覚もよく合ったものだった。しかし、徹底した「反共リベラル」同士ではあった。

というか、編集者は幅広い観点を持って仕事をするので、自分自身の思想・信条・心情も自然と「多様」「幅広」になりがちだ。左右の全体主義者（ファシスト&コミュニスト）や、極端な容共リベラル以外の人なら、おおむね筆者としても一読者としても許容範囲に入る。

吉本隆明さんなんかにも、文春時代に「上司」とお話をうかがいに自宅にお邪魔したこともあった。『「反核」異論』（深夜叢書社）に共鳴していたからだ。やがて、文藝春秋から、その「上司」

によって『わが「転向」』（文藝春秋）というかたち（書籍）で結実もした。「同じ『保守の雑誌』といっても、そのころの雑誌『自由』には（当然といえば当然なのだが）論理で読者を説得しようという姿勢があった。賛否は別にして、その主張は合理的な思考の枠内に収まっていた。その点、ひたすら読者の感情に訴えかけようとするかのような昨今の『諸君！』『正論』とは趣を異にしていた」と上丸氏は批判しているが、はてさて。

その批判の一端が、先の酒枝氏批判のような「反合理的」「感情に訴える」ものだから、どうにもなるまい。

先のウイグル人の訴え（どうして南京でもっと漢民族を殺しておかなかったのかと日本人に話しかける）も感情論ではあるが、少なくとも日本が負けなかったら、ウイグルやチベットは「独立」できていたかもしれない、だから、彼らがそう主張している——という「もしも（イフ）」の論理も成り立つだろう。それに立脚して一つの考えを表明することも可能なはず。それを感情論と思いたい人は、虐げられている少数民族より、それを弾圧する中国共産党を「愛する偏狭なナショナリスト（容共リベラル）」にすぎないだろう。

ともあれ、水谷氏は、『ニューズウィーク』（二〇一八年十月二十三日号）でも、「絶望収容所の著名人たち」「共産党はウイグルの文化人やスポーツ選手を次々捕らえ民族アイデンティティーを破壊しようとしている」との署名論文を書いている。ウイグルで中共のやっている施策は、驚くべき人権弾圧そのものだということが改めてよくわかる。サウジアラビアの反体制派ジャーナリスト暗殺もゆゆしき問題だが、そのレベルではない。ネトウヨともなんの関係もない、穏健な研究者である水谷さんでさえ、「文化大革命から既に半世紀を経ていながら、共産党は当時と同じ過ちを繰り返している。もはやジェノサイドと言っても過言ではない」と結語しているのだから……。

過去完了・終了形の日本の「昭和天皇の戦争責任」「朝鮮統治」「軍艦島」「徴用工」「慰安婦」「南京事件」「大陸侵略」を報道・研究するのもいいが、かつての日本軍・日本政府の圧政以上の惨事をもたらしている現在進行形の中国共産党・朝鮮労働党の統治を問い質すほうが先決ではないのか。

二〇一七年五月二十日に、霞が関ビルにある東海大学校友会館の部屋で、石原さんを追悼する会（「石原萠記先生お別れの会」）があった。『諸君!』初代編集長の田中健五さんも杖をつきながらも出席。花田紀凱さんも出席。加瀬英明さん、元社民連・民主党の江田五月さんも。連合会長の神津里季生さんも出席していた。

一度だけ名刺交換をしたことのある朝日記者も出席していた（その朝日社員が、石原さんの晩年の刊行物である『我が回想のアルバム』を編集担当していたことがあっての参加）。そういえば、文春を辞めるとき、二〇一六年の秋、一度、電話で石原さんとお話ししたものだった。そのとき朝日から本を出すと言っていたが、それがその本だった（会場でいただいた）。

僕の後を継いだ『諸君!』の最後の編集長（内田博人氏）の時代、『諸君!』はいささか部数が低減したようだが、それ以前の問題として、社の広告収入がリーマンショックもあって激減し、「黒字雑誌」ではない『諸君!』の面倒はもう見たくないという経営陣の決定で休刊（最終号・二〇

○九年六月号)。
同じころ、『自由』も休刊になった(最終号は二〇〇九年二月号。その号にも拙文「全体主義と闘った人と本(8)『人民戦線』と『左翼全体主義』の源流(4)オーウェルのカタロニアを訪ねて」が掲載されていた)。『諸君!』より先に遭遇し、投書も先に掲載してもらった『自由』の休刊は、『諸君!』の休刊以上に哀しくもあった。

その追悼会で配布された「思い出の一言」集に僕はこう書いた。


《『自由』と出会ったのはもう40年以上昔になります。高校二年生のとき、予備校の夏期講習のために上京。その帰りの新幹線に乗る時、東京駅そばにあった本屋で、『自由』と遭遇しました。1976年9月号だったかと。パラパラとめくって、自分自身の感性に合う雑誌だと直感したのです。それを買って、帰りの車中ひもときました。当時、僕は投書マニア(?)で、地元新聞やいろんな雑誌に投書をしていたこともあって、自由の投書欄に投書しました。が、投書したことを忘れていたのですが、高校の倫理社会の保守系の先生が、「仙頭君、自由に投書が載っているよ」と言ってくれたので掲載を知りました。当時、投書掲載者に掲載誌をおくっていたのかどうか? 田舎の本屋で一冊買い求めた記憶があります。

同じころ、中村菊男さんの編著『日米安保肯定論』を読みました。出版社は自由社ではなく有信堂。当時はまだ安保反対論者が、学校の先生や同級生にも多々いました。新鮮な記憶が残っています。

そのあと、大学に入学し上京。その前後から『自由』以外にも、『改革者』や『正論』や『諸君！』を愛読するようになりました。学生時代はよく『自由』に投書し掲載されました。ほかの雑誌にも掲載されたことはあったものの、いちばんよく投書し掲載してもらったということもあり、『自由』がいちばん好きな雑誌でしたね。中村菊男さんの本も探し求めて購入購読するようになりましたが、『日本国益論』など、自由社の本も何冊かあったかと。

大学卒業後、松下政経塾に入り、そのとき、塾内でまとめた「民主的労働運動の政治的役割」という長めの原稿を投稿し、１９８３年７月号の『自由』に掲載してもらいました。そのころから、表参道にあった「自由社」にお邪魔し、石原さんと面識を得た記憶があります。ちょうど34年前のことでした。

それ以降、本名での執筆は若干あったものの、文藝春秋に入ってからは、江本陽彦、里縞政彦、城島了などのペンネームを駆使して、毎月のように「読書日記」や「小論文」を書かせていただきました。何冊かの本も刊行していただきました。『オーウェル讃歌』『歪曲される「オーウェル」』『オーウェルと中村菊男』『20世紀の嘘』など。

校正ゲラをお届けしたとき、社におられるとしばしば歓談もさせていただきました。タバコの臭いも若干気になりましたが（?·）、自由社の応接室は広かったのでさほど気にはならず？楽しく拝聴させていただいたものです。中村菊男さんやら、さまざまな筆者との邂逅など。

原発の見学や中国への視察旅行にもよく誘われました。「花ちゃん（文春・花田さん）も行くから一緒に」と。ただ、当時から、原発に関しては、ちょっと距離を置いていて、また、中国は毛嫌いしていたこともあって、「土佐のいごっそう」でもあったので、参加はしませんでしたが……。

ともあれ、長い間お世話になりました。高校時代に『自由』と出会ったことが、雑誌編集者としての歩みにつながったのは間違いのない事実です。某新聞記者が、『自由』と『諸君！』を比較して、『自由』はまだマシだったとあれこれ論難しているのを読んだことがありますが、あんたには、『自由』の精神など、分かりはしなかっただろうに。》

最後に指摘した「某新聞記者」「あんた」とは「上丸洋一」さんのことであった。

お別れの会に出席していた田中健五さんも追悼の言葉を一言寄せていた。

《文藝春秋の社長だった池島信平さんは石原さんの『自由』をライバル誌だと言っていた。そこから雑誌『諸君！』が生まれた。あのころが懐かしい。》

『諸君！』最終号（二〇〇九年六月号）でも、田中さんは「『諸君！』は私の青春だった」と述べている。

『オンリー・イエスタデイ1989：『諸君！』追想』（小学館）を書いた白川浩司さんも、その著で、田中さんのその言葉を引きながら、「私にとってもそれは同じだった。四十代半ばでの編集長就任だったが、残り少ない青春の熱をあそこで使い果たし、中年期に入ったような気がする。

そしてその時期は、この国にとっても最後の青春の日々ではなかったか、とも思う」と。

本当にそうだ。僕の場合、『自由』も『諸君！』も十代後半から、まずは一読者として出会った。『自由』には二十年以上にわたって、毎月のように何十枚ものエッセイを書かせていただいた。

いま調べてみると、本名で七件、江本名義で百四十九件、里縞名義で九十件、城島名義で四十一件ヒットする。その中には「本」もあるが、雑誌エッセイの掲載回数がそれぐらいにのぼる。そのほかのペンネーム（秘密!?）もいくつかあるから、延べ三百件以上はあろうか。同じ号に二つのペンネームで掲載されたこともあるが、三百件というと、毎月の連載が二十数年続いていた計算にもなる。

そのほか、政経塾内の同志（松沢成文氏、島聡氏等々）や知人の論文エッセイも掲載してもらった。『諸君！』では編集者ではあったが、前述したように二度ほど書いたりしたこともあった。研修の半年を入れて、『諸君！』編集部に在籍したのは、ざっと十三年弱ぐらいになるだろうか。

休刊からしばらく月日が経過した際、ある大学教授と、電話で話していたとき、「仙頭さんは、ミスター『諸君！』でしたね」と言われたことがある。在籍が長かったという点でのみ、そう言うことは可能かもしれない。だが、十代から一読者として愛読し、一編集者として十三年近く関われた点でも、少なくとも『諸君！』は僕にとっては「青春の雑誌」だった（まぁ、十代からのジキル系雑誌が『諸君！』『自由』とすれば、十代からのハイド系雑誌は『話のチャンネル』とかいろいろとあるけど……）。

『諸君！』のみならず、四十四年前に手にしてから『自由』にも深く長く関わりを持つことのできた編集者生活は、僕にとって、さらにすばらしき青春そのものだった。

『改革者』はいまも発行されている。ここにもしばしば本名やペンネームでエッセイを書かせていただいた。半世紀以上続いている雑誌だ。編集発行母体は中村菊男さんが活躍していたころの「民主社会主義研究会議」ではなく「政策研究フォーラム」という名称に変わったが……。

「反共リベラル」だった関嘉彦、武藤光朗、ルヴェル

『自由』が、石原さんの許容範囲の広いキャラクターもあって、反共リベラルでは一致する保守主義者(福田恆存、竹山道雄ほか)と民主社会主義系の学者(中村菊男、関嘉彦、武藤光朗、猪木正道)とが協調しあって執筆したように、『改革者』や『諸君!』もそういう傾向があった。

たとえば僕が編集長時代に、『文藝春秋』誌上で森嶋通夫氏とのあいだに防衛論争を繰り広げたことでも知られる関嘉彦さんが亡くなり、その追悼文を田久保忠衛さんに書いていただいた(「追悼・関嘉彦『唯一筋の道』を歩んだ思想家」『諸君!』二〇〇六年七月号)。

関さんは『諸君!』にも「自ら認めた『憲法』をめぐる戦後社説の空白:『朝日新聞はどう主張してきたか』をどう読むか(論説委員室編纂・社内資料)」(一九九四年一月号)などを書かれたとき一緒に作業をしたが、朝日を批判するにあたって、「僕は公平にやりたい」ということで、極秘に提供を受けた「社内資料」の扱いにしても、きわめて慎重だった。

そのあたりの経緯は、著書『私と民主社会主義』(日本図書刊行会)でも回想している。「大東

亜戦争肯定論」を批判する関さんでさえ、朝日新聞社説の感情論を批判せざるを得なかった。ご自身が参議院議員であったとき、シビリアンコントロールがしっかりしていれば、防衛費のGNP一パーセントの枠は必要ない、有事には核持ち込みも認めよと問い質したら、名指しこそなかったものの、朝日社説は、この民社党の質問は自民党の水先案内人を務めるものだと批判していた。

実際の社説（一九八四年四月二日）は「民社党に自重を求める」と題したもので、「最近の同党の防衛政策路線からは、健全な『現実主義』というよりは理想を見失った『現状追認』の姿勢しか浮かび上がってこない。これで『責任野党』といえるだろうか」とレッテル貼り的に結語していた。ご丁寧なことに、同年四月二十六日付の社説でまた「民社党大会で考えたこと」と題して、民社党の防衛政策にいちゃもんをつけていた。

なんとしてでも、民社党をリアリズムの世界に行かせず、社会党なみの「非武装中立論」「ソ連は脅威ではない」のほうに近づけたかったのだろう。当時の朝日論説委員の国防論がいかに単純で非常識だったかが偲ばれる（このあたりの民社党内部の対応については、元民社党の政策審議会事務局長だった梅澤昇平氏の『〝革新〟と国防：民社党防衛論争史』桜町書院に詳しい）。

その関さんが参議院議員時代に「自主ゼミ」をやっていて、そこで中村菊男ゼミ出身の荒木和博さんや、真部栄一さん（PHP研究所から扶桑社・育鵬社）や眞鍋貞樹さん（民社党本部政策審議会を経て小平市議会議員の後、拓殖大学教授）などと出会ったのも懐かしい思い出だ。

関さんは、晩年、目を悪くし、活字が読めなくなったときも、『自由』の拙文（読書日記）を人に音読してもらって「聴読」していたと、ある人からうかがったこともある。

関さんは、僕（と妻）が学生の時代には早稲田大学客員教授をしていた。妻も文学部でその授業を受ける機会があったかどうかは別にして、ニセ学部生になってでも受講しておくべきだっただろう。

もう一人、中村菊男、関嘉彦さんと並ぶ民主社会主義の思想家として著名な武藤光朗さんも当時、早稲田大学客員教授だった。その講義は文学部でも受講可能だったのに、妻は受講していなかった。なんという……だからか……？

「武藤先生はやさしくて、誰にでも単位をくれるというので、そういう講義は聞かないことにしていたのよ。一年のとき、そんな単位を簡単にくれる先生の授業を聞いたら、みんな詰まらなかったから」とのことだが。

武藤先生といえば、ベトナム難民やサハロフを救出するための運動（自由人権委員会委員長）を展開していた。学生時代には、その勉強会でも何度かお会いしたことがあった（そのとき、ソ連反体制派の研究家でもあった正垣親一さんとも知遇を得た）。

武藤さんは、「正論の会」でも講演をよくしていた。学生時代、妻と出かけたとき、武藤さんが、「みなさん、あなた方は『国家』が第一と考えますか、それとも『個人』が第一と考えますか」と、なにかのことで質問したことがあった。

僕は「個人」に手を挙げ、妻は「国家」に手を挙げていたのを覚えている。

この「溝」は「ベルリンの壁」なみに深いなぁ……と当時思ったものだ（ちなみに、僕は「国家意識を持った超個人主義者」を自認している。土佐のいごっそう……だし)。

僕が『諸君!』にいたとき、武藤さんは「自衛隊はなぜカンボジアへ行くのか：『PKOの思想』対『ポル・ポトの思想』」(一九九二年十一月号)、「サン・スー・チーのアジアか、マハティールのアジアか」(一九九二年五月号)、「『ユートピア』の葬送」(一九九一年十一月号。猪木正道氏・林健太郎氏との鼎談)などに登場されていた。ゲラをお届けに山王のご自宅に出かけたことなど、かすかに記憶している。

また、保守派といえば保守派だけど、フランスの戦闘的社会主義者で『全体主義の誘惑』(新潮社)、『民主主義国の終焉』(芸艸堂)で知られるジャン＝フランソワ・ルヴェルが亡くなったときも、山口昌子さん(当時、産経パリ支局長)に追悼文を書いてもらった。「追悼 ジャン＝フランソワ・ルヴェル：リベラルな保守派を体現した知識人」(二〇〇六年八月号)。関さんはともかくとして、ルヴェルの追悼文は、僕が編集長でなければ、『諸君!』に載ることはなかっただろう(と思う)。

左派知識人・大沼保昭さん、加藤典洋さんとの遭遇

昨年(二〇一八年)十月に、享年七十二で亡くなった東京大学名誉教授の大沼保昭さんは左派系知識人であったが、保守派の論客として知られる長谷川三千子さんとも親しく、編集長時代に「左右の論客による徹底検証：欧米流「人権」概念の欺瞞」(『諸君!』二〇〇六年十月号)にもご

登場いただいたことがある。

大沼さんは、全共闘世代型の左派であっても、自衛隊のPKO派遣などにも支持を表明していたし、慰安婦問題でも、ぎりぎりの姿勢で現実的対応を促す論調を展開していたのは印象的だった。その後、『日本の論点』（二〇一五）でも、長谷川さんとの対談を企画して実現したことがある（「今こそ問われる東京裁判『戦争責任』のルーツはヴェルサイユ条約にあり」）。

晩年はガンに苦しめられていたが、抗ガン剤がわりと効いているとうかがっていた。そのおかげで小康状態とのことで、まだまだこれからの方と思っていた。

『「慰安婦」問題とは何だったのか：メディア・NGO・政府の功罪』（中公新書）を以前読んだことがある。和田春樹氏や吉見義明氏などの慰安婦論等々よりは、はるかにまともな内容だった。和田さんは、横田めぐみさんは拉致されていないなんて馬鹿げたことを『世界』に書いたけど、大沼さんはそんなことは言ってはいない——ただ、サハリン「朝鮮人棄民」問題に関しては、以前、新井佐和子氏の『サハリンの韓国人はなぜ帰れなかったのか：帰還運動にかけたある夫婦の四十年』（草思社文庫）を読んだ限りでは、大沼さんの所論への疑問を感じないでもないが……。まあ、このことに関しては、関連文献などはほとんど読んでないので、断言はしない。

ともあれ、その中公新書では、クマラスワミ報告も「実証性に乏しく、信頼性の低い」ジョージ・ヒックスの文献に多くを依拠しており、「総体的にみて学問的水準の低い報告書といわざるを得ない」と「否定」していた。

その本の続編ともいうべき『「歴史認識」とは何か：対立の構図を超えて』（中公新書）も読んだ。

聞き手が江川紹子氏。聞き語り式に、慰安婦問題や東京裁判などについて考察している。

じつは大沼氏から、「仙頭さんのようにタカ派で、『諸君！』元編集長のような人が、これを読んでどう思うか。いろいろと意見をもらいたい」といって、ゲラがドサっと送られてきたのだ（あのぉ、僕は「タカ派」ではなく「フクロウ」「ハヤブサ」派なのですが……。左にいると「オオタカ」も「フクロウ」も「ハヤブサ」もタカに見える?・）。いろいろと気になるところを赤ペンをもって指摘したものだった。それがどう修正されたりしたのかまでは本になってからは事細かにチェックしていないが、そういうふうに、「異論」を求めてアンテナを広げる人だった。

左派にあっては、本当の意味で「良心的」だったといえる。関嘉彦さんみたいな人だった。悪しき9条に関しても「護憲的改憲論」を主張していた。

旧来の護憲論者である船曳建夫氏との対談（『論座』二〇〇五年三月号）でも、『諸君！』への批判も若干あるけど、「〃護憲的改憲〃を目指せ」と力説。憲法改正も「私が言う憲法改正は、微調整なんです」と主張していた。

共産党はともかく、公明党も含めて、この「微調整」のラインで9条改正を実現できないとしたら情けない限りだ。安倍さんがいま唱えている「加憲的改憲」なんて穏やかなもので、「微調整」でしかなく、軍国主義復活の恐れなどなにもあるまいに。

二〇一五年の戦後七十年の安倍談話に関しても、大沼氏は、こんなコメントを出していた。

《社会の声に耳、植民地支配反省軽い　明大特任教授・大沼保昭氏安倍晋三首相が以前から示してきた歴史認識からすると、国際社会の共通認識に近い談話になったと思う。メディアや有識者懇談会、学界の意見など、日本の市民社会の声にも耳を傾けた結果だろう。この点、日本国民と世界に日本社会の成熟を示すことができた。

19世紀の欧米列強による植民地支配の歴史から説き起こし、間接的ながら日本の植民地支配と侵略戦争に言及し、さらに戦場の陰に深く名誉と尊厳を傷つけられた女性がいたという表現を盛り込んだことは「慰安婦」問題への内外の強い批判にも応えようとしており、評価できる。

侵略および植民地支配の主体が日本であることを、首相が歴史認識として明確に持っていることは必ずしも十分明らかではない。戦争について犠牲者への痛切な悔悟の念を示したのに比べ、植民地支配への反省の部分は軽い印象を与える。せっかく19世紀の欧米列強の帝国主義と植民地支配の歴史から説き起こすなら日本自身の植民地支配を十分反省し、それをてこに欧米へも同様の反省を示すよう呼びかけても良かったのではないか。

それでこそ、アジアの一員であると同時に、成熟した市民社会をもち、戦後平和主義をどの国よりも追求してきた日本の道義的立場が十全に示されたと思う。それを行動で示していくのが日本政府と国民の課題だろう。》

（日本経済新聞朝刊・二〇一五年八月十五日付）

朝日などに載った当時の安倍談話批判の識者とは一味違った大沼さんのコメントには、感銘を受けたものだった。

ともあれ、大沼さんが中道左派の論客としたら、関嘉彦さんや武藤光朗さんは中道右派といったところだろう。関さんや武藤さんがご存命だったら、どんなコメントを安倍談話や安倍改憲案に対して表明したか気になるところだ。大沼さんと似た感じのものだったかもしれない。

僕が編集長やデスクでなかったときにも、大沼さんは『諸君!』にご登場いただいたことがある。先の社会党書記の丸山浩行さんではないが、そういう人たちの見解にも『諸君!』はちゃんと耳を傾けていた。『論座』はともかくとして、『世界』にも初期のころはともかく、七十年代から九十年代にかけて、関嘉彦さんや武藤光朗さんのような論客がしばしば登場していればよかったが……。共産主義になびく人は、そういう反共型の社会主義者の現実論はいちばん嫌いで敵視していたことだろう。

国防論に関していえば、岩波書店発行の『図書』(二〇一八年十一月号)に、大沼さんと同じく全共闘世代の加藤典洋さん(『敗戦後論』の著者)が、「久保卓也」さんに関してこんなエッセイを書いているのが目に留まった。

加藤氏は、憲法9条関係の本の執筆に没頭していて、「未知の領域の文献渉猟」をしていて「これまで知らなかった人物にふれる」ことができ、それが「防衛庁きっての理論家といわれた久保卓也」の『国防論‥80年代、日本をどう守るか』(PHP研究所)だったという。いわゆる「所要防衛力」ではなく「基盤的防衛力」構想を打ち立てて、「平和の創出のために」国外に向けなにか「する」ことが大事と、「積極的平和主義」を提唱したことに着目。

ただし、「これは日米安保からの自立も視野に入れた主張で、その後の同名の主張とは異なる」

と指摘した上で、先の彼の本や「遺稿・追悼集も読んでみたが、予見力に満ち、公正な姿勢がすばらしい。リベラルというのは、こういう人をいうのだろう。こうした『対岸』に立つ人の考えを受けとめる力が、かくいう私を含め、護憲論には欠けていた」（傍点仙頭）と自省的に記していた。

久保さんのこの本はリアルタイム（刊行年は一九七九年）で読んだし、同年刊行の海原治さんとの共著『現実の防衛論議』（サンケイ出版）も一読した覚えがある。

「所要防衛力」云々に関しては、ソ連の軍事力すべてに日本が対抗するわけではない。当然欧州方面のソ連軍は無視して、極東アジアに展開されているソ連軍に対抗するならば、日米安保による在日米軍などの軍事力（核兵器含む）と自衛隊で対応することは可能だった（と思う）。だから、久保さんのいう「基盤的防衛力」というのは、ちょっと「詭弁」ではないかと当時思ったりしたことを覚えている。

それはともかくとして、先の萩原遼さんが、関貴星さんの名著を読むのが遅かったことを悔悟していたのと同様に、加藤さんがそうだというわけではないのだが、非武装中立論者やソ連（中国・北朝鮮）賛美論ゆえの「共産主義・平和国家論」に毒されていた戦後の自称「護憲論者」「平和教徒」たちが、久保さんレベルの穏やかな日本防衛体制確立のための提言を無視し続けて二十一世紀になってもまだ気づいていない状況があることには涙が出てきそうにもなる。

しかし、加藤さんがそういうことに気づいたのは立派だと思う。それを遅ればせであっても、きちんと表明するのは健全なことだと思う。「敵の陣営」の論客であった防衛官僚の考えこそ「リベラル」とみなして、自省しているのだから。

その加藤さんとは「一期一会」の思い出がある。なぜか、国会図書館の検索にも出てこない小さな論考ではあるが、当時、国会図書館の職員であった加藤さんと永田町でお会いし、原稿の執筆を依頼したことがある。

というのも、当時、ニューヨークタイムスに掲載されて話題になっていた、セオドア・ホワイトの『ザ・デンジャー・フロム・ジャパン：日本からの危険』の翻訳を『諸君！』（一九八五年十月号）に掲載したとき、それへの反論を何人かの日本論客に依頼することになった（十一月号掲載）。

当時、新進気鋭の評論家として、『アメリカの影』（河出書房新社）を出したばかりだった加藤さんが、ちょっとおもしろいのではないかということでプラン会議で提案し、執筆依頼をしただい。「僕と『諸君！』とはちょっと合っていないいんじゃないですか」との一言をいただいた記憶があるが……。

ちなみに、久保さんは『諸君！』では、一九七七年一月号の「防衛『タダ乗り時代』の終り：激変する国際環境と日本の安全保障」で、猪木正道さん、竹内靖雄さんとともに座談会にご出席していただいていたようだ。ここでの久保さんの発言には、当時の加藤さんもまだお気づきでなかっただろう（僕も『諸君！』をはじめて手にしたのは一九七七年七月号からだったから同様。その加藤さんも、二〇一九年五月十六日に亡くなった。享年七十一）。

ナンセンスなレッテル貼り

『諸君!』の休刊が決まり、編集部の机や本棚が整理されるとき、『諸君!』の創刊以来のバックナンバーが無造作に机の上に捨て置かれていた。きちんと製本したバックナンバーは資料室にあるから、編集部用に置かれていたバックナンバーの山は週明けにもゴミとして処理される寸前だった。それを見て、僕は全冊回収することにした。土曜日のことで、誰もいなかった。

それもあって、『諸君!』は創刊号以来、全冊自宅にある。

『自由』も、少なくとも自分が書いた原稿の載っているものはすべてである。自由社が『自由』を休刊にし、「新しい歴史教科書をつくる会」の教科書発行会社になるとき、編集部にあった『自由』のバックナンバーも不要になった。場所ふさぎになるからと。石原さんに、さりげなく「僕がもらいましょうか」と声をかけたが、「いや、ある図書館で引き受けてくれるようなのでそこに寄贈することにしましたよ」と。そうか……。残念。

初期の「つくる会」の教科書を発行するにあたって、扶桑社、PHP研究所とともに、文藝春秋も候補にあがったことがあった。候補といっても、つくる会の西尾幹二氏が、日ごろ自著を刊行している出版社に働きかけたものだった。文藝春秋は「上司」が素早く断った。教科書を、普通の出版社である筑摩書房や岩波書店が刊行するということはあったが、販売体制含めて発行するのは困難ではあっただろうが……。

そのあと、産経新聞というか扶桑社が引き受けたものの、「つくる会」の分裂やらいろいろとあって、「つくる会」の教科書発行は自由社が引き受けるということになったのだが、そんな裏話も石原さんからいろいろとうかがったものだった。

ともあれ、自由社も、青山、新宿、そして文京と本社は移った。連載のとき、担当してくれた編集者も若くして亡くなった方もいた。編集長の石原さんは長生きをした。一人で四十年以上も編集長をしたのはギネスものではないか。

だから、いまもときどき、古本屋、古本市で『自由』を見かけては購入している。遅ればせであったが、高校二年生のとき、『自由』と中村菊男の一冊の本に出会え、そして石原編集長の薫陶を得られて幸せだった。

石原さんにしても、中村さんにしても、僕にしても「左」から見れば「右」にしか見えないだろうが、そんなナンセンスな「右派」「ネトウヨ」呼ばわりのレッテル貼りなど恐れることもあるまい。

だが、「容共リベラル」的な人々は、しばしばそういうレッテル貼りをしたがるものだ。先の上丸氏と似たような批判は、元毎日新聞論説委員の奥武則氏もしている。

たとえば、『増補論壇の戦後史』(平凡社)で、「戦後『保守系・右派系雑誌』の系譜と現在」と題して、『自由』や『諸君!』や『正論』や『WiLL』などを取り上げている。そして、以前は「洗練されたセンスが光った『諸君!』の目次にはしばしばおどろおどろしい文句が踊る」と批判し、「『心』や『自由』の目次をながめ、『いい時代があったなあ』と思えてしまう」と述懐している。

こういう人には、批判されるべき対象（中国・北朝鮮）が、どのような非人道的なふるまいをしているか、それを批判するにあたって、大衆がどのような言葉を発するのかへの想像力が欠如しているからこそ、こんな尊大なことを綴り、自分は、冷静な思考力を持ったインテリだと思い込んでいるのだろう。第6章で詳述するが、僕の政経塾時代の卒塾論文に対して、「ソ連批判は赤尾敏にまかせておけ」とうそぶいた毎日の記者を想起させられた。

奥氏は、安倍晋三氏のインタビュー記事「逃げる気か、朝日！」と題した『諸君！』（二〇〇五年十二月号）の「感情的な表現がどぎつい」とお怒りだが、二〇〇一年にNHKが放送した従軍慰安婦を扱った番組に、当時内閣官房副長官だった安倍氏と中川昭一経済産業相（当時）が、圧力をかけて内容を改変させたとする朝日新聞の報道（二〇〇五年）に対する反論であって、朝日自身がNHKなどから反論も受け、「スクープ」でもなんでもない、レッテル貼りでしかない報道だとほぼ判明し、鉾《ほこ》を収めようとしていたからこそ、「逃げる気か、朝日」とやったのは、きわめて当たり前のタイトルではないか。

奥氏のこの論考は上丸氏が編集長時代の『論座』に発表したものがもとらしいから、朝日に対するエールのつもりだったのかもしれないが、内容以前にタイトルのみで貶めようとするのはあまり賢明とはいえまい。

同様に、『論座』（二〇〇四年十月号）には、元TBSキャスターの田畑光永氏が「雑誌があおる反中国ムード：『文藝春秋』『諸君！』『正論』『Voice』『SAPIO』を分析する」という論文を書いている。

「毎号のように『中国』をとりあげ、反感を煽るかのような激しい口調の記事をあえて掲載する一群の雑誌がある」として批判している。要は、感情的な中国批判はするなということだろうが、「反感を煽るかのような激しい口調」で対日攻撃をしている中国共産党政権の対応にはあまりにも鈍感すぎる（そもそも「反日暴動デモ」を「煽る」のは中国共産党。「言論」の闘いを批判し、「暴動」を煽る行為に対して根源的批判を加えないのは、あまりにも片手落ちというしかない。お里が知れる？）

そういえば、出版部にいたとき、常石敬一氏・秦郁彦氏・佐瀬昌盛氏編の『世界戦争犯罪事典』（文藝春秋、二〇〇二年八月刊）の編集を手伝ったことがあった。田畑氏もそのとき、この文春で開かれた編集会議（一九九九年十二月十一日）に参画していた（高山正之さんなども列席）。公平にさまざまな国々の「戦争犯罪」を取り上げるもので、そのとき、田畑氏とも名刺交換をした（当時は「神奈川大学経営学部教授」の肩書で、自宅住所電話番号も明記されていた）。

その際に、中国の戦争犯罪の実例としてチベット問題があるということで、映画にもなったハインリヒ・ハラーの『セブン・イヤーズ・イン・チベット：チベットの七年』（角川文庫）がありますよねと話したら知らないようだったので、「じゃ、本をお送りします」と言って、その文庫本を後日お送りしたものだった（ええ？　この本知らないのと、そのとき、愕然とした記憶は鮮明に残っている）。

そのあと、出版部を離れ『諸君！』に移ったので、その『世界戦争犯罪事典』の最終的な編集作業には関与しなかったのだが……。

倉橋耕平氏の『歴史修正主義とサブカルチャー：90年代保守言説のメディア文化』（青弓社）や、早川タダノリ氏の『憎悪の広告』（合同出版）などで、右派系雑誌の広告見出しなどが批判されているが、大学紀要ではないのだ。商業雑誌のタイトルが少々過激になったからといってなんの問題があるのだろう。批判する対象・相手こそが過激であり、時には言論ではなく「暴力」を用いているのだ（「反日暴動デモ」「拉致」等々）。それらを論評するにあたって、こちらは「武力」ではなく「言論力」で闘う上での「タイトル決定」なのだ。それを、どうのこうのと批判する前に、まずは中身を検証して、その事実関係について分析するほうが先だろう。

ちなみに、倉橋氏の批判に対しては、『歴史通』（『ＷｉＬＬ』二〇一八年八月号増刊）で、こんな反論を載せた（拙文。これは掲載前のもの。掲載時には一部割愛）。

《レッテル貼りの道具としての「歴史修正主義」批判

倉橋耕平氏の『歴史修正主義とサブカルチャー：90年代保守言説のメディア文化』という本がある。著者は大学の先生だ。そして、こう指摘している。

「歴史修正主義者は、政府見解で事実が確認・公表されているにもかかわらず、『南京事件』や『慰安婦』問題への否定を繰り返している。それらの主張はどこで展開されているのか。たとえば、岩波書店の雑誌『世界』では、そうした見出しはみられない。彼らの主張に基づく見出しを大量に生産しているのは『正論』『諸君！』『Ｖｏｉｃｅ』『ＷｉＬＬ』などいわゆる保守論壇誌である」「歴史修正主義の主張に、どのような『真実』もない」と。「政府見解で事実が確認・公表されている」の脇に「注番号」があり、それは「外務省『歴史問題Q＆A』」とある。だが、そこには「強制連行した慰安婦」や「三十万人の中国人を殺害」したとは書いていない。倉橋氏が名指しした雑誌（本誌も含めて）などが「否定」をしているのは、韓国や中国が主張している、根拠なき針小棒大すぎる「強制連行（慰安婦）」「大量虐殺（南京）」に対してであろう。

倉橋氏が評価しているように見える岩波『世界』には、金日成親子がお好きな編集長がいた。そのせいか、和田春樹氏は、『世界』（二〇〇一年二月号）で、「『日本人拉致疑惑』を検証する」という論文を書き、「横田めぐみさんが拉致されたと断定するだけの根拠は存在しないことが明らかである」と指摘していた。もちろん、北朝鮮の「犯行声明」（小泉・金会談）の前に書かれたものだから、情報の限界があったかもしれない。しかし、倉橋氏が先の本で執拗に叩いている西岡力氏は、横田さんの拉致をやったのは北朝鮮であると批判していた。この問題で正しかったのはどちらだろう。

渡辺惣樹氏は、『戦争を始めるのは誰か：歴史修正主義の真実』で、こう述べている。

「歴史修正主義は米英両国の外交に過ちはなかったのか、あったとすれば何が問題だったのか、それを真摯に探ろうとする歴史観に過ぎない。戦前のドイツや日本を格別『素晴らしい国』であったと主張する史観でもない。それにも関わらず、歴史修正主義で歴史を語る学者は、歴史学界から抹殺された」「しかし時の経過とともに次第に歴史修正主義に立つ史観が優勢になっている。レッテル貼りの効果が急激に低下している」
レッテル貼りをする倉橋氏と渡辺氏の本とを読み比べると「歴史修正主義批判の嘘」が理解できよう。》

にもかかわらず、「右傾化」などのレッテル貼りをして喜んでいる左派メディアは少なくない。毎日新聞（二〇一九年一月十六日）にも、こんな記事が掲載された。

《「排外主義的」とも受けとられる文章を掲載した雑誌や、いわゆる「ヘイト本」が近年、大手出版社からも刊行されるようになった。杉田水脈《みお》・自民党衆院議員の性的少数者に差別的な寄稿を載せた新潮社の月刊誌『新潮45』が批判を浴び、休刊となったのも記憶に新しい。言論のたがが外れ、「右傾化」したように見える。背景は何か。》

そんな毎日の決めつけ文句とともに登場しているのが東大教授の宇野重規氏と『論座』の元編集長だった薬師寺克行氏だ。

宇野氏いわく「日本の言論空間には、極端に過激で差別的な、排外主義的あるいは反歴史的な『右派』言説が増えている」「１９８０年代くらいまでは、論壇誌などで公にすることのできる文章の内容と水準に一定の『良識』の幅があった。その幅の『目利き』役として、何人かの有力な学者や評論家、編集者がいて、良かれあしかれ、にらみをきかせていた」「やがて『目利き』が高齢化し、亡くなる中で、論壇のブレが大きくなり、『言ったもの勝ち』となる。朝日新聞と岩波書店に象徴される（かつての）左派的あるいはリベラルな言説や、中国や韓国など、標的に選んだ『敵』をうまくこき下ろせれば勝ち」「非常識であれ、ともかく話題になればいいという『炎上』商法化が進んだ。結果として確信犯的に過激な議論に走る論者がいる。一方、それを本音では支持しない編集者も『売れるから仕方ない』と黙認する」「『極右』の論壇誌や『ヘイト本』の読者には中高年男性が目立つ。彼らの多くは職場での先が見えており、既に退職した人も少なくない。地域にも足場がなく、漠然とした不遇感がたまっている。この浮游する不遇感に過激な言論がフィットする。極右言論が何かを『敵』と認定して過激に批判するさまに、『よくぞたたいてくれた！』と気分がすっきりするのだ」

まぁ、学者とはとても思えない、単細胞的な思い込み、ステレオタイプによるレッテル貼りというしかあるまい。この人から見れば、中嶋嶺雄さんをはじめとする『諸君！』の先の中国論なども「極端に過激で差別的な、排外主義的あるいは反歴史的な『右派』言説」ということになるのだろう。

先に紹介した奥山さんの訳によるミアシャイマーの論文（「20XX年：中国はアメリカと激突する」）にはこんなことが書かれていた（『諸君！』二〇〇五年九月号）。なおこのもとの論文は二〇〇一年に書かれたものだ。

《中国は北東アジアの将来の力のバランスを理解する上で、鍵を握る国である。今日の中国は日本ほど経済的に豊かではないので、明らかに「潜在覇権国」ではない。しかし中国の経済が次の二十年の間、１９８０年代からの割合か、もしくはそれに近い数値で拡大して行けば、中国は日本を凌いでアジアでいちばん裕福な国になる可能性はある。》

《アメリカが21世紀の初めに直面する最も危険なシナリオは、北東アジアにおいて中国が「潜在覇権国」になる、ということである。》

《中国が将来及ぼしてくる脅威の恐ろしさは、20世紀にアメリカが直面したどの大国よりも、はるかに強力で危険な「潜在覇権国」になるかもしれないという点にある。》

《中国はアメリカ同様の圧倒的な超大国という地位を手に入れる確率が高い。》

《この分析によって示されているのは、中国の経済成長のスピードを遅くすることがアメリカの利益になる、ということである。ところがアメリカはここ何十年かにわたってそれとはまったく逆の効果を狙った戦略を実行していた。つまり、アメリカは、中国を「封じ込める」のではなくて、中国に「関与して」いたのである。「関与」とは、「もし中国が民主的で経済的に発展すれば安定を求める現状維持国になり、アメリカと軍拡競争をしないようになる」という、リベラル派の思想が反映されたものである。その結果として出てきたアメリカの外交政策は、中国を世界経済に組み込んで急速な成長を促進させ、経済的に豊かにさせることができれば、彼らが国際社会の枠組みの中で現状維持をするだけで満足するようになる、という方向に向かわせようというものであった。》

《しかし、このようなアメリカの対中政策は間違っている。豊かになった中国は「現状維持国」ではなく、地域覇権を狙う「侵略的な国」になるからだ。これは経済的に豊かになった中国が悪意のある野望を持つようになるからだ、ということではない。本当の理由は、どのような国家にとっても生き残りのチャンスを最大にする最もいい方法が、ある特定の地域で覇権国になることだ、という点にある。》

《中国が地域覇権を確立するための充分な「潜在能力」を手に入れることになるまでは、まだまだ時間がかかるだろう。ところが、この発展を逆戻りさせ、中国の勃興を抑えるのはもうすでに手遅れなのである。実際、アメリカは国際社会の構造による大きな力によって、近い将来に中国への建設的な関与政策を放棄せざるを得ない状況になるかもしれない。》

ミアシャイマーの炯眼《けいがん》には改めて驚くしかないが、『諸君!』などは、こういうリアリストの言説を重視し、その考えに共鳴する人々の見解を、より多く掲載してきたとはいえよう。しかし、こういった中国への建設的関与政策の間違いを指摘することをもってして、「過激で差別的な、排外主義的あるいは反歴史的な『右派』言説」と言われる筋合いはあるまい。二〇一八年〜一九年、まさに米中は激突しているではないか。

元『論座』編集長であられる薬師寺克行さんも、自分が『論座』の編集長だったとき、『正論』の編集長などにも出てもらって（あっ、そう言えば、僕のところにも出ませんかとお誘いがあったかのように?-）、「立場の違う論者との対話を重視した」とのこと。しかし、『論座』が「姿を消して以後の10年、言論空間は社会的役割を見失い、論理や事実よりも感情に支配され、対話も失われた。一部の論壇誌には、『○○せよ!』『○○許すまじ!』と戦時中の標語のような見出しが躍る」と慨嘆しておられる。

しかし、お言葉ですが、「論理や事実よりも感情に支配され」た「記事」「論考」というのは、正確には、朝日新聞や『世界』に見られた北朝鮮賛美記事のようなものを指すのではないかしら。

北朝鮮礼賛報道を恥じない人たち

一九八〇年六月号の『自由』に、モスクワ・ヘルシンキ委員会の「ソビエト強制収容所の実態」、エドアルト・ムリリョの「北朝鮮強制収容所の実態」という論文が掲載されている。僕はリアルタイムで「赤線」を引きながら、これを読んだ。上丸さんや田畑さんや奥さんや宇野さんや薬師寺さんたちはまず読んでいないだろう。

きわめてシンプルなタイトルだが、『諸君!』などなら、「アウシュビッツも真っ青、ソビエト(北朝鮮)収容所の極悪非道を許すまじ」とでもしたかもしれない。だからといって、ソ連や中国や北朝鮮の「(おどろおどろしい)強制収容所」を真摯に憂えて批判することもないような人から、『自由』の目次を見て「いい時代があったなあ」と述懐される筋合いはあるまい。「おどろおどろしい」実態に対しては、「おどろおどろしい」タイトルを付けるしかないときもあるではないか。

エドアルト・ムリリョは、一九六四年に、チリから金日成大学に留学し朝鮮語を勉強し、そのあと、同大学のスペイン語講師となったものの、一九六七年に反逆罪で投獄された人だ。その獄中体験の訳出だ。ちょっと古い時代の体験だが、それは七十年代も八十年代も、そしていまも大きな変化はないだろう。

この号の「編集後記」で、石原さんは「憧れの共産国家の実態をお届けする。いかに高邁な理想を説かれようとも結構であるが、その体制下にこのような事実の存在することを、世の進歩的な方々は知っていて欲しい」と記している。

当時の北朝鮮礼賛論者（&韓国批判派の）朝日・岩波文化人や、その亜流に連なる人たちは知ろうともしなかったという「歴史の事実」を忘れてはなるまい。そういう人たちが、こういった『自由』を含めた「右派雑誌」の正しい指摘を拡散させまいとして、レッテル貼りをして、貶めようとしているのだから。

こういう人たちは、『世界』などがお好きのようだが……。タイトル以前に、特定の政治勢力と露骨に結びつくような記事などを問題にするほうが先決ではないのか。たとえば……。

《（北朝鮮犯行説という）その根拠は薄く、疑いも多い。おそらくは「現代史」の一区切りをもつまでは、不明のままに推移するものと思われる。》

これは、マレーシアでの金正男「暗殺」をめぐっての進歩的文化人による発言というわけではない。一九八三年十月、ビルマのラングーンを訪問していた全斗煥大統領一行を襲ったテロに対する、雑誌『世界』（一九八三年十二月号）に掲載された当時の編集長・安江良介氏のコメントだ。

北朝鮮を露骨に庇う、歪んだ「反知性主義」的精神構造の持ち主でなければ書くことのできないものだ。

ほかにもこの号では、あの悪名高いT・K生（池明観）が「北がしでかしたという仮説がありうることはもちろんだ。しかし、証拠もあがらないのに、どうして全は初めから北の仕業だと大言壮語したのだろう」「北がなしたことであるとしたら、それに対する責任の少なくとも一端は全政権にあるといわねばならない」と、テロ国家北朝鮮擁護キャンペーンのような誌面を構成していたものだった。

「バカにつけるクスリはない」というが、さすがに、金正男殺害事件に関して、こんなことを言う人は、『世界』にも朝日にもいなかったようだ。だが、マレーシアにいる北朝鮮のカン・チョル大使は、事件の捜査が政治的な目的で行われていると主張し、「マレーシア警察の捜査結果は信用できない」として、韓国で起きている政治の混乱や米国の最新鋭地上配備型迎撃システム「高高度防衛ミサイル（THAAD、サード）」の在韓米軍配備をめぐる議論などを取り上げ、「今回の事件で唯一、得をするのは韓国」だと述べたという。

昔なら、「そうだ、北の言うとおりだ」といった応援団のエールが日本国内から巻き起こったところだろう。安江さんもご存命ならそういう主張を「世界」でしていた可能性は大いにある。

このマレーシアにいるカン・チョル大使のコメントって、一九八三年十二月号の『世界』で、T・K生（池明観）や安江編集長などが述べた先の屁理屈と瓜二つというしかない。こういうのを「極端に過激で差別的な、排外主義的あるいは反歴史的な『左派』言説」というのだ。

岩波書店『世界』の罪

保守系ではまったくない、内田樹氏の『街場のメディア論』（光文社）の中でこんな一節がある。安江さんやT・K生（池明観）に読ませたい。それは「批判から逃れる『知性』と『弱者』たち」という小見出しのエッセイだ。

《「なぜ、自分は判断を誤ったのか」を簡潔かつロジカルに言える知性がもっとも良質な知性だと僕は思っています。少なくとも自然科学の世界ではそうです。自分が提示した仮説を、他の科学者によって反証されるより先に、自分自身の実験で反証し、仮説を書き換えることは科学者の名誉の一部です。（中略）

少し前に、高橋源一郎さんからこんな話を聞きました。岩波書店の『世界』という総合誌がさっぱり売れなくなったので、何かテコ入れ的な企画はないかと高橋さんが訊ねられた。少し考えて、高橋さんは「『世界』の罪」というのはどうかと提案したそうです。

戦後『世界』が世論をミスリードした出来事がいくつかありました。後から事情がわかってみると、『世界』が「理あり」として加担していた「正義」の立場がそれほど正しくもなかったということがたしかにありました。その一つ一つの案件を取り上げて、どうして『世界』は判断を誤ったのか、どういう情報が不足していたのか、どういう推論上の誤ちを犯したのかを点検したら、読みでのある記事になるのでは、と高橋さんは提言したそうです。天才的なアイディアだと僕は感心しました。そして、その企画が通ったら、毎月『世界』を買うよと僕は約束しました。

でも、岩波の編集者はその提案を一笑に付したそうです。これは一笑に付したほうが知的な意味では恥ずかしいことだろうと僕は思います。》

ここでは具体的に『世界』の罪が何かは提示されていない。全面講和論か、安保改定反対論か。ソ連は脅威ではない論か。いやいや、それらはまだしもだが、常識的に考えて北朝鮮礼賛報道などが大きな罪の一つになるだろう（北朝鮮報道に関して、『世界』は二〇〇三年二月号で「朝鮮問題に関する本誌の報道について」と題して、七頁にもわたって釈明はしていたが、しょせんは「我田引水」的な自省なき開き直りでしかなかった）。

北朝鮮が、日本人を拉致したというのは捏造だといわんばかりの論文を掲載したりしたこともあった（和田春樹氏論文、二〇〇一年一月号&二月号）。

このあたりの事実関係に関しては、前述したように、『世界』に論文をよく発表し、岩波新書からも過労死問題に関する本（『過労自殺』岩波新書）を出している川人博氏の『金正日と日本の知識人‥アジアに正義ある平和を』（講談社現代新書）が詳しい。

川人氏は、正しい意味での人権擁護の観点から、日本国内の過労死問題にも警鐘をならすと同時に、北朝鮮による国内の人権弾圧は無論のこと、拉致問題などに甘かった和田氏や姜尚中氏などを手厳しく批判している。川人さんには、これまた前述したように、編集長時代に『諸君！』（二〇〇七年四月号）にもご登場いただき「『人権弁護士』の警告：姜尚中は金正日のサポーターか」と題した論文をいただいた。宇野さんや奥さんや薬師寺さんたちは、この「人権弁護士」の北朝鮮批判論文も、「(ネト) ウヨ」論文とでも言いたいのだろうか。

講談社の本で、川人さんはこう指摘している。

《知識人の中には、「レジームチェンジ」をめざすことは、「独裁者の暴発を招く危険がある」と言って反対する人がいるが、第1章でも述べたように、独裁体制が存続するほうがはるかに害が明確であり、危険ではないのか。》

《結局のところ、独裁体制を支える経済援助をやめて、効果的な経済制裁を実施すること、また、北朝鮮からの民衆の大量脱出を可能とする条件を整えることが、いま現実的に考えられる方法論である。》

《論争の皮切りの場を与えてくれた『諸君！』編集部、反論掲載に応じてくれた『週刊朝日』編集部、本書を短期間に完成してくれた講談社現代新書編集部の皆様（中略）に深く感謝の意を述べます。》

『諸君！』に感謝の意を述べたり、北朝鮮への経済制裁を強く主張する川人博さんの主張を、「極端に過激で差別的な、排外主義的あるいは反歴史的な『右派』言説」だと宇野さんたちは批判するかもしれないが、それは愚論でしかあるまい。この人たちは「右派言説」をちゃんと読んでモノを言っているのだろうか。

ほかにも岩波現代文庫から本（『韓国のナショナリズム』）も出している鄭大均氏も『姜尚中を批判する…「在日」の犠牲者性を売り物にする進歩的文化人の功罪』（飛鳥新社）などを出しているが、シャープな韓国・北朝鮮論を展開している。ちなみに『諸君！』で岩波『世界』を批判した論考（「岩波首脳、『世界』はいかにして金王朝の『忠実なる使徒』と化したか」二〇〇三年一月号）を書いたこともある鄭大均さんだが、彼の本を現代文庫に入れるにあたって、社内でいろいろと言う人がいたとうかがったことがあるが、鄭氏に「『世界』の罪」の執筆を依頼すればよかっただろうに。鄭大均さんのこの論文も「ウヨ」になるのだろうか。

西岡力氏の「所詮はトンデモ・コリア本だった『韓国からの通信』…覆面をとった『T・K生』恥知らずの良心」（『諸君！』二〇〇三年十月号）も読んでいただければ、T・K生の「韓国からの通信」の中に憶測と虚構が多々あったことをご理解いただけるだろう。

『世界』の元編集長であった安江良介氏にしても、金日成とのヨイショ対談などを見るにつけ（このあたりは稲垣武氏の『「悪魔祓い」の戦後史』『朝日新聞血風録』文春文庫や『北朝鮮に憑かれた人々…政治家、文化人、メディアは何を語ったか』PHP研究所に詳しい）、金日成と金正日の二人のために「世界」はあってはいけないと思う。真の民主主義国家が構成する「世界」にあって、北朝鮮という野蛮国家の体制は異質な打倒すべき対象であろうに、そうした独裁者に対して根源的な批判を加えるどころか迎合したとあってはやはりおかしいというしかあるまい。

戦前の日本が、ナチス・ヒトラーと手を組んだこと（さらには同質の全体主義国家ソ連とは「中立条約」を締結したこと）は大きな戦略ミスであったが、同時に、戦後、長きにわたって北朝鮮（や中国やソ連）の独裁者に一部のマスメディアが迎合したのも大きなミスというしかない。とり返しのつかない判断ミスであったともいえよう。

『北朝鮮に消えた友と私の物語』や『楽園の夢破れて』はヘイト本なのか

宇野さんと同じ東大の先生（准教授）である川島博之氏の『習近平のデジタル文化大革命：24時間を監視され全人生を支配される中国人の悲劇』『戸籍アパルトヘイト国家・中国の崩壊』（講談社＋α新書）は大変おもしろい本だ。

『習近平のデジタル文化大革命』の中で、川島さんはこう指摘している。

《誰でも自由に意見を発信できる世の中になると、朝日新聞や岩波書店に代表されるメディアを通じて、有名作家や大学教授だけが得意気に自分の意見を発信できる時代は終わった。メディアの編集者はインテリであり、彼らは直接意見を述べないが、有名作家や大学教授などの口を借りて彼らの意見を述べていた。朝日や岩波はもちろんのこと、一般にジャーナリズムに関わる人々は高学歴であり、その考え方が進歩的であることを誇りにしている。》

《その結果、彼らがメディアを支配していた時代においては、新聞やテレビ、あるいは雑誌

を通じて世に出回る論調は進歩的（それを左翼的と言い換えてもよい）であり、かつ抑制的であった。》
《現在、日本の研究者は、中国政府に忖度ばかりしている。学者としての地位を守るために、その目が濁ってしまった、そう考えざるを得ない人が確実に増えている。》
《インターネットは一九世紀から二〇世紀にかけて、新聞に代表されるメディアが社会的な影響力を誇った時代を終わらせた。印刷技術と相性がよかったインテリ（つまり、朝日・岩波文化人）は、現在、一六世紀におけるローマ教皇やその周辺の教会関係者と同じ位置にいる。もはや没落し、彼らの意見が世の中を動かすことはない。新しい支配者はネットを巧みに扱う若者だろう。》

そんな岩波・朝日文化人たちが、自分たちの「祖国」（ソ連、中共、北朝鮮等々）に忖度し、現実を直視しない空想的リベラル論的なイマイチ言論を批判するネットなどでの「市民からのコメント」を「ネトウヨ」「フェイクニュース」などと決めつけているのではないか。もちろん、ネットで流れているのは玉石混淆なコメントだから、そういう批判が当てはまるものもあろうが、まともなものも多々あるはず。それを「針小棒大」にあげつらい、そういう人たちに知的影響を与えている右派系雑誌などの見解を「右傾化」の反映だと貶めて、自分たちの見解が「良識」「ファクト」だと自惚れるのは見苦しいものだ。

前述したように、朝鮮総連に関与していたものの後に批判派に転向した関貴星氏の『楽園の夢破れて』（全貌社、一九六二年）『真っ二つの祖国‥続・楽園の夢破れて』（全貌社、一九六三年）と、寺尾五郎氏の『38度線の北』『朝鮮・その北と南』（新日本出版社、一九五九年、一九六一年）とを比較すれば、少なくとも共産主義の悪に対して新日本出版社がいかに盲目でフェイクニュースを流していたかは自明であろう。この点では、全貌社のほうが正しかった。

しかし、当時、宇野氏や薬師寺氏や奥氏の先輩にあたるような進歩的文化人たちのほとんどは、関氏の本をいまでいう「ネトウヨ」「トンデモ」本とみなし、寺尾五郎の北朝鮮ルポを称賛していた。先の萩原さんでさえ『北朝鮮に消えた友と私の物語』（文藝春秋）の中で、関貴星氏の『楽園の夢破れて』について、こう悔悟の念を綴っている。

《わたしはこの本を一九六三年に大阪外大で手にしているにもかかわらず、反共で売る全貌社の本なんかどうせロクでもない本だろうと読みもしなかった。しかし後年精読して自分のおろかさを愧じた。わたしもかかわっている「北朝鮮帰国者の生命と人権を守る会・関西支部」の手で九七年に復刻した（亜紀書房）。三十数年後の今日を見通しているかのようにすべては関氏の指摘どおりだった。》

萩原遼さんは責任編集のかたちで『拉致と真実』という雑誌も刊行していた。最近も『歴史通』（『ＷｉＬＬ』二〇一七年十一月号増刊）の座談会「誰が北朝鮮・金正恩を甘やかしモンスターにしたのか?」に登場。伊藤隆さん、福井義高さんと鼎談をし、寺尾五郎批判なども展開していた。

北朝鮮を「地上の楽園」とはやしたてた言論責任を直視することなく、いち早く、北朝鮮の全体主義体制を批判する言論を展開していた『自由』や『諸君!』を無視するどころか、「言論空間は社会的役割を見失い、論理や事実よりも感情に支配され、対話も失われた。一部の論壇誌には、『○○せよ!』『○○許すまじ!』と戦時中の標語のような見出しが躍る」と慨嘆するのはお門違いではないのか。戦前の空想的軍国主義者と同様に、感情的に国際情勢を見て、空理空論を展開していたのは空想的平和主義者たち、いわゆる進歩的文化人、進歩的ジャーナリズムの側ではなかったのか。

ちなみに、『正論』(二〇一九年三月号)は「韓国許すまじ」を特集している。表紙にも大きく刷っている。薬師寺克行さんはこれを見て「またか!」と慨嘆されるかもしれないが、「原爆許すまじ」「テロ許すまじ」「トランプ許すまじ」「消費税許すまじ」ならば許容するのではないか。この程度の見出しを見て「社会的役割を見失い、論理や事実よりも感情に支配され、対話も失われた」と決めつけるのは、あまりにも誇大妄想というしかない。

なかには、渡部昇一氏の『中国を永久に黙らせる100問100答』(ワック)のタイトル「永久に黙らせる」が「ジェノサイドへの欲望が読みとれる」からヘイト本だと決めつける向きもあったようだ。「永久に黙らせる」というのは、そういうニュアンスが浮かぶ人もまれにいるかもしれないが、この本の中身を見れば、要は、「反論する余地がないほど徹底的に論破する」というニュアンスで使われているのは自明ではないか。これまた誇大妄想というしかない。

萩原さんは、権威主義的な独裁国家であった韓国をも痛烈に批判し、そして全体主義国家北朝鮮も批判している。言論人として立派であろう。だからこそ、『諸君!』にもよく登場していただいた。萩原さんをネトウヨとか、貶める人がいるだろうか。朝鮮学校への公金支出にはもっとも強く反対していた。それを民族差別からの視点だと貶めることのできる人がいるだろうか。ちなみに萩原さんも「土佐のいごっそう」だった!

『週刊朝日』の北朝鮮批判記事はなぜ二回で終わったのか

北朝鮮批判に関して、思い出すことがある。「コピーボーイ」として『諸君!』で研修していたとき、『諸君!』(一九八四年六月号)の「新刊ダイジェスト」欄に、金元祚《キムウォンジョ》氏の『凍土の共和国‥北朝鮮幻滅紀行』(亜紀書房)の書評を、僕が書いたところ、出版社の方から本の中に入れるチラシに収録したいとの申し出を受けたことがあった。快諾した。

ちなみにこんな短文書評だ。

《かつて北朝鮮を訪れたとき、こんないい国が南侵するはずがない、生活は豊かだと大言した某大政党の前委員長、又最近になって、北朝鮮一辺倒の政策を修正するとかしないとかで、もめている某大政党の現委員長以下全ての北朝鮮愛好者にこの本の一読をすすめたい。

二十余年前に「帰国」した兄や姉に再会するために訪鮮した金元祚(ペンネーム)は、自分達に強制された金日成の銅像参拝、主体学習の内容、一般民衆との徹底的な隔離、兄の死亡の事実の隠蔽等々、惨憺たる「地上の楽園」の実態を垣間見たのである。

スイッチのないラジオからは「偉大な首領金日成同志におかれては……」という宣伝が流れるようなオーウェルも驚く「一九八四年」。やっと身内に会えても、一日中常に複数の指導員が監視しているために家族水いらずの会話もままならない。あげくのはてには指導員達は、四千万以上の品物（毛糸編み機二十台、四トントラック六台、ノコギリ刃二千枚等）を、金元祚の身内を通じてたかろうとするのである。要求に応えれば身内の出世を約束するという。

北朝鮮愛好については某大政党と同じ穴の狢《むじな》と思われがちだった某大新聞系の週刊誌が、春の陽気にほだされてか本書を好意的に大きく取り上げた。本書によって北朝鮮の実情を正確に認識することのできる日本人が増えることを期待したい。（寿）》

末尾の（寿）は僕のイニシャルであるが、いち早く、良書を紹介していたことを誇りに思う。「酒枝響子」さんをペンネームだからと否定してみせるような人たちは、「金元祚」もペンネームだとして、この本を徹底批判したことだろう。当時、「ネトウヨ」とか「ヘイト」という言葉はなかったが、『凍土の共和国』はヘイト本だと大騒ぎしてみせたかもしれない。北朝鮮を敵視した本だと批判しただろう。

さいわいにも、『諸君！』と、僕が指摘したように「某大新聞系の週刊誌」こと『週刊朝日』がこの本を「春の陽気にほだされてか」「好意的に大きく取り上げた」こともあって、この本はロングセラーとして読み継がれることになった。だが、当時、もしかしたら、この本は「ヘイト本だから本屋に置くな！」「民族差別本だから売るな」と動いた「市民団体」もあったかもしれない。というのも……。

少なくとも、同時期、『週刊朝日』（一九八四年四月二十日号＆四月二十七日号）、がこの本を取り上げて、北朝鮮批判の雄叫びをあげたが、わずか二週の連載で終わってしまったからだ（だが、この時点で、朝日新聞は岩波書店と違って、北朝鮮報道に関しては、多様な視点・視座を持っていたと評価できよう。ただし、それは朝日新聞本体には存在していなかった。傍流と目される出版局が刊行する週刊誌や書籍にときどきヒットがあったという程度）。

当時、『週刊朝日』には、朝鮮総連からの「朝日ともあろうものが」といった感じの抗議が殺到したという。朝日の記者だった前川惠司氏の『夢見た祖国は地獄だった』（高木書房）によると、こんな感じだったという。

《この号が発行されるや、週刊朝日編集部の十本以上ある電話は、朝から「事実無根だ。抗議する。俺は在日同胞だ。記事を取り消せ」との電話が切っても切ってもかかり続け、朝日新聞社の交換台が悲鳴をあげ、部内連絡などのため臨時電話を多数引かざるをえなくなった。朝日新聞本社前には多数の朝総連メンバーが押しかけ、一般の来訪者の通行に支障が生じた。こうした行動の狙いは第二弾の掲載阻止だった。本社前で抗議活動を指揮していた知り合いの朝総連幹部に、私は、「立場の違いで受け止め方に差があっても、事実は事実。どんなに業務妨害しても無駄」と伝えた。》

《「言いがかりをつけて、軒先でいつまでも騒ぎまくり、制止を無視するあなた方に警備員が反感をもつのは致し方ないことです。あなた方は民族団体でありながら、在日朝鮮人に対する反感を生み出しかねない行動を平気で同胞に指示しているのか」と反論し、編集部に届いていた三百通以上の抗議葉書の束を総連幹部に見せ、「葉書の消印は全部、朝鮮大学校がある郵便局のものです。ここにしか、在日朝鮮人は暮らしていないのですか」と問うたりもした。》

結局、特集は二回掲載して中断することになった。それでも、朝鮮総連などの非民主的な姿勢が明るみになっただけでも報道した価値はあっただろう。とはいえ、そういった明らかに「集団的威嚇」「ヘイトアクション」によって、朝鮮総連は「朝日を黙らせる」ことに、一時的には成功したといえるのかもしれない。

この騒動のあと、一九八四年六月六日付朝日で「社会主義国の農業はおしなべて不振だが、その中にあって北朝鮮は農業がうまくいっている国、というのがわが国の北朝鮮研究者の一般的な見方」といった岩垂弘氏の北朝鮮ヨイショルポが掲載されたというのは、偶然の一致とは思えない。なんらかの「手打ち」があったのかもしれない。

北朝鮮政府の「モデルコース」を歩かされて「北朝鮮は地上の楽園」「税金もない」「病院はタダ」……といった趣旨の訪問記や記事や本を刊行した日本の知識人（小田実氏ほか）、記者（岩垂弘氏ほか）、編集者たち（このあとで触れる未來社出身の松本昌次氏ほか）の「言論責任」は大きいだろう。

僕が生まれたころから始まった「帰国運動」。半世紀以上を経てもいまなお、解決していない。さらに拉致問題も含めて、こういう問題に、もっと関心をもつべきだ。「慰安婦」「徴用工」等々、過去の問題ではなく、現在進行形の「人権」問題も、相手が共産主義国家だと、まだ遠慮してモノを言う人が多すぎないか。

そういえば、横田滋・早紀江夫妻の『めぐみ手帳［2003・2・10～2017・11・24］』（光文社）は、その間、横田夫妻に取材申し込みのあったりした社や編集者の実名が掲載されている。その中に『諸君！』編集部関係者はしばしば登場している。百十六頁に小生の名前も出てくる。「桜井よしこ・島田洋一鼎談」2004・10・18日月曜日午後1時～2時半――と。しかし、『世界』編集部関係者は見当たらない（ようだ）。

さすがにこの時期になると、朝日記者なども横田夫妻のところに取材に訪れていたので朝日関係者も出ていたが、岩波『世界』は、少なくとも横田夫妻の「声」を誌上で取り上げる気持ちはまったくなかったのだろう。北朝鮮の蛮行に関して、真摯に取り組むだけの気概なくして、人権擁護を貫くことができるだろうか。

岩波書店から出ている伊藤和子氏の『人権は国境を越えて』（岩波ジュニア新書）や、『金日成著作集』を出している未來社出身の松本昌次氏の『わたしの戦後出版史』（トランスビュー）は、北朝鮮の人権弾圧には盲目となっている立場からの書というしかない。

こういう人たちを「人権擁護主義者」「リベラル」と呼んではいけない。そういう自称「リベラル」な人たちは、姜哲煥《カンチョルファン》氏の『平壌の水槽』（ポプラ社）『北朝鮮脱出（上・下）』（安赫《アンヒョク》氏との共著、文春文庫）を読んだことがないのだろうか。申東赫《シンドンヒョク》氏の『収容所に生まれた僕は愛を知らない』（ベストセラーズ）や、『北朝鮮14号管理所からの脱出』（白水社、ブレイン・ハーデン著）などを読んだことがないのだろうか。北朝鮮人権第3の道編の『北朝鮮 全巨里教化所：人道犯罪の現場――全巨里教化元収監者81人の証言を含む８９３４人による、北朝鮮の国内人権状況の証言集』（北朝鮮難民救援基金）も読んだことがないのだろうか。

共産圏を「祖国」とみなす人たちの戯言

ジョージ・オーウェルいわく。

《行為の善悪を判定する基準はその行為自体の功罪ではなく、誰がやったかという点であって、拷問、人質、強制労働、強制的集団移住、裁判なしの投獄、文書偽造、暗殺、非戦闘員に対する無差別爆撃――こうしたいかなる無法きわまる行為でも、それをやったのが「味方」だとなれば、まずたいていのばあいは道徳的な意味が微妙に変わってしまうのだ。》

《ナショナリストは、味方の残虐行為となると非難しないだけでなく、耳にも入らないという、すばらしい才能を持っている。》

《ナショナリストはすべて、過去は改変できるものだと信じている。ときには彼が当然そうなくてはならないと思うとおりの事が起こる幻想の世界にまよいこんで——そこでは、スペインの無敵艦隊が勝ち、一九一八年のロシア革命は粉砕される——こういう幻想の断片をすこしでも多く、歴史書に持ちこもうとする。現代の政治宣伝的文書は、大部分がまったくの捏造である。》（ナショナリズムについて）

だからこそ、寺尾五郎氏の先のような本が生まれるのだ。「地上の地獄」を「地上の楽園」とみなすような……。「慰安婦」はいたし、「南京での捕虜処断」もあったかもしれないが、「慰安婦強制連行」や「南京三十万虐殺」といったような虚偽を捏造することによって「歴史書に（嘘を）持ちこもうとする」。そのくせ、北朝鮮や中国に於ける、現在進行形のより凄まじい人権弾圧等々に関しては、沈黙する。

「それをやったのが『味方』となると、そういう残虐行為は「耳にも入らないという、すばらしい才能をもっている」からだ。こういう人たちの言説に惑わされてはなるまい。それを批判するのは、大切な言論の自由の行使なのだ。それをレッテル貼りで貶めようとするのは、卑劣な態度、知的不誠実というしかあるまい。

たとえば、松本昌次氏の『わたしの戦後出版史』（トランスビュー。聞き手は上野明雄氏&鷲尾賢也氏）にしても、未來社の編集者でもあったときに書いた北朝鮮礼賛旅行記『朝鮮の旅』（すずさわ書店）にしても、その北朝鮮ヨイショの言論には唖然とするしかないことが書かれていたものだった。

『わたしの戦後出版史』では、「日米の経済封鎖が北朝鮮にとってどんなに深刻なものであるか、飢饉になるのも無理はないでしょう。体制は異なりますけど日本から進んで国交を開く努力をすべきじゃないんですか」とのコメントは笑止千万というしかない。GDP一パーセント程度の日本の軍事費に比べて、北朝鮮がどういう軍事費大国、軍事大国か、民生を犠牲にしての軍拡の異常さを指摘もせず、日米の経済封鎖が飢饉の最大の原因とみなすような見解は、反知性主義の最たるものではないか。鷲尾さんもこういうコメントに、「なにをおっしゃる? あまりの暴論!」と反論もできない人だったのか。情けないにもホドがある。こういう人たちの「良心」ってなんだろう。悪しき進歩的文化人たちの妄言には唖然とするしかない。

先の川人博氏や萩原遼さんの言説と比較すれば、月とスッポンというしかない。「知性」と「反知性」、「文明」と「野蛮」というしかない。

もっとも、北朝鮮ヨイショ派だったグループから離脱した人たちもいる。たとえば、小川晴久氏は『北朝鮮いまだ存在する強制収容所：廃絶のために何をなすべきか』（草思社）で、北朝鮮の人権抑圧体制打破のために、われわれ日本人はもっと北の人権問題に関心を持つべきであると指摘している。

「日本国内外の人権派や平和勢力が、社会主義圏であった北朝鮮の人権侵害状況に目を向けようとせず、避けてきた」ために、今日の惨状が続いていると見ている。

かつては北に同情的であった磯谷季次氏が、晩年には北批判派になった例なども紹介されている。転向後の磯谷氏の『良き日よ、来たれ：北朝鮮民主化への私の遺書』（花伝社）は、僕もかって一読したことがあるが、そうした北批判を心よく思わない昔の進歩的文化人もいるそうな。その知的頽廃たるや、情けないにもほどがある。

先の松本氏と磯谷さんとは以前は北朝鮮愛好家どうしの畏友だった。転向前の磯谷季次氏の『朝鮮終戦記』は未來社から刊行されている。この本は一九八〇年の刊行。戦前北朝鮮に軍人として赴任もし、そうした回想を綴っている。北朝鮮に対する「日本政府の敵視政策は、まさにこの分断固定化を助長するものである」と批判していた。

しかし、この磯谷氏は、のちには、先の『良き日よ、来たれ』という本を書き（この本が未來社から出なかったことに、未來社の知的限界があろう）、北朝鮮批判派に転向している。

磯谷氏ほどの「良心」も持てずに、いまだに北朝鮮をヨイショする情けない人々もいるようだが……。事実を直視することが肝要。戦前の空想的軍国主義を批判する人が、戦後の空想的平和主義を礼賛するとしたら矛盾もはなはだしい。一九九一年刊行の『良き日よ、来たれ』も本来なら未來社や岩波書店が刊行すべき本であっただろう。

岩波といえば、元岩波書店社員で、中国礼賛派だったものの転向した長島陽子氏の『中国に夢を紡いだ日々：さらば「日中友好」』（論創社）と併せて読むことによって、どちらの側の「認識」がより正しいのか、比較考察することが肝要であろう。「本」を読むのは本当に楽しく、知的刺激を受ける。さまざまな人の知的限界や知的勇気などを垣間見ることができるからだ。

本当の知性主義を発揮した人は、磯谷氏や長島氏たちだ。もちろん、初期の段階から、左右の全体主義者たちの「宣伝」を見抜いていた関貴星氏の北朝鮮批判本のほうがより貴重だ。彼の娘さんやそのご主人なども、父親の「転向」を最初は快く思わず、それを無視して北朝鮮に帰国しようとしたりしたが、関さんが必死になって制止した。その経緯は以下の本に詳述されている。

北朝鮮に遠慮してモノを言う人たちは、関氏の本は無論のこと、関氏の長女（呉文子氏）の『パンソリに想い秘めるとき‥ある在日家族のあゆみ』（学生社）や、呉氏の夫の李進熙氏の『海峡‥ある在日史学者の半生』（青丘文化社）などもひもといたことがあるのかどうかは知らないが一読することをお勧めしたい。

関氏は国賓待遇で北を訪問したものの、一九六〇年代から帰国運動の実態を知ったことから北朝鮮贔屓派から批判派に転向した人だが、当時、娘の呉さんやその夫の李氏はそうした対応を批判していた。呉氏は北朝鮮に帰国しようともしていた。

すると「文子がもし帰国するようなことになれば、割腹自殺する」と明言。そんな民族反逆者を父に持つ苦悩から夫との離婚も考えたという。李氏も考古学研究のために北朝鮮に帰国しようと考えていた。義父の北朝鮮批判も「朝鮮動乱から七、八年しか経っていなくて、戦後の復興途上ではないか」と懐疑的だった。

「もしもあのとき、父の反対を押しきってまで帰国していたなら、どんな運命が待ち受けていたのだろう」「まさに人生の岐路の真っ只中に立たされていた」と述懐する。

結局、帰国は断念したのだが、不幸中の幸いというべきだった。「もしも（イフ）」の岐路だったのだ。

李氏は朝鮮大学の教授で北贔屓だったが、そういう義父がいたせいか朝鮮青年社から刊行した著作が出荷停止になったり思想総括を求められたりもする。やがて一九七一年に辞職。北と訣別する。呉氏はその後、父と再会し親不孝を恥じ「アボジ、ごめんなさい」と許しを請うたという。

印象だけで『諸君！』を断罪する人たち

『世界』（二〇一八年十二月号）には、斎藤貴男氏の「体験的『新潮45』論：保守論壇の劣化の軌跡」なる論文が掲載されていた。『諸君！』にも触れていた。

《保守論壇の様相が一変したのは、小泉純一郎政権が誕生した時期からです。彼が進めた新自由主義による構造改革路線は言わば日本社会のアメリカへの同化政策でしたから、これも〝売国〟だと難じる論考があってもしかるべきだと思うのですが、そういうのは一切ない。『諸君！』もいつの間にか、ただ〝上〟だけを向いて、〝小泉政権に無条件で服従しない奴はみんな敵だ、サヨクだ〟という誌面になっていきました。》（傍点仙頭）

はて？　小泉内閣は二〇〇一年四月から二〇〇六年九月まで続いた。その時期、デスク、編集長時代と重なり、僕は『諸君！』に在籍していた。

斎藤さんも、前述の鈴木邦男さん同様の、読みもしないでの決めつけが多いのではないか（昔『週刊文春』特集班で一緒に仕事をしたこともある人だが）。

たとえば、僕は直接連絡をとって、二〇〇七年五月号の『諸君!』では巻頭論文として、京都大学の本山美彦さんに「米国型『市場原理主義』を超克せよ」を書いていただいた。「いまこそ経済学に倫理性を取り戻せ。このまま理不尽な経済格差を放置すれば国は滅亡する」とのリードとともに。

こういう考えももっともだと思ったからだ。ちなみに本山氏には『売られ続ける日本、買い漁るアメリカ:米国の対日改造プログラムと消える未来』(ビジネス社)といった本もそのころ出していた「反米論客」だ。こういう論文を大きく掲載したこともあるのに、「『諸君!』もいつの間にか、ただ〝上〟だけを向いて、〝小泉政権に無条件で服従しない奴はみんな敵だ、サヨクだ〟という誌面になっていきました」というのはどう考えてもたんなるレッテル貼りでしかあるまい。

僕は大学ではマルクス経済学が必修であったために、やれやれと思った口だが、基本的には経済問題に関しては中央大学(経済学部)教授で『正論』欄の執筆陣の一人でもあった丸尾直美さんが好きだった(ほかには飯田経夫さん。もちろん部分的には違和感を持つこともあったが)。

丸尾氏は、福祉経済学の立場。新自由主義ではまったくない。その兄弟子にあたる加藤寛さんも同様。晩年には、加藤さんは原発に懐疑的な立場から脱原発論を主張していた。外交・防衛問題などは「タカ派」「ネオコン」でも、内政では「ハト派」「中道リベラル」な考えをもつ人は少なくない。そういう複眼的な物の見方・考え方をする人が世の中にはそこそこいるのだ。外交・防衛問題でタカ派なら、内政もタカ派、新自由主義路線に違いないと思い込むのは、単細胞型思考というしかない。

僕が編集長だった時代は、国際情勢が激動していたこともあり、リーマンショック前で経済問題はあまり取り上げることはなかった。ホリエモン問題などが、どちらかといえば経済問題だったが……。だから、『諸君!』が、男系天皇に固執していたとか、小泉改革を全面支持していたなどと言うのは、「論語読みの論語知らず」というのか、「読みもしないでのレッテル貼り」でしかあるまい。

小泉内閣当時や、その前後にはこんな論文・対談も『諸君!』に掲載されていた。「一切ない」というのはまったくの嘘というしかない。

たとえば、左派論客の金子勝さんはじめ、こんな感じで登場している。

「グローバリズムという妖術」(リードは「米国が作りだす経済覇権の歪みをはね返す『反グローバリズム』のための四箇条」)(金子勝氏。一九九九年十二月号)。

「日銀の『禁じ手』にも『ノー天気』『銀行』への最後通牒!」(リードは「政治に屈して、〃歴史的汚点〃を残した速水総裁。問題先送りの対処療法は、もう限界だ」)(金子勝氏&木村剛氏。二〇〇二年十一月号)

「〃駄メリカン〃のサル真似で〃改革踊り〃に明け暮れて……隠された『小泉悪政』――Q&A方式で一読了解!」(リードは、「デフレ不況に有効打ナシ、時代遅れの米国追従で日本経済を弄ぶ〃小泉砦の三悪人〃を断罪!」)(金子勝氏。二〇〇二年十月号)

「財政再建か景気回復か――そのジレンマを断つ 魔法のカクテル――窮余の秘策」(リードは「不

良債権の徹底処理、地方の分権・活性化による雇用維持、財政赤字の分離・棚上げ――これが日本再生のポリシー・ミックスだ」（金子勝氏&神野直彦氏。二〇〇一年五月号）。

「〃駄メリカン〃のサル真似で〃改革踊り〃に明け暮れて……」といったタイトルは、僕の前の編集長時代のものだが……。このタイトル、ちょっと過激すぎて、宇野さんや薬師寺さんには叱られるかな（?:）。

いやいや、相手が「北朝鮮」や「中国」でなければ、こういうのはアリで許されるのかもしれない。「最後通牒」というのも、「永久に黙らせる」と同様、使ってはいけない〃軍事用語〃なのかも。戦争を肯定するものだから（?:）。マジでそう主張する人がいたら、「アホらし屋の鐘がなるなるキンコンカーン」であろう。

とにもかくにも、一知半解からか、読みもしないでかはともかくとして、たんなるレッテル貼りによる『諸君!』批判が、いかに杜撰なものなのかは、これまでの拙論でご理解できよう。「小泉悪政」「時代遅れの米国追従」として〃売国〃だと難じる経済論考もちゃんと掲載している『諸君!』に対して、「そういうのは一切ない」『諸君!』もいつの間にか、ただ〃上〃だけを向いて、〃小泉政権に無条件で服従しない奴はみんな敵だ、サヨクだ〃という誌面になってきました」と決めつけるのは「名誉棄損」にあたるともいえよう。

これが「正義」だと断定できないからこそ必要な「考える材料」

その意味で、岩波書店からもすばらしい本は出ていることに触れておこう。たとえば、阿川弘之さんの『きかんしゃ やえもん』（岡部冬彦画）は最高傑作。この一冊だけでも……。

ほかには……。元毎日新聞モスクワ特派員の今井博さんの『モスクワ特派員報告：ニュースの裏側』や、仲井斌《たけし》氏の『西ドイツの社会民主主義』は、岩波新書であってもちゃんとしたマトモな本だ。仲井斌氏の単行本の『現代ドイツの試練：政治・社会の深層を読む』も参考になる。

今井さんには、岩波新書を読んで会いに行き、『諸君!』にもご執筆いただいた（「モスクワ特派員2000日」一九八五年十二月号）。のちに毎日から産経新聞に移られた。退社後、『現代の英雄』（岩波文庫）で知られるレールモントフについて書きたいとのご相談を受けた。残念ながら、文春では本にできず、群像社から『レールモントフ・彗星の軌跡』という本として結実した。

そんな中で、きわめて感銘を受けたのが楊海英氏の『墓標なき草原：内モンゴルにおける文化大革命・虐殺の記録（上・下）』『続 墓標なき草原：内モンゴルにおける文化大革命・虐殺の記録』（岩波書店）だった。一読賛嘆。岩波書店ともあろうところが、こんな立派な本（文革時代、毛沢東一派が南モンゴルでいかに酷い弾圧をしたかをオーラルヒストリー的に明らかにした内容）を出すとは……と感動してファンレターを大学宛にお送りしたものだ。

それがきっかけで、文春時代に『チベットに舞う日本刀：モンゴル騎兵の現代史』『逆転の大中国史：ユーラシアの視点から』を企画・担当した。

鈴木明さんの『新「南京大虐殺」のまぼろし』同様、『チベットに舞う日本刀』は、一時、刊行が危ぶまれたときがあったのだが、なんとかクリアして……。

前出の元岩波社員の長島陽子さんは、かつては共産主義バンザイ派だったが、『中国に夢を紡いだ日々：さらば「日中友好」』（論創社）で、己の考えを「修正」し転向表明をしている。きわめて誠実な筆致で書かれた本だ。

論創社からは、倉橋耕平氏&安田浩一氏の『歪む社会：歴史修正主義の台頭と虚妄の愛国に抗う』という本が最近出ているが、ご両者も、この長島さんの本を「歴史修正主義」「ネトウヨ」と批判することはできまい。

しかし、書いてある内容は、きわめて具体的な実体験にもとづくもので、この国を賛美したがる人々を「永久に黙らせる」ことができるほど、具体的で説得的な中共・北朝鮮批判本である。

そのほかにも、神野直彦氏の自叙伝である『経済学は悲しみを分かち合うために』も書名からして、ナイスな本ではないか。「大切なものはお金で買えない」というのが自分の思考の原点であるというのもなるほどと思う。

僕が経済学者として好きだった飯田経夫さんは、松下政経塾の島聡さんの恩師でもある。『諸君！』にもよく登場されていた。マルクス経済学者的な日本貧困論などはとらずとも『アメリカの言いなりは、もうやめよ』（講談社）という本を出す人でもあった。

僕にとっては、外交防衛にしてもそうだが、経済ともなるとますます、これが「正義」だと断定していえるものはなく、いろんな見解に耳を傾けるしかないと思っていた。それは当然、誌面にも反映されていたわけだ。天皇の男系・女系論争しかり、日本経済論しかりだ。

『諸君!』はなぜ消えたのか

『諸君!』の最終号(二〇〇九年六月号)が出たとき、産経新聞にこんな記事が出た。

《「諸君!」撤退の背景は…経済悪化もあるが、若手の意識変化も

文芸春秋の月刊オピニオン誌「諸君!」の最終号となる6月号が店頭に並んだ。40年にわたり保守論壇の拠点のひとつであった同誌はなぜ撤退せざるをえなかったのか——。

「雑誌を取り巻く経済環境の悪化に尽きます」。文芸春秋の松井清人第一編集局長は休刊の理由を説明する。「諸君!」の発行部数は5年前の25%減。オピニオン誌は、新しい水が流れ込まず、徐々に水位が下がる池にたとえられる。これに金融経済恐慌による広告収入の激減がとどめの一撃を加えたといえる。

「創刊から一貫して『健全な保守論壇の構築』という役割を担ってきたと考えています。役割を終えて休刊すると言いたいところですが、役割を終えたとは今も考えておりません」と、自負と口惜しさの滲むコメントを松井氏は寄せるが、環境の厳しさはどのオピニオン

誌も同じ。

同社が撤退を決断した理由についてはさまざまな見方がある。

「リベラル保守であった文芸春秋の歴史認識が昨今はリベラル左派が中心になっている」と「ＷｉＬＬ」を発行するワックの鈴木隆一社長は指摘、経営陣のスタンスとずれる「諸君！」は真っ先に切る対象になったのでは、と推測する。

民俗学者の大月隆寛氏はこんな見方をする。

「論壇なんてものを、体を張って引き受けようという若い人が社内にいなくなったのではないか」

文芸春秋取締役の立林昭彦氏は内情を次のように説明する。「4月以降の営業収益を弾いてみると、著しい減益が予想された。赤字雑誌の整理が求められる中で、文芸雑誌を存続させて「諸君！」の休刊を決めた理由は、文芸の連載は単行本、文庫となって収益につながるから。「諸君！」の連載はうまくいって新書。それも2刷がせいぜい。休刊を決める前に、減ページや隔月刊、季刊なども検討したが、赤字の改善は困難だった」

もうひとつある。それは社内の世代交代だ。

「弊社の若い人たちが歴史認識や憲法改正、日米関係といった大テーマに関心を持たなくなっており、こんな状況で存続させても、とても巻き返しはできそうにないと判断した」

休刊の影響はどうか。ライバル誌である「新潮45」の宮本太一編集長は「寂しい限り。歴史ある同誌の休刊で、月刊誌全体が活力を失ったと感じられることを懸念する。業界全体にとってのマイナス」と憂慮する。

かつての論敵であった元共産党政策委員長の筆坂秀世氏は「論争の場が昨今はテレビやネットに移行しているが、そこはじっくり思考を研ぎ澄まして対決する場とは思えない。『諸君!』の休刊は左右に関係なく危惧（きぐ）すべきこと」と危機感を募らせる。

立林氏は言う。「保守の時代となり『諸君!』の役割は終わったという人がいるが、とんでもない。日本が本当の独立国として立っていくためには、思想的・現実的課題が山のようにある。もちろん月刊『文芸春秋』でも取り組んでゆくことになるだろうが、『正論』や『Voice』『WiLL』にも踏ん張ってもらわないと」》

（MSN産経ニュース、二〇〇九年五月五日）

松井さんのお名前も出てくるが、休刊の情報が流れたあと、ある会で堤堯さんが、「おい、『諸君!』が嫌いなやつらが、理由つけて休刊にしやがったんだろうな」と話しかけてきたことがあった。

そういう側面も否定はできないだろう。それでも部数が急減しなければ、まだもったのかもしれない。

というのも、編集長時代、ときどき経費の精算に経理部に行ったとき、経理部長が「今期、『諸君!』に一般部門の管理費を付けることができたよ」（表現が正確ではないかもしれないが、悪いことではないみたい?）とか、「返品がこんなに少ないのは気持ちいいね」と言われたことがあった（ほんの一時期だが……）。

ただ、どこの出版社でも、小説雑誌なら「純文学」と「大衆文学」ということで二つあるが、看板雑誌は一つ。産経は『正論』。朝日は『論座』（いまはない）。講談社は『現代』（これもない）。岩波は『世界』（まだある）。ＰＨＰは『Ｖｏｉｃｅ』というふうに。文藝春秋も『文藝春秋』以外に『諸君！』まで構えることができたのは、社全体に対する「広告収入」などの余裕があってのことというのは否定できない事実ではあろう。

ともあれ記事中にもあるように、「弊社の若い人たちが歴史認識や憲法改正、日米関係といった大テーマに関心を持たなくなっており、こんな状況で存続させても、とても巻き返しはできそうにないと判断した」という側面もあっただろう。

そんな『文藝春秋』になったのには、先の採用姿勢にも一因はあったかもしれない。なにもかもが、「もしも（イフ）」の世界を交互に行き来するばかり。なるようにしかならないのが「人生」でもあり「会社」でもあり「運命」なのだから……。

『諸君！』はセカンド雑誌だったが、看板雑誌の『文藝春秋』が『諸君！』のように消えてなくなる日がくるのか。こないことを祈っているが、「ネバー・セイ・ネバー」というしかあるまい。

それにしても、『諸君！』休刊の際に、この記事に登場もしていた『新潮45』も先に触れたように消えていった。その『新潮45』に関しては、次章でも少し触れたい。

「志摩永寿」名義で刊行した処女作『本の饗宴・新保守の読書術』

第5章 『諸君！』は『正論』でも『新潮45』でもないけれど『自由』ではあるかも

坪内祐三さんからの「批判」

『新潮45』（二〇一四年十二月号）の広告が、自宅で購読している産経新聞（十一月十八日朝刊）に掲載された。朝、その広告に坪内祐三さんのエッセイのタイトル「文春的なものと朝日的なもの」を見て、なんとなく気になった。が、その日、いろいろと仕事が忙しくばたばたしており、掲載誌を手にする時間もなかった。

すると、夕方になって産経新聞の湯浅博さんから「発売中の『新潮45』はお読みになりましたか。坪内祐三の『文春的なものと朝日的なもの』に、あなたとおぼしき『S』なる編集者が登場していましたが。チェックして見てください。よく知られた人物を次々に登場させて、批判のようなそうでないような……」とのメールをもらった。おやおやと思って、そのあとで読んでみた。

「文春的なものと朝日的なもの」（なぜ「二つの吉田問題」で文春の朝日叩きがあれほど燃え上がったのか）なるエッセイは、朝日新聞の「二つの吉田問題」（慰安婦虚報を世界に拡大した吉田清治と福島原発の所長・吉田昌郎氏の待機命令〝違反〟報道）が雑誌ジャーナリズムを賑わしていたときに書かれたものだ。

坪内氏の人物交流を中心とした朝日的体験と文春的体験との回想から始まる。ちなみに坪内氏は一九五八年五月生まれ、僕は一九五九年三月生まれ（早生まれ）だから、学年的には同世代になる。

そのエッセイは、山本夏彦さんのような朝日批判にはユーモアもあり、一味違っていた……ことなどを列記しながら論を進めていく。ふむふむ、なるほどと僕も読み進めていった——。

以下引用（適宜改行を増やし、一部中略している）。

《大学に入学した私は池島信平の『雑誌記者』（中公文庫）を読んだ。大名著だった。この本は私のバイブルになり、何度繰り返し読んだかわからない。私の文春志望は決定的なものになった。

それに続けて扇谷正造の『現代ジャーナリズム入門』を読んだのだ。これも名著だったと思ったけれど、私は、新聞記者になりたいとは思わなかった。右翼と呼ばれた学生でありながら、『諸君！』は愛読していなかった、と先に述べた。

しかしもちろん、時に購入することはあった。

たとえば清水幾太郎の「核の選択——日本よ国家たれ」が大きな話題となった（この長編論考によってこの号は「忽《たちま》ち売切れた」という）昭和五十五（一九八〇）年七月号。

この号を購入し、清水幾太郎の論文をじっくり読んだものの、思想的には、その批判論である福田恆存の『近代日本知識人の典型・清水幾太郎を論ず』（『中央公論』同年十月号）の方に納得がいった。

だが思想的にでなく心情的に私の心にピタリとはまったのは「男性自身」の「卑怯者の弁」だった（「ピタリ」と書いたが、当時二十二歳の私は「ヌルイ」とも思ったりしたのだ）。「卑怯者の弁」だけで五週も続けた。

つまり山口瞳はこの連載コラムで、身辺雑記だけでなく、時事的なことも発言したのだ。だからこそ、今この連載が続いていたら、「2つの吉田問題」(特に従軍慰安婦問題)について山口瞳はどのようなことを述べただろう。

文春青年でありながら、文藝春秋の試験に一次で落ち(本当に私は試験が苦手だ――殆ど受かったことがない)、大学院に進み、しかし大学教師に向いていないことを悟り、粕谷一希さんに拾われて『東京人』の編集者となった。

《だが、そんな粕谷さんと衝突し、僅三年で編集部を飛び出した。

そんな私を拾ってくれたのは朝日新聞社の出版部だった。

当時の朝日新聞の出版部は、もちろん、いわゆる朝日的な人たちもいたが、むしろそういう人たちは目立たず、一種の梁山泊、朝日新聞の中の解放区だった。

中でも私がいちばん親しかったNさんは谷沢永一や山本夏彦らの愛読者で、実際、谷沢永一と加地伸行と山野博史の鼎談書評を月刊誌で企画した(ある意味『諸君!』より右派な企画だと思う)。》

《かつて私の銀行振り込みは(編集料と原稿料も含めて)朝日新聞社からのものが圧倒的に多かったのだが、ここ数年殆どない(ゼロの年もある)し、献本リストからもはずされてしまった(『週刊朝日』の献本リストからはずされたことを『本の雑誌』の日記連載で書いたら親切な人――たぶんフリーの人――から手書きで送られてくるようになったが)。

今の私が収入的に一番お世話になっているのは文藝春秋だ。今はなき『諸君!』で私は代表作（『一九七二』と『同時代も歴史である』）を連載し、三十枚ぐらいの論考を何本も寄稿したけれど、私は『諸君!』の休刊を悲しんでいない。最後の何年か私は『諸君!』に一本も原稿を発表していない。同誌の中で私の居場所がなかったからだ。ある時期から『諸君!』は『正論』や『WiLL』と変らぬ雑誌になってしまったのだ（以前はもっと大人っぽかった、つまりふくらみがあったのに）。

ある時期から、と書いたが、それはSという人が編集長になってからだ。もし私のかなりコアな読者がいたら、私が『三茶日記』（本の雑誌社）の百二十二ページでこのSという人物について言及しているのを憶えているかもしれない。

つまり、里縞政彦という人が『20世紀の嘘——書評で綴る新しい時代史』（自由社）で先に私が紹介した（谷沢さんや加地さんの愛読者である）朝日新聞のNさんが編集したムックの編集後記を取り上げて、いかにも朝日的な「機械主義的編集人」と批判していたのに対し、注の形で、「たぶんこの里縞という人は、別の名前で徳間書店から読書日記を刊行している人で、文春のSという編集者だと思う」と書いていたことを。

私は私と同世代のこのS氏と因縁を持っていた。大学院時代の私の指導教授は松原正先生だった。松原先生は右派というか極右で（先生の師である福田恆存さんが先生の第一評論集の推薦帯に「私は追ひ抜かれた」と書いていた）、『諸君!』や『Ｖｏｉｃｅ』といった論壇誌で活躍した時期もあった（ただしすぐ編集長と喧嘩し決裂してしまう）先生は防衛庁（当時）に人脈があった。そこで先生が出会った若者がＳ氏だった。

ある時先生は私に言った。オイ坪内君、防衛庁で知り合った若者がいて、彼が今度文春に途中入社した。キミと年が同じぐらいだから、いずれ紹介するよ。

そのＳという名前に私は聞憶え（見憶え）があった。Ｓ氏は投書魔で、『諸君！』や『正論』、サンケイ新聞といった雑誌や新聞でよくその名前を目にしていたのだ。

しかも……。

たしか一九八〇年だったと思う。ウズベキスタンだったかカザフスタンだったか、要するに中央アジアを視察する、財界人を中心とするツアーが組まれ、そのツアーは一般人も参加可能で、ツアー終了後、それに参加したＳ氏から、団長だった私の父のもとに私家版（ただし定価千二百円とある）の『日本に明日はない！』（サブタイトルは「『左翼的気まぐれ』への挑戦」）が送られて来たのだ。

活字中毒者だった私はその評論集を通読してしまった。私も右翼と言われている若者なのに、しかもジョージ・オーウェル好きは共通しているのに、ずいぶんと物の見方が違うなと思った。

それから三十数年経ってＳ氏はまだ文春にいるだろうと思うし、私は『週刊新潮』と同じく斎藤十一が創刊した『新潮45』で、こういう原稿を書いた。》

「処女作」が一九九七年に出た遠因とは

少し長い引用になったが、ここに出てくる「S」というのが、僕のことである。坪内さんの指摘や、本書の「著者略歴」にもあるように、僕はいろんなペンネームで『自由』という、『諸君!』の休刊とほぼ同じ時期に休刊することになった雑誌にエッセイを連載したり、本を出したりしてきた。高校時代から『自由』には投書していたし、松下政経塾に入ってからは「論文」を掲載させてもらった。

前述したように、文春に入ってからもペンネーム（江本陽彦・里縞政彦・城島了など）で、読書日記や紀行文や評論文を、二〇一七年二月に亡くなった石原萠記編集長のもと、自由自在に書かせていただいた。自称「自由編集委員」ということで、知人や塾の仲間で結婚式の司会もやってもらった島聡さん（元代議士、元ソフトバンク社長室長）などの論文もしばしば掲載してもらった。ネット言論のない時代だったから、ちゃんとした雑誌に論文が載るのは、ある種の「業績」にもなった。

それはさておき、『諸君!』にも似た論調だった徳間書店の『サンサーラ』（休刊）という硬派雑誌の編集長も務めていた松崎之貞さんが、ノンフィクション出版局の局長になり、『自由』の読書日記（江本陽彦名義）を見て、「本にしたい」と編集部経由で連絡をくれたのは一九九七年の春先のころだった。ペンネームの執筆だったし「どうしようか」と思ったのだが、とにもかくにも会いに行った。

当時、徳間書店は新橋駅近くに大きな自社ビルを有していた。うっかりしていたことに、松崎さんは、少し前に西部邁氏担当の各社編集者の会合があったときに名刺交換をした方だった。むこうは「江本陽彦」という名前しか知らないから、「旧知」とは面談するまで気づかず当然だった。僕はうかつにも、そのことを失念していた。

徳間書店で、顔を合わせたとたん、二人とも「あっ！　なんだ」と。「江本さんって、仙頭さんだったんですか」と。

名刺交換をした仲でなかったのなら、松崎さんに対して、文春社員の身分を隠して刊行できるかと思っていたが、それは断念することになった。

ちなみに、松崎さんは『アサヒ芸能』の編集長を務めたこともあり、「ジキルとハイド」というか、硬軟の両分野に強い読書人でもあり、そういう人の目に拙文（読書日記）が留まったということは大変光栄なことであった。

その松崎さんも後日、徳間書店を早期退職され、フリーランスの編集者稼業のかたわら『「語る人」吉本隆明の一念』（光文社）など著作活動を展開している。また、渡部昇一さんのエッセイが『サンサーラ』にも連載されていて、雑誌廃刊後も、年一回、徳間書店から渡部さんの語り下ろしシリーズで本が出ていたが、退社後もその編纂を担当しておられた。しかし、二〇一七年四月十七日に渡部さんは急逝された。その直後『歴史通』の臨時増刊号で渡部さんの追悼特集号をつくったが、そのとき、松崎さんには年譜を執筆してもらった。また、ビジネス社から渡部さんの評伝『「知の巨人」の人間学』を書き下ろしもしている。

じつは文春社内でも、いまは『月刊Ｈａｎａｄａ』の編集長をしている花田紀凱さんが、本誌(『文藝春秋』)のデスクをしていたとき、社内の作業机で新聞を読んでいたら「仙頭君、君が江本なのか」と声をかけられたことがあった。

「えっ?」「いや、『自由』の読書日記がおもしろいから、『新聞エンマ帳』を書いてもらおうと思って、編集部の猪坂豊一さんに連絡したら、ダメだよ、おたくの社員なんだからと言われちゃってさ」と。そんなこともあった。

ともあれ、江本名義ではなく「志摩永寿」名義で、『本の饗宴・新保守の読書術』が徳間書店から刊行されたのは一九九七年八月のことだった。初版は七〇〇〇部だった。帯には櫻井よしこさんの激賞、「大いなる読書量の志摩氏。その自在な批判の矢がリベラル派迎合論の矛盾点を突いていく。本に埋もれた心優しき家庭人の側面もうかがえて、読んで楽しくまた痛快の書である」との言葉もいただいた(櫻井よしこさんは、『諸君!』配属になったとき、真っ先に原稿を、当時は麹町にあった日本テレビにいただきにあがったりしたこともあり、長年お世話になった関係もあり、処女作にありがたき推薦の弁をいただくことができた)。

ちなみに、「志摩」は中村菊男先生の地元が「伊勢志摩」であったから。「永寿」は父の名前から急遽思いついたペンネームだった。

『ストリートワイズ』に遭遇しなかったら

じつは、この本の刊行にあたっては、坪内さんの「影響力」もあったのだ（ご本人はもちろんご存じない話だが）。

というのも、彼の処女作である『ストリートワイズ』（晶文社）が刊行されたのが一九九七年四月ごろのことだった。松崎さんと会って前向きに本にすることを検討しようと思ったものの、本になると目立つというか、社内的にもいろいろと言われるかなと逡巡もしていた時期だった（そのころは社内規則で、社外執筆するときには届け出ること……といった細かな規定はなかった）。

そのとき、書店で坪内さんの『ストリートワイズ』を手にした（購入した）。自分とまったく同世代の人が、こうした本を出しているんだ、自分も出してみるか……という気になったのだ。

あのとき『ストリートワイズ』に「もしも（イフ）」遭遇しなかったら、松崎さんに「本にするのはちょっと見合わせます」と答えたかもしれない。

ともあれ『新潮45』を一読したあと、二〇一四年十一月十九日に、僕は坪内さんにこんな手紙を投函した（一部中略あり）。

《坪内祐三さま

乱筆故にパソコン文字（横書き）にて失礼します。

『新潮45』のエッセイ拝読いたしました。小生のことも最後の一頁弱のところに出てきますので、一言感想めいたものを書かせていただければと思いペンをとったしだいです（その最後のところ、ちょっと間違いというのか、気になるところもあるので、本に収録される時は、微調整などご検討もいただければ幸いです）。

「大人っぽくなくなった」という点は、小生の不徳故かもしれません。

それはさておき、松原正さんが、防衛庁で僕と知り合った云々と語ったというのは本当にそう言ったのだとしたら、ちょっと彼の勘違いでは？　また、私は特に思想的共鳴を松原さんにはそのころはあまり抱いていなかったかと。

というのは、私の記憶もあやふやですが、取材でお世話になった栗栖弘臣さんが金沢工業大学の客員教授をたしかそのころやっていて、半蔵門にある大学の支部のようなところで勉強会をやっているから来ないかと誘われたことがありました。

たしか、月一回とか二カ月に一回ぐらいだったか。土曜日に、ゲストを招いて十人ちょっとで話を聞くような会でした。そこにときどき出ていたのですが、松原さんも聞き手としてお見えになっていたかと。それで挨拶をしたのが、面識を得たきっかけだったと思います。

松原さんが「オイ、坪内君、防衛庁で知り合った若者がいて、彼が今度文春に途中入社した。キミと同じぐらいだから、いずれ紹介するよ」とおっしゃったとのことですから、たぶんそういう時期だったと思います。私が文春に入ったのは、一九八四年（昭和五十九年）の七月でしたから（逆に、松原さんが、私に対して、「オイ、仙頭君、僕の教え子で坪内君というのがいる。キミと（年齢が）同じぐらいだから、いずれ紹介するよ」と言われたかどうかはちょっと記憶にありませんが、そのとき、ご紹介いただいていれば、こういうお手紙を出すこともなかったかもしれません）。

とにもかくにも、そういうわけですから、私と松原さんとが「防衛庁で知り合った」ということはありえません。たまたま、そのころ、私は結婚したばかりで、女房は六本木の防衛庁職員（海上自衛隊資料隊翻訳部の中級公務員）でした。妻が防衛庁勤務だったという話は松原さんや栗栖さんにしたのかもしれません。それを松原さんがちょっと混同して、私との出逢いを金沢工業大学の東京支部（半蔵門）ではなく、六本木の防衛庁と勘違いされたのかもしれません。

あと、妻は早稲田第一文学部出身です。昭和五十二年入学五十六年卒業です。学科がいろいろとあるので、坪内さんとは遭遇することはなかったかと思いますが、松原正さん、臼井善隆さんのファンでした。両人のゼミには入っていなかったものの、卒論の指導教授は臼井先生のほうだったようです。

そのあたりのことは細井秀雄さん（元『諸君！』編集長）にも酒の席でよくいっていたような記憶があるのですが……（後註・「平山周吉」として活躍している元上司の細井さんと会ったときに、『新潮45』の坪内さんの文にいろいろと間違いがあってと愚痴を言ったら、「あぁ、そうか、俺が間違ったことを伝えたかな」と。二人はツーカーなのだ？・）。

松原さんのことはそれなりに好きで、彼の論文は、学生時代、『諸君！』ではじめて読んで（「愚鈍の時代」だったか？）、同感の感想を投書したことがあります（たしかに投書魔だったかと？）。福田さんの一番弟子と自認もされていたこともあり、愛読したことがあります。

しかし、『諸君！』に入ってからですが、会社の上の人が、『諸君！』編集部にやってきて、当時のデスクに松原さんの原稿があるけど、うちから本にできないかね、ちょっと読んでみてくれ……と。そのあと、デスクは、「この中で、『諸君！』でよく出ている岡崎久彦さんなんかボロクソに批判しているから、ちょっと本にするのは……」とコメントしていたのを覚えています。当時、元編集長の村田さんの批判などをしていた松原さんでしたが、ちゃっかり本の刊行は文春からと思っているのかな？とも不思議に感じたしだいです（その原稿は、地球社から『自衛隊よ、胸を張れ』と題して刊行されたかと）。そんな、あんな松原さんのエピソードを妻に批判的に言ったりすると、いささか家庭紛争が起ったりもしたこともありました。といっても、もう三十年近く昔のことで、いまや単なる笑い話ですが。

そのころの日付と関連して、僕は昭和五十二年（一九七七年）に大学に入り、五年間いて、昭和五十七年（一九八二年）三月に卒業しています。それから松下政経塾に入り、その翌年（一九八三年）夏（八月）にソ連中央アジア旅行に参加しました。その旅行記を当時の『自由』（一九八四年一月号&三月号）に本名で書いています。ですから、「たしか一九八〇年だったと思う」というのは、細かい話で恐縮ですが「一九八三年」の間違いです。

あのときは、モスクワ、レニングラード、バクー、ブハラ、タシュケント、サマルカンドに行き、またモスクワに戻って帰国しました。ですから中央アジア（当時はソ連領）を視察するというよりは、「ソ連・中央アジア」を視察するツアーであったかと。実際のツアー名もそうだったかと。

『日本に明日はない!』を書いたのは実質二十歳ぐらいのころです(奥付的には一九八一年三月。投書などをまとめたものでしたから、書いたのは大学二年~三年ごろ)。最近読み返してもいないのですが、まだまだオーウェルかぶれにはほど遠い状況だったかと。坪内さんが読まれたのは、社会人になったころでしょうし、そのあたりは「ずいぶんと物の見方が違う」以前に物足りなく感じられたことと思います。恐縮です。

また、坪内さんは好きな作家などとして、オーウェルと林達夫さんのお名前を挙げていましたが、私はそのころ以前から今日にいたるまで「オーウェルと中村菊男」が好きになっていったものですから(思想が発展するということもなく、英語もできないわが身故に、オーウェルの本は翻訳でのみしか読めませんが……平凡社の『オーウェル著作集』を高田馬場ビッグボックスの古本市などで安く購入したのも懐かしい思い出です。坪内さんも雨の日などに割引制度のある店で買ったとか?→私の記憶違いかもしれませんが……)。

ほかにもいろいろと雑感はありますが、この程度にて失礼します。

まだなんとか(この七月でちょうど入社三十年になりました)文春にいる(文藝春秋国際局出版部)の仙頭寿顕より。》

この手紙には、ファックスにて坪内さんから手書きの返書をいただいた。

ひとことで要約すれば、丁寧なお手紙感謝、嫌なことも雑誌には書いてあったのに……と。文春の忘年会に出ますので、見かけたら一声おかけください、というものだった。

ただ、その年のホテルオークラでの忘年会（十二月）の会場はあまりにも人が多く、坪内さんを一瞬見かけたのだが、担当していた佐々淳行さんのアテンドをしていたこともあり、見失ったりして声をかけることができなかった。

そのあと、二〇一五年になって社内の資料室で偶然、坪内氏と出会い、どうもどうも……といった感じで初対面のご挨拶をした。また、二〇一八年十月の新潮ドキュメント賞の授賞式でも再会。そのときは雑談のおり「仙頭さんの顔は、鉄道評論家の川島令三さんに似ている」と言われた。

双羽黒、風間杜夫、川島令三……。「顔面相似形」一つとってみても、人によって言うことは大きく異なる。『諸君！』に対する感想もいろいろとあるだろう。どれが正しいのか。人それぞれの感想が出てくるのは当然のことであり、客観的な真実の探求はかくも難しい（?）。

まぁ、この一件は解決ずみと思っているのだが——。

ちなみに、坪内氏のこの論文を収録した本が、二〇一八年一月に『右であれ左であれ、思想はネットでは伝わらない。』（幻戯書房）という書名で刊行された。

『新潮45』の論文を収録したものを拝読したが、特に微調整というか、間違いを修正している様子はないように見えた。ううむ……ですね（?）。ご丁寧なことに「S」のところに、こんな註釈がついていた。

「S氏はその後、『WiLL』の版元であるワック出版に移った」

これは間違いではない。しかし、『新潮45』廃刊騒動のとき、坪内さんが『月刊Hanada』（二〇一八年十二月号）に書かれたエッセイ（「今こそ『新潮60』の創刊を」）で「最後の頃の『諸君！』はただのウヨ雑誌になってしまった」というのは、明白な間違いである！

「Nさん」との和解

『新潮45』の坪内論文に関しては、後日談がある。というのも、坪内さんが称賛している朝日の「Nさん」とは永栄潔さんという方で、彼が『論座』などにいたときの記事を僕が里縞名義のエッセイでいろいろと皮肉ったことを坪内さんが怒っていたのは、『新潮45』にあるとおりだ。『本の雑誌』（一九九九年十月号）の「坪内祐三の読書日記」のタイトルも「Nさんへの批判には、決して『共感』できない」と題して、このように書かれていた（これは坪内さんに献本していた拙著を読まれてのコメントであった）。


《七月十六日（金）三時頃、ひと仕事を終えポストにおりて行くと、里縞政彦という人の『20世紀の嘘：書評で綴る新しい時代史』（自由社）と題する本が入っている。同封の版元からの手紙に、こうある。

〈今世紀最大の嘘である左右の全体主義及びそれに依拠したさまざまな主義主張（市民主義・

人権主義・フェミニズム・平和主義……）を論理的に解剖し、その感情的主張を論破した作品です（といいましても、一種の読書日記で、漫画なども読破しており、読み物としても楽しめます）。編集部としましては、日頃、共感を抱くことの多いメディア関係者に献本したいと考え、送本させていただくしだいです〉

「共感」。なるほど、パラパラめくって行くと、私はかつて同じ時期（去年の六月）に文春のPR誌『本の話』で紹介したことのあるナセニュル・ウェストのきわめてマイナーな小説『クール・ミリオン』（角川文庫）を熱っぽく論じている（一六八頁）のには「共感」できたけれど、さらにパラパラとめくり、『大学ランキング'99』（朝日新聞社）の編集者「Nさん」を批判した箇所（一三七～八頁）を目にしたときには、「共感」どころか、大きな「反感」を持った。とにかく朝日新聞社がお嫌いな里縞氏は、朝日ということだけで色眼鏡をかけて人物を見、「Nさん」のことをいかにも朝日的な「機械主義的編集人」と批判する。『月刊Asahi』そして『RONZA』と私は何度も「Nさん」と仕事を共にした。いわゆる朝日的な人が嫌いなことでは私も人後に落ちない。「Nさん」は思想的にも人物的にも、まったく、そういう人ではない。かつて『月刊Asahi』時代に谷沢永一や加地伸行らの連載を企画したりした「Nさん」ほど非朝日的な人物を私は知らない。》

それへの反論というか、要は釈明（お詫び）を『自由』（一九九九年十一月号）に掲載したりしたが、それは割愛するとして、二〇一五年三月に、神保町の東京堂書店の新刊コーナーで、永栄潔さんの『ブンヤ暮らし三十六年：回想の朝日新聞』（草思社）を見てすぐに購入し一読した。

この永栄さんが「Nさん」だったからだ。

一読し、わが不徳を改めて反省し、罪滅ぼしとばかりに、直後にある会合であった堤堯さんに「これはおもしろい本ですよ、堤さんのことがここに書かれていますよ」とか、立林昭彦さんにも「これはおもしろい本です。稲垣武さんのような感じの本です」と宣伝してまわった。その甲斐があったわけではないだろうが、その後、永栄さんは『WiLL』などにもしばしば登場することになった。そして、自分のブログにも、この本を絶賛するコラムを二度書いた。


《(中略) 某新刊書店にて、永栄潔氏の『ブンヤ暮らし三十六年：回想の朝日新聞』(草思社)を購入。草思社刊行の本だから、内容に問題はあるまい。ハキダメにツルの層からの朝日回顧録ではないかと思ったしだい。

朝日の田中豊蔵論説主幹と読売の島脩論説委員長とが『月刊Asahi』で対談したことがあったが、その企画編集を永栄氏が担当したとのこと。一九九二年十一月号。

その対談はリアルタイムで一読した記憶がある。当時、慰安婦問題が話題となっていたころで、そのテーマも両者で激論されたとのこと。

あの「吉田証言」についても、対談を終えたあとの雑談の席で、朝日の田中論説主幹は「本人の懺悔だよ。ぼくは事実だと思うな」と言っていたという。読売の島氏は「現地で調べてきた秦（郁彦）さんは無根と言っている。ぼくは吉田の話を疑っている」と言っていたという。

この勝負、読売の勝ち⁉

両者の対談のまとめに関して、島氏は若干（直しが）あった程度だが、田中氏はせっせと何度も何度も実際しゃべった文章も含めて大幅に修正してきたという。「歴史修正主義」反対を唱えるひとの多い朝日論説委員たちだが、「ゲラ修正主義」は堂々と希望されているようだ？

そんな貴重な、内部告発とまではいかなくても、内部の人でないと知り得ない朝日の「秘密」の数々がさりげなく、淡々と綴られている。》

こういったブログに永栄さんご本人からコメントが届いた。

《ご紹介・ご書評深謝

『ブンヤ暮らし三十六年』をご紹介いただいた永栄です。友人に教えてもらいました。二度も触れてくださったんですね。光栄です。

正確で、ご丁寧な引用に、私がコーナーをお借りし、自分で記した気さえいたします。ありがとうございました（以下略）。お礼のみ取り急ぎ。（永栄）》

このコメントはブロガー宛のみのコメントで公開を希望されていなかったのだが、拝見拝読していささか複雑な思いになってしまった。返事（返信）を出すのもためらわれた。

結局、その「友人」は、僕も長年おつきあいのある、筑摩書房におられた湯原法史さんだった。そのあと、二〇一六年二月の正論大賞の授賞式パーティ会場で、湯原さんの紹介ではじめて永栄さんと面識を得ることになった。

「その節はいろいろと不躾なことを書いて……」とお詫びした。永栄さんは、里縞＝仙頭ということは、坪内さんから聞いて知っておられただろうから。

そのあと、三月に、湯原さんともども三人で一緒に食事をする機会もあり、その席で、酔った勢いもあり、お詫びのしるしに、ブログでも書評しましたと告白した。湯原さんはすでにそのことに気づいていたようだった。

「以前、ある本のことを調べていたら、『ブログ』に遭遇し、一読して、これはあなたではないかと思っていたんですよ」と。湯原さんには、ペンネーム時代の本もお送りしたことがあった。

そのとき、永栄さんが國學院大学（渋谷）で「取材学」なる講義を四月から月曜日にすることになっていると聞き、開講以降の授業を数回拝聴しに行った。そのあと、しばらく受講する機会がなかったが、前期講義の最終日は七月十八日の海の日（祝日）だったので、出かけた。

授業前の一週間の新聞報道記事などをもとに解説したりする講義は仕事の上でもいろいろと参考にもなったのだが、最後に学生に向けてのメッセージをひとことと依頼され、二十歳前後の学生を前にして（一年生から四年生まで受講可能）、還暦前の白髪爺が教壇に立ってしゃべった。

そのとき、すでに退社を決意していたこともあり、カーネギーの『新訳　道は開ける』（角川文庫）を再読していた時期だったので、これから就職活動など人生の岐路に直面することがあるでしょうが、意思あるところに道は開けるということを信じて頑張れば……といった趣旨のことを二十数人の学生を前にして少ししゃべった。

僕は大学一年のとき、夏休み前に体調を崩したこともあり、前期試験を受けられず、そのまま休学したことがあった。あのころ、カーネギーの『道は開ける』を読んでいた記憶がある（当時は創元社版）。十代後半の大学に入学したばかりのあのときの不安と、いま、還暦前の「生前退社」の不安（?·）と、おのずから、人生に対する考えは、いろいろと違うし、異なる視点も喜びもいろいろとある。しかし、人間、まぁ、生きている限り、なるようになると思いつつも、いろいろとチャレンジしていくことが肝要だろう。

《問題について考えていると、ある程度を過ぎたところから、困惑と不安とが湧き起こってくることに気づいた。そうなってしまったら、どんなに調査しようと、熟考しようと、いいことなどひとつもありはしない。そのときこそ、決断して行動を起こし、二度と振り向くことをやめるタイミングなのだ。》（カーネギー『道は開ける』）

その後、ワックに移り、永栄さんと長谷川熙さんとの対談本『こんな朝日新聞に誰がした?·』も企画刊行した。

ともあれ、しかし、わが身を少し振り返りつつ、僕には「大人っぽく」ないところがあり、「ふくらみ」が足りなく、朝日的なものや文春的なもの以外に、産経的なものや、なにか別のものなどがあったのかどうか、いろいろと思案してみたいと思い、パソコンに向かったしだいだ。

少なくとも僕が編集長だったときの『諸君!』は『新潮45』でもなかった。もちろん『正論』とも違うと思う。女系天皇肯定論も田中卓さんに書いてもらったし、「つくる会」分裂のときも、対立する西尾幹二さん、八木秀次さん、双方に書いてもらったし……。『正論』にはそういうことはできなかった。

『自由』とは？　ちょっと似ていたかもしれない……。どちらも「戦闘的民主主義」の雑誌だったから。

第二部　松下政経塾

松下政経塾への惜別の辞が掲載された『自由』1984年9月号

第6章
「志のみ持参せよ」のはずが、「志」を表明したら言論弾圧!

松下政経塾と富士政治大学校

先に述べた、学生時代に「正論の会」を通じて知り合った方々には、京都の正論の会で、投稿も含めて活躍していた上西左大信《うえにしさだいじん》さんという人がいた。京都大学経済学部在学の方だったが、松下政経塾一期生として入塾。その縁もあって、茅ヶ崎にある塾を見学にも行き、ようし受けてみようかという気になり、第三期塾生として一九八一年夏に無事合格した（一九八二年四月に入塾）。

「松下政経塾」（The Matsushita Institute of Government and Management）は、松下電器産業の創業者である松下幸之助さんが、一九七九年に設立した政経塾だ。崩れゆく日本を救うためには政治を変えなくてはいけないということで、救国のための政治家を養成しようとして、私財七十億円を投じて神奈川県茅ヶ崎市に設立した。鳴り物入りで開塾された。

特に一期生、二期生のころの「入塾式」などは、マスコミもフィーバーしていて、テレビニュースでよく流れていたものだ。僕の入った第三期のころには、そんなフィーバーも一息つき、比較的静かな状態で入塾式を迎えたことを記憶している。

入塾試験を受けるにあたって、学歴は一切不問で、年齢制限があるのみ（二十二歳から三十五歳ぐらいまで）。体力テストや筆記、面接試験を受けて、最終面接は松下幸之助さんの「口頭試問」もあった。一次面接では「正論の会」などで面識を得ていた香山健一さんなどと対面。ちょうど八月ごろだったが、出たばかりの「防衛白書」の表現などをめぐって、細かい議論をしたものだった。

『諸君！』が『自由』をライバルとして創刊されたことは先に記したが、松下政経塾も、民社党・同盟系の研修機関「富士政治大学校」を参考にして創立されたといわれている。「富士政治大学校」は、松下政経塾のある茅ヶ崎からも近い御殿場にあり、塾生になってから、一度現地訪問したこともある。そこで、政経塾創立のころ、松下関係者もいろいろと見学にきていたとの話を、センターの花田文夫さんから詳しくうかがったことがある。

戦後まもないころ、電力や自動車など民間主要産業の労働運動をめぐって、左右の路線対立があったが、民間労組では徐々に「労使協調路線」の同盟（民社）系組合が勝利していく。そうした中で反共型の民主的労働運動のリーダーを養成するというのが、富士政治大学校の使命だった。

当時は十月が会社訪問解禁で、十一月が内定の出る就職活動の日程だったが、八月に政経塾の内定が出て、そのあとも文藝春秋を受けようと思っていたのだが、だんだんとやる気がなくなり、また、当時は指定校制度をとっていて中央大学など指定校以外の学生は社内推薦をもらわないと、受けられないなんてこともあったので、結局、就職活動はほとんどしないままで終わってしまった。

じつは、先述した産経のオピニオンプラザの拙文を見て、日本鋼管勤務の大学の先輩（向出博氏）から連絡があり、ＯＢ会に出席したりして内定をもらえる寸前までは行っていた。日本鋼管に入って、鉄鋼労連の専従組合員となり、民主的労働運動のリーダーになり、そして組合組織候補として参議院選挙に立候補し政治家になる、というのも夢見た……。鉄鋼労連は総評加盟組合だったが、組織内候補の宮田早苗さんは、民社党の議員として活動もしていたから。

政経塾は入塾したものの、満期五年在塾することはなく、「途中退塾」のかたちとなり、正味二年ちょっとの在塾で、しかも最後の半年は文藝春秋（『諸君！』編集部）にて研修といった不規則なかたちとなった（が、塾友・塾員の肩書はもらったし、卒塾式にも出席した。在塾中に立候補して当選して中途退塾した人もいたので、そういう人と同列の扱いを受けることになった）。

次に引用する、中途退塾し文春に入るときの「惜別の辞」（『自由』一九八四年九月号）を見ていただければ、だいたいの雰囲気がわかるのではないか。『自由』に原稿を渡すと、ときどき誤植があり、この原稿も「惜別」が、よもや「訣別」になっていてはいけないと思い、ゲラを注意深くチェックした覚えがある。

《松下政経塾への惜別の辞

ちょうど三年前の今頃、私は第三期塾生としての入塾テストを受けるためここ（茅ヶ崎）を訪れたものでした。昭和五十七年四月に入塾して以来、はや二年と三カ月がすぎ、月日のたつ早さに驚いているところです。

昨年の十二月から「実践研修」として働いていた所（文藝春秋）で、今月たまたま中途採用試験があり、それに運よく合格することが出来ました。七月二日からは正社員として、そこで働いていくわけで、ここにおられる政治家志望の皆さんとは、違った道を歩んでいくことになりました。しかし、日本の将来のために何らかの貢献をなさねばと思い、塾に集まったわれわれなのですから、二十年、三十年後には、その究極の目標に向かって、同じ道をまた歩んでいくことになれれば幸いだと思っています。

塾で学んだ二年余りの日々も、なつかしさと反省の念で振り返らずにはいられません。

二カ月で六キロぐらい、やせた販売実習や、工場実習での体験。苦手な英語も、毎日のように学びましたが、つい先日もデックロー（塾英語教師）が、「ミスター仙頭、就職することになったのか？」等と話しかけてきたのですが、ただ「イエス、イエス」といって、お茶をにごす程度の英語力は、当時も今も相変わらずです。（笑）

寮生活を通じて、自分の性格の未熟さ、欠陥も痛烈に実感させられ、自省の念に陥ったこともありました。一流の先生方の講義も、しばしば消化不良をおこし、豚に真珠のようなこともありましたが、せいぜい励んでまいりました。われわれ塾生は、（土、日曜を除く）毎日、この朝の会で、塾是、塾訓五誓を唱和するわけですが、今日、唱和した五誓ほど、「全くその通りだなァ」と思ったことは今までありませんでした。

一、素志貫徹の事――常に志を抱きつつ懸命に為すべきを為すならば、いかなる困難に出会うとも道は必ず開けてくる。成功の要諦は成功するまで続けるところにある。

一、自主自立の事――他を頼り人をあてにしていては事は進まない。自らの力で、自らの足で歩いてこそ他の共鳴も得られ、知恵も力も集まって良き成果がもたらせる。

一、万事研修の事――見るもの聞くことすべてに学び、一切の体験を研修と受けとめて勤《いそ》

しむところに真の向上がある。心して見れば万物ことごとく我が師となる。（以下略）

この一年足らずの自分の紆余曲折ぶりを振り返るにつけ、こうした塾の基本理念が、気づかないうちに心のよりどころとなっていたような気がするのです。これからも、こうした理念は忘れずに自分の人生に活かしてゆきたいと思っています。

二年前の一九八二年の四月九日、松下幸之助塾長もご臨席された入塾式で、述べた入塾の決意を、今もって私はよく覚えています。

「戦後民主主義がもたらしたあらゆるタブーに挑戦し、それによって生じる一切の批判にも耐え得る強い信念と精神力を養ってゆきたい」

これは何も入塾の決意というより、物心がつき始めた頃からの私の考えでした。今では『読売新聞』が社説で、反核運動を批判し、所要防衛力の形成が必要だとか主張する時代ですが、私の高校、大学入学時の頃は、『朝日』『毎日』『読売』の三大紙が同一視されており、『三大新聞は自由社会のユダか』（猪俣敬太郎氏著・輿論社刊行）などという本も出されていたぐらい、左翼偏向の風潮の強い時期でした。戦前の昭和史を振り返ってみれば、日本が、ドイツのように明確な戦争理念を持って大東亜戦争を遂行したものでないということは自明のことです。新聞が好戦的な威勢の強い声を代弁し、世論がそれに追従していき、政治家の多くもやがてそういう「新聞世論」に勇気を持って対処しようとせず、付和雷同していくことによって、ああいう道を歩んでいったものだと私は考えています。

同じような危険性は今日においても存在しているといえます。戦前、単なる右翼主義者を

「愛国主義者」と取り違えたように、単なる平和運動屋を「平和主義者」とみなして、日本のマスコミは彼らを支援するために、連日、紙面を費していいます。

横須賀で「トマホーク反対」を叫んでいる「平和主義者」は、私にいわせれば「自由社会のダニ」のような精神的敗北者にしかすぎません。彼らの多くは、ソ連大使館前で「SS20を撤去せよ」とは絶対言わないのですから、ダブルスタンダードもはなはだしいといわざるをえません。かつて金大中事件の時、あれだけ「金大中を救え」と署名運動をした彼らは、今、サハロフに対しては何の具体的行動もとろうとはしていません。

G・オーウェルは「すべてのナショナリストは、一連の相似た事実の間にも類似を見ないという能力をもっていて」「ドイツの強制収容所を最も声高く非難した人々は、ソビエトにもそれがあることに全然気づかない」でいると指摘していますが、横須賀で騒いでいる人たちは、ソ連を祖国とみなすようなナショナリストであって、とても正しい意味での平和主義者でも民主主義者でもないのです。

しかし残念なことに、そうした基本的なことがわかっていない日本人が少なくありません。大新聞を読むために、知らず知らずの内に単線的思考に毒され、物事を深く考えるという習慣が破壊されているのでしょう。かつての中国報道や公害報道の左翼偏向ぶりはもう実証ずみですが、最近の反核報道の虚報、誤報についても佐瀬昌盛氏が、『諸君!』でここ半年間精力的に批判を加えています。この論文を読んで、まだ『朝日』や『毎日』を読めば国際情勢がよく理解出来ると考える人々がいるとしたら、率直にいってそういう人は、知的怠惰ではないかと思わずにはいられません。

サハロフ氏は昨年、シドニー・ドレル博士への公開書簡「熱核戦争の危険」を発表して、真の軍縮のためには西側の軍拡による均衡の回復が先決だとして、アメリカのMXミサイルの開発を支持しました。

自由な社会では想像することも困難な状況下で、サハロフ氏が生命を賭けてこうして闘っているのを思うにつけ、デッド（死）よりレッド（共産主義）がマシだと思っているのか、西側の一方的軍縮こそが平和への道だという、日本の知識人の勇気のなさを悲しまずにはいられません。レッドに対してスレイブ（奴隷）になるな、ブレイブ（勇敢）たれとサハロフ氏はいっているのに、自由社会に住むわれわれは足速にスレイブへの道へ向かっているのではないでしょうか。

以前、ある二等海佐（中佐）の自衛官の人に話をうかがった時、政経塾のカリキュラム等をおみせしたことがありました。その後、お葉書を頂いた際、その方は「塾の案内（講義）に軍事学がないのは不思議です。好悪を問わず、軍事に関する基礎知識がなければ、国際情勢の現実の理解は極めて困難と考えます」と書かれていたのです。全くその通りだと思います。岡崎久彦氏も「私の知るかぎりで、先進国の大学で、戦略や軍事と題した講義を聞けない国は日本だけである」と述べていますが、こういう環境下だからこそ、塾に、そうした講座を作るべきだと私は機会あるごとに要求してきました。松下幸之助塾長にもお願いした時、「そうか、大学ではそういうことは教えてくれんのか。教えるのはタブーなんやろうな」とおっしゃっていましたが、最近、塾に、岡崎久彦氏や永井陽之助氏、坂本義和氏などもおみえになっているようですから、これからは後輩の塾生の皆さんが、そうした勉強をどんどんとやってほしいものと思います。軍事戦略より平和研究や文化交流の方が大事だと考える人もいるでしょう。ある新聞で、ソビエトでは日本人作家の本が翻訳されていてブームを呼んでおり、ロシア人は親日的だから、こうした文化交流をもっと拡大することが、大切だなどという記事を読んだことがあります。

しかし文化交流のさいたるものは、観光旅行じゃありませんか。私は去年ソ連に行きましたが、国営のインツーリストのガイドが四六時中ついてまわっていました。ソ連から日本に来る人々は、特別な人たちであって、決して一般の人々ではありません。共産圏から自由圏に戦後どれだけ大量の亡命者が一方的に出てきたか。自由に国内旅行も出来ないような共産圏の実状を知ってか知らずか、文化交流こそが平和への道だというのは、余りにもバカバカしいことです。文化交流などは、せいぜい日本とアメリカのような自由主義国間で、ある程度の成果をあげうるでしょう。また共産圏の反体制知識人の弾圧や、言論の自由の抑圧等に考察の眼を向けようとしない「平和研究」など、何の意味があるでしょうか。われわれ政経塾生が、そういう物にばかり自分の力を注ぐことは、余り賢明なこととはいえないでしょう。

ゲーテの最高傑作である恋愛叙事詩『ヘルマンとドロテーア』の中に次のような一節があります。

「人間というやつは実際しようのないものですな。どいつもこいつも同じように、近くの人が災難に出あうと高見の見物をしておもしろがるんですから。火が燃え上がって危なくなれば、これを見ようとわれがちに走り出す——略——今日は今日で罪もない避難民の難儀ぶりを見物にわれもわれもと繰り出す始末で誰一人とて同じような運命がおそらく自分の身にも近いうちではないまでも、いつかはふりかかるかもしれないなんてことは考えもしません。度しがたい浅はかさですよ」

ベトナム難民をはじめとするインドシナ難民やサハロフ氏のような運命が、いつかは自分自身の運命となるかもしれない、自分の子供や孫の運命となるかもしれないということを、われわれは時々想像してみるべきでしょう。

塾生の多くは政治家を志望しているわけですが、政治家は、国の独立と安全の確立のために最大限の努力を傾け、それを為した上で国の内政等にも幅広く眼を向けていくのを職業とする人のはずです。M・ウェーバーの言うように、政治家の第一の使命は「不可能事を可能にする」ことにあるわけで、ならば政治家はマスコミにではなく国民に語るべきなのです。鈴木前首相のように大新聞の批判を受けると、その論潮におもねるような態度をとることは、政治家として最も恥ずべき態度でしょう。

六月一九日付の「天声人語」は、「石橋湛山氏は大正十年にこう書いている。『資本を豊富にするの道は、ただ平和主義により、国民の全力を学問技術の研究と産業とに注ぐにある。兵営の代りに学校を建て、軍艦の代りに工場を設くるにある。陸海軍経費約八億円、その半分を毎年平和的事業に投ずるとせよ。日本の産業は、幾年ならずして、その面目を一変するであろう』」――だから、これ以上の軍拡が続けば、戦後の日本の路線が修正され、日本は軍事大国になるだろうという趣旨のことを「天声人語」はいっています。だが、大正十年の軍事費は、全予算中四十%以上を占めているわけで、今の日本は六%以下です。単純に比較したって一目瞭然のことも、「天声人語」のようにいわれると、日本がすぐにも「軍事大国」になるのではないかという錯覚に陥らされてしまうのです。この「天声人語」と五十歩百歩のことを叫んでいる政治家はたくさんいますが、われわれ政経塾生が、そんなデマゴーグになってはならないと思います。『天使の辞典』(PHP研究所)は「ハト派」「タカ派」「軍国主義」等々、実に正しく定義づけているので、大新聞を読む時は、この辞典はいつも座右に置いておきたい一冊です。

さて長々と喋ってまいりましたが、私は政経塾に来て、本当に良かったと思います。来年の三月には、初めての卒塾生を出すわけですが、これから十年、二十年先の日本の将来の確保のために、私も及ばずながらも、せいぜい貢献していきたいと思っております。最後となりましたが、久門塾頭をはじめ職員の皆様、塾生の皆様、大変お世話になりました。どうぞくれぐれもお元気でおすごし下さい。

さようなら、松下政経塾。》

＊一九八四年六月二十九日、松下政経塾の朝会で述べた所感に大幅な加筆をしたものです。

「卒塾論文」に対する言論弾圧・嫌がらせ

こういうふうに、文春同様に、松下政経塾とも円満退塾したかたちとなった。しかし、そのあと、政経塾の「卒塾論文」を書くにあたって、いささか波風が立つことになったのだ。「卒塾論文」とは、要は大学の「卒論」みたいなものだ。五年間の研修を終えての「研修論文」でもある（僕の場合は、塾には二年少ししか在塾はしなかったが、前述したとおり、「卒塾論文」を提出し、塾友（社友のようなもの）・塾員の資格はもらい、卒塾式にも出席した。この論文（「民主主義をいかにして守るか」）をめぐって「上司」「同僚」があれやこれやと、信じられないような文句をつけてきたのだ。

ごく普通の論文でしかないのだが、卒塾論文検討会というのが、塾内であった（僕はそのとき、すでに文春社員でそういうのには出席していない）。すると「上司」は、「君たちはこれから卒塾して社会に出ていくことになり、新聞やマスコミでもいろいろと取り上げられて、好意的に書いてもらう必要が出てくる。この卒塾論文集をもってあちこち挨拶をすることもあるだろう。ところが、こういう論文を書く人がいて、この本の中に、こういう論文があると、マスコミから政経塾や塾生がよく思われないことになりかねない。困ったものだな」と語ったというのだ。また、当時、塾には毎日新聞出身の記者が、文章作成講座などを担当していて、文章の推敲などをしていた。その人も、拙文が新聞を「第四権力」とみなしているのはおかしいと批判していたという。

その内部情報は、元神奈川県知事（現在参議院議員）の同期の松沢成文さんが、「おぉ、仙頭よ、おまえの論文、そんなふうに言われているぜ。俺はそう思わないけどさ」と知らせてくれたのだ。

ちなみに、彼は慶應大学法学部政治学科出身。入塾式のあった日の夜、たがいに飲み会をしていたとき、彼の部屋に行ったら、中村菊男の一番弟子の中村勝範氏の『欧米からみた日本』（新有堂）という本があった。おお、とその本を手にしたら、「この先生、すごくいい先生だよな。俺、好きだった」というので、僕の閻魔帳には「松沢→◎」とつけたものだった。

彼の結婚式にも出たとき、対中国迎合派の田川誠一がいたのはちょっとマイナスだったが、まぁ、地元神奈川県の政界にあっては、無視できない存在だからしかたあるまい。それに彼は一貫して「非自民政党」に所属していたから、新自由クラブの田川さんとの関係を構築するのは当然のことだったと思う。政治はすべて理想百パーセントでは仕切れない。妥協も必要になる。

ほかにも慶應大学法学部政治学科出身の古山和宏さんがいて、彼はのちに政経塾の塾頭にもなる（まともだったときの「自由党」から何度か立候補したが、あと一歩及ばず）、神谷不二ゼミ出身。彼も◎だった。

しかし……。それ以外は、あと数人は○がいたのだが、残りは△や×のリベラル左派が三期生には多かった。一期、二期生に比べると、その比重は明らかに増えていた。

ともあれ、間接的にそういう情報が耳に入ってきて（直接的には、内容に関していろいろと言ってきたが、その背景に、そういうさもしい発想があったわけだ）、当時は産経新聞ではなく毎日新聞におられた、「正論の会」から知り合っていた古森義久さんや産経新聞の澤英武さんにも拙文を読んでもらった。

古森さんからは、「へぇ、元毎日の人が文句をつけているの？　読んだけど、これでいいんじゃないの、この内容で」と太鼓判をいただいた。沢さんからは表現上の微調整に関して的確な助言もいただき、若干の修正を施した。

とにもかくにも、当時の日記の一部を以下紹介しておきたい。僕もじつは細かい「憤懣」は忘却の彼方にあったのだが、三十数年ぶりに日記をひもとき、怒りが甦ってしまった。

《一九八六年五月二十三日（金）

昨日同期のAから電話。論文の検討会のこと。マスコミ批判はやめて防衛論のことなどを書いたらどうかとか。マスコミ批判が載ると、政治家志望者で本を使おうとする者が困るとか言っていた。ふざけるなってんだ。政治を論じていく中で、マスコミ批判をタブー視するような愚かな考えを持っている人が塾生の中にはまだいるようだ。今夜、松沢に電話。そのあたりの経緯をいろいろと聞いた。どうやら「リベラル」な数人が、そんなことを言っているようだ　アホ共めが!!　まったく腹がたつよ。

一九八六年六月十九日（木）

同期のBから速達。この前、塾での論文検討会の毎日新聞のK記者のコメントのコピーが同封されていた。まぁ、拙論では、朝日毎日などを皮肉っていて、産経読売を評価しているから、それだけでカチンときたらしく、少々方向違いのコメントが9行あり。ほかの塾生の論文よりいちばん多い。挙げ句の果てには、ソ連の批判は赤尾敏にまかせればいい〜と言うにいたってはいささか大人げない。〜小生のソ連批判を赤尾敏のそれと同一視する如きは、自らの無能さを表明したようなものだろう。こんなのが毎日にはまだいるんだなア。古森義久さんにコピーでも読んでもらって感想を聞いておこうかと思う。所詮は評価する人によって、評価は変わるもの。彼女と僕が知り合った、あの産経のオピニオンプラザ論文にしても、主催が朝日で審査員が坂本義和たちだったら間違いなくボツだろう。

一九八六年六月二十三日（月）

昨日の同期のCの電話ではよく分からなかったが、今日夕方、松沢に電話してよく分かった。結局「上司」が小生の論文に対して、もし朝日の人がこれを読んだら、残りの塾生15人としてはどう答えることができるか——と問い質したらしい。まったく、非論理的な煽動だ。署名入りのエッセイなのに、それを一々塾生全体が考慮する必要があるのか。たとえば、別のある塾生の主張を読んで、それはおまえと同意見かと詰め寄られても、そんなのに一々まともに答える必要はないではないか。ノーコメントで十分である。塾生で小生の論文に強硬にイチャモンをつけているのはAとDだという。論理的・具体的批判ならともかく、単なる感覚的・感情的批判の類を一々気にする必要はあるまいが。それにつけても「上司」のバカさかげんには開いた口がふさがらない。朝日がそんなに怖いのか？　情けない政経塾になったものだ。あんなのが研修上のヘッドマスターなんだから。

一九八六年十月八日（水）

政経塾に出す論文をやっと清書。ルベルとケネディの言葉を引用して論述。最後に自分のモットーとして菜根譚の一節を引用して締めた。政経塾の一部のアホなスタッフやリベラルな塾生に対する皮肉として。大意（現代語訳）は以下のとおり。

自己の信念をまげてまで人を喜ばせるよりは、自身の行ないを正しくして人に嫌われるほうがましである。自分の行ないに良いこともないのに人に誉められるよりは、身に悪いことをした覚えがなくて、人にそしられるほうがましである。

論文では「古文」で引用。アホな「上司」にこの意味がどこまで通じることやら？　これを提出して、早く政経塾との腐れ縁を切りたいものだ。人に直接モノも言えず、陰でコソコソ人の悪口を言う輩にはほとほと呆れ返る。こんなのが研修部門のヘッドマスターではどうしようもない。口先だけのおべんちゃらの輩には、人を育てる資格があるのかな？》

起こるべくして起こった「李春光」政経塾スパイ事件

ということで、この卒塾論文集は、塾による自費出版のかたちであったが、『松下政経塾第三期生：ともに歩む21世紀』として一九八七年三月に刊行された。刊行後、一人あたりウン十冊だったか、ウン百冊だったか、購入するようにとのおふれが回ってきたが、必要な部数（十数冊程度。論文を読んでもらった古森さん、澤さんなどへの送付）以外、買わないでいると、「愛塾精神がない」とか言われ、執拗にもっと買うべしとの電話を同期の幹事役から何度も受けた。いわゆる「同調圧力」。「言論弾圧」めいた嫌がらせを受けて、なおかつ「もっと購入せよ」と言われても、買えるわけもなし。ほとほと愛想が尽きた。先の『自由』での惜別の辞は、そういう体験をする前に書いたものなので、まだ愛着があった時期に書かれたものであったが……。

その後、低金利時代がやってきて、塾も億単位の基金があるとはいえ、利息だけではやっていけず、その基金を崩しながらの運営となり、卒塾生に対しても寄付を募ったりもしていたが、一切応じてない。

「上司」も塾を出て、人生評論家みたいなこともやっているようで、十数年前だったか、NHKラジオの深夜便で、朝方、この人が登場しているのを「寝ぼけ眼」ならぬ「寝ぼけ耳」で少し聞いたことがあるが、「志のみ持参せよ」ときれいごとを言いつつも、所詮は「口先だけのオッサンよ」と思い、すぐに切ったものだった。

ちなみに、この「上司」は久門泰塾頭や土井智生副塾頭や関川正彦研究部長や宮田義二塾長のことではない。この四人は大変すぐれた指導者だった。偏屈者の僕でさえ、尊敬を抱いていた。

だから、政経塾が「リベラルの巣窟」というのは、正確にいえば、三期生の一部塾生とその「上司」が醸しだした部分的な「反知性主義的雰囲気」に限定されるものといえよう。ただ、その「上司」が、後にさらに出世・昇任して塾頭になったりしたころに入ってきた塾生の中で、政治家になった者には、ハト派型の政治家というかアジビラ政治家が若干というか、いささかいたように は思える。類は友を呼ぶ!

また、僕が退塾したあと、政経塾はよせばいいのに、中国からの「留学生」などを受け入れた時期があった。それ以前にもソ連大使館関係者が見学にやってきたこともあった(このときは、盗聴マイクが設置されていないか注意するように僕は主張したが顧みられることはなかった?・)。

大使館関係者の見学はともかくとして、中国からの「留学生」というか、「研修生」を受け入れるのはきわめて危険なものと当時感じたものだった。古森さんとも「なんでこんなことするのやら」と話し合ったこともある。

すると案の定……。松下政経塾がインターンとして受けいれていた李春光(後に中国大使館一等書記官)によるスパイ事件が発覚したではないか。塾は、一九九三年ごろから、中国社会科学院の推薦でインターンを受け入れるようになっていた。李は一九九九年(二十期)に派遣されてインターンになっていた。中国(中共)が普通の国という認識しか当時の「上司」にはなかったのだろう。墓穴を掘ったというしかない。

このあたりは、中西輝政氏の「戦後最大の諜報案件『李春光』」(『WiLL』二〇一二年八月号)を参照されたし。

僕が『諸君!』編集長だったときも、元『中央公論』編集長で、松下政経塾にも関与(研究顧問)していた某氏経由で、「中国大使館の書記官が懇談したいと言ってきているのでどうですか」との申し出を受けたことがあった。

その申し出は、ご丁寧なことに、ダイレクトではなく、僕と面識のある産経新聞記者を通じてだった。その産経記者は別にハト派ではなく、ミャンマー（ビルマ）は好きだが、中共は普通に嫌いな人なのだが、人間的な関係で、その某氏とは「師弟」の関係にあった。

産経記者にはすぐに断ったあと、塾のある会合でも某氏とたまたま会った。その方は僕が懇意にしていた元中公編集長の平林孝さんの前だったか後の編集長。ハト派的な感覚の人だった。中国関係の機関とも関連する団体にも所属したりもしていたから……。

それはともかくとして、そのとき、某氏に「僕は中国は一つと思っています。なので、残念ながら中共関係者とはお会いできません。むこうにはそうお伝えください。台湾ロビーからの圧力が僕には強くのしかかっているので、すみません」とケムに巻いて改めて断ったものだった。彼は「?.?.」というような顔をしていた。

たんに、中共関係者が、日本政府やアメリカ政府などに所属している公務員が、台湾の高官や李登輝元総統やダライ・ラマさんと会うだけでも難癖つけるのを皮肉っただけだ。

中国政府やソ連政府の関係者と接触するときは、くれぐれも注意をしなくてはいけない。訪問するときは、かならず配偶者を連れて行くこと。佐々淳行さんは、正式の訪中要請を受けて、むこうに行ったとき、ちゃんと奥様同伴で行っている。

佐々さんは塾で講義をしたこともあるし、松下政経塾と関係のあるＰＨＰ研究所から『危機管理のノウハウ』という三部作の本も出している。「危機管理のイロハ」として、左右の全体主義者と接触する時はくれぐれも注意。

残念ながら、政経塾には、そういうことをわかっているスタッフはあまりいなかったのだろう。当時の報道では、彼とともに塾で過ごした政治家などが、「まさか」「スパイに思えなかった」云々とコメントをしていたが、まぁ、社会科学院から派遣されて政経塾で学ぼうなどという『奇特』な人たちは、みんなスパイだと思うのが常識だろうに……。ノーテンキなハト派ばかりが、そのころの政経塾にはいたのだろう。

先の卒塾論文を書いたとき、「ソ連の脅威」が強かった時代。そのときの「文化交流と称してやってくるソ連の関係者には、われわれの考える概念での『民間人』はほとんどいない」とのわが卒塾論文での指摘は、「ソ連」を「中国」に変えればそのまま通用するのだから。

ちなみに、正式の塾生以外に、国内の地方自治体から「地方インターン」として、何十人かの人々を塾は受け入れているが、「海外インターン」「海外研究生」としては、先の李春光以外にも多々受け入れている。四十九人の海外インターンのうち、中国人がなんと過半数を超える二十五人を占めている（二〇一八年塾名簿）。異常な数というしかない。

李春光以外、以下の面々だ。くれぐれも、この人たちと接触するときにはご注意を？　もしかしたら、ファーウェイの幹部になっている人もいるかも？

闇坤・韓鉄英・高洪・崔世広・徐海・範作申・楊艶艶・呂莉・李文・丁英順・胡澎・何暁松・張伯玉・彭華・王屏・郭頴・張季風・張義素・劉世龍・姚文礼（以上、中国社会科学院）

韓志強（駐日中国大使館公使）、任世寧（中国合資北京京長保齢球娯楽有限公司）、孫震海（上海社会科学院世界経済研究所）、王新生（北京大学）

「俗悪バト」「臆病バト」にはウンザリ

トラ・アンジェリコ編の『天使の辞典』（ＰＨＰ研究所）というおもしろい本がある。パロディ的な『悪魔の辞典』のようなものだ。

「ハト派」の定義として「自分のほうが友好的態度を示せば、誰も自分に危害を加えないだろうと考える楽天的な人。ハト派には、大別して、①現実のきびしさを理解できない幼稚バト、②断固たる態度をとる勇気に欠ける臆病バト、③ハト派的言辞を弄した方がマスコミの受けがよいと考えている俗悪バト（この種のハトは恰好ばかり気にするので、本当はハトではなくカッコウだという説もある）、④自分たちの意見に同調しない非ハト派を発見すると狂暴化するタカバトの四種類がある」と定義している。

先の「上司」などは、この定義でいえば「俗悪バト」「臆病バト」といったところだろう。この辞典の「タカ派」の定義を見てみると、「ハト派の意見に賛成しないが故に、ハト派から攻撃されている人たち」とある。たしかに、その意味で、僕は松下政経塾では「タカ派」ではあったかもしれない。

いち早く塾を出て、また卒塾してからも、塾主催のちょっとした勉強会で参考になるものには出たことがある。東京駅近くのビルに塾の東京支部があったころ、その勉強会に出たら、まだ塾生だった前原誠司さんなども参加していた。名刺交換をしたら、「おお、あなたが政経塾でいちばんのタカ派と言われている方ですね」と。皮肉めいた言葉ではかならずしもなかったが、「上司」あたりが「洗脳」しているのかな、とは思った。

彼は高坂正堯ゼミ出身ということで期待はしていたが、最初の民主党代表のときにはニセメールにひっかかるし、あのころ、靖国騒動が起こっていたが、ひとこと「民主党が与党になったら、私も靖国参拝をします。ただし、それはあくまでも平和祈念のためであり、二度と侵略的な戦争を起こさないための誓いを行ない、戦争のために亡くなったすべての方々を慰霊するためです。自民党の復古的な方々の参拝とは一味違います……」とでもコメントすれば、中共などの「抗議」も下火になっただろうに、と思ったものだった。

「保守派の獅子身中の虫」がつくった政経塾と皮肉られ

松下政経塾に入ってまもないとき、『塾報』（月一回刊行していた）の取材で、京都大学教授の勝田吉太郎さんのご自宅にインタビューにうかがったことがある（一九八三年六月二十四日）。自宅にお邪魔するやいなや、「おやおや、『保守派の獅子身中の虫』の高坂正堯がつくったといわれている政経塾の人が、なぜ私にインタビューなのかな?」と皮肉まじりに言われたのには面食らったものだ。

改憲派の勝田氏からすれば、当時の高坂さんはイマイチ保守派の一員と思っていたようだ。「先生、政経塾にもいろいろな人がいまして……」と釈明しつつインタビューしたことがある。

そのほか、鎌倉在住の竹山道雄さんにも取材。同行したのが、のちに代議士、ソフトバンク社長室長にもなり、僕の結婚式の司会もしていただいた嶋聡さん（この方、島聡、嶋聡史、島さとし……と「お名前」がよく変動するのだが）。

竹山道雄さんは中村菊男氏と並んで、僕にとっては知的アイドルのお一人。持参した『時流に反して』（文藝春秋）にサインもしていただいた。この竹山道雄氏に関して、中島岳志さんの『保守と大東亜戦争』（集英社新書）という本が出ている。この本に欠けているものに関しては、ブログで触れたのでここでは略する。

さらには当時、産経論説委員長だった三雲四郎さんにも政経塾時代、お話をうかがいに行ったことがある。美人キャスター・三雲孝江さんの父親。しかし、彼は勝田氏とは逆に、ラジオ日本（ラジオ関東）系に登場する学者・評論家たちを貶していたものだった。

「あんなの保守派じゃない」と。

ううむ……。当時、ラジオ日本は、朝六時四十五分ごろから、元海員組合の委員長、同盟副会長だった和田春生さんのニュース解説番組をやっていて、そのあと、十分か十五分ほど勝田さんや松原正さんや清水幾太郎さんや西尾幹二さんなど、正論系論客が自由自在にしゃべっていた。茅ケ崎（松下政経塾）にいたときは、電波の状態がいいので、よく聞いていた。

おもしろいのは、和田氏のコーナーで、一応、読売系ということで、読売発なのか共同発なのか知らないが、ニュースの定番の原稿が読まれるのだが、そのあとに、和田さんが、いま、ニュースではこういう説明がなされましたが、私の考えは違います……と、かくかくしかじかと「異論的解説」がされることもしばしばだった。反核運動などが盛り上がっている云々のニュースが流れたあとに、いやいや、じつは、この背景にはソ連がいて……といった感じで、前ニュースを否定していくのだった。

和田さんにも政経塾に講話にきていただき、リベラルな塾生相手に一席ぶっていただいたこともあった。

このラジオ日本は、一時、遠山景久さんという人が「オーナー」だった。僕はお会いしたことはない（と思う）。かなりの奇人だったようで、大池文雄氏の『私の畸人録』（ぺりかん社）にも登場している。ラジオ関東買収や論争社創設などの裏話が出てくる。『自由』にもときどき登場していたから、石原さんとも親しかった。

坪内祐三さんは「面識」があるようだ。というのも、文藝春秋を筆記試験で落ちた後、指導教官だった松原正さんが、自分が文春とトラブっていて、そのために落ちたのではないかということで、ラジオ日本を受けろと推薦されて行ったところ……。

面接で、遠山さんが「母親と嫁が溺れていたら、おまえはどっちを助ける？」などと聞いてきたそうな。「二人で死にます」と坪内さんが答えると「馬鹿野郎！　おまえは母親を大事にしないのか！」と激昂。「いや、そうじゃありません」と説明しようとしたら、今度は「馬鹿野郎！おまえは嫁を大切にしないのか！」と（『週刊ＳＰＡ』二〇一四年九月九日号）。

ううむ……。三雲さんも、「あんなの保守派じゃない」と言ったのは、番組に登場する人たちのことではなく、遠山さんのことを指していたのかもしれない。

読売といえば、その出版局などにいた二宮信親さんも忘れられない人。二宮氏&藤原一郎氏の『コカ・コーラから宇宙船まで：科学記者西欧を行く』（同盟通信社）やペンネームでの執筆本もあった。翻訳書もあった。出版の仕事もされていたようで、読売新聞社から刊行された本の奥付にも発行人として名前が出ていることもしばしばだった。

そのあと、千駄ヶ谷にあった月曜評論社の社長をしていた。月曜評論社がそこにあったときに一度お邪魔をして話をうかがった（一九八三年十一月四日）。政経塾から文藝春秋に研修に行く直前のときだった。

「編集者として、いろんな人を知っていることが大事。なにか問題が起こったら、この問題だと、あの角度からはあの筆者、別の角度からはあの筆者というふうに名前がすぐに浮かんでくることが肝要だ」と言われたのが印象に残っている。

あと、松下電器がいろいろと経済的支援（寄付）をしているということもあって、平和・安全保障研究所にときどき、同期塾生（小沢一彦氏。現在桜美林大学教授）と通っていた。当時は六本木にあった。青山ブックセンターのビルだった。そこに行くと、猪木正道さんがいて、若かりし伊豆見元さん（当時・研究員。後の静岡県立大学名誉教授。朝鮮半島問題ではよくＮＨＫに登場された方）が、お茶を出してくれたりしていた。

政経塾は当時は五年の期間があり、三年目以降は外で研修するので、そのころは、平和・安全保障研究所の客員研究員になって防衛問題の勉強をしようかと思ったりもしていた。婚約者も防衛庁（当時六本木）に勤務していたので、なにかと便利かなという不純な思いもあった（？）。

しかし、僕は『諸君!』で研修することになり、その旨、猪木さんに挨拶すると、「ほお、『諸君!』に行くの。あそこ、最近、国防論、刺激的なことを言う人が多いから……。まぁ、頑張りなさい」と言ってくれたものだった。

清水幾太郎さんなどが当時は、『諸君!』によく登場し、「日本よ、国家たれ!」と、ぶっていたころだったから、猪木さんもそう思ったのだろう。『猪木正道の大敗北』(日新報道、一九八三年)を書いた中川八洋さん(筑波大学名誉教授)や松原正さんもしばしば登場していた。

ともあれ、そういうさまざまな助言をもらって、リベラルの巣窟(?)だった(前述したように、正確にいえば、第三期生の一部やその周辺の研修担当関係者に巣くっていた面々だけともいえるかもしれない)松下政経塾を出て、一九八四年七月、僕は、文藝春秋に入ることになった(第一部に続く)。

エピローグ

「反体制」ではなく「反大勢」を目指して

「人権」に国境を設定する愚者たち

「空想的軍国主義」を批判しただけで「アカ」呼ばわりされた戦前。そして、「空想的平和主義」を批判しただけで「タカ」とか「（ネト）ウヨ」呼ばわりされるような時代こそ、戦前への逆コースを想起もさせられるのではないか。「統帥権」や「憲法9条」を金科玉条とみなして、それへの批判・修正を許さないような言論空間は、やはり打破すべきだろう。

『諸君！』を創刊した池島信平さんは、そのあたりの左右の感覚をきちんと理解した人であった。少なくとも、『諸君！』は初代編集長から最後の編集長まで、おおむね、その創刊時の理念を引き継いで編集されてきたと思う。

「反体制」ではなく「反大勢《たいせい》」雑誌だった。

朝日やNHKや岩波書店などがつくる「大勢」に対して、こんな見方も、こんな事実もあるんじゃないのと、揶揄したり、茶々を入れたり、時には真剣に徹底的に論破したり……と。

それこそが、言論出版の自由の最たるものではないのか。大新聞などが、戦前の軍部のようにみずからへの批判を許さない「検閲機関」のように居丈高になっていたときに、週刊誌や月刊誌が、細々と異論を提示したからこそ、日本の言論の自由は守られてきた。文革礼賛時代、そこに違和感を表明したのは、産経新聞や文春ジャーナリズムだったではないか。そのことは曽野綾子さんがしばしば指摘もしていた。中国批判やソ連批判、そして北朝鮮批判などを、「タカ派ジャーナリズム」とみなして針小棒大に叩く姿勢こそ、なにか疚《やま》しいものがあるからなのではないか。

彼ら（共産諸国）がやってきた「尊大」な態度、国内人権弾圧、他国（異民族）支配の数々は、かつての日本の軍国主義者のやったこと以上に、大規模であり、過去完了形ではなく、現在進行形で存続しているではないか。それに対して、批判をすることがなぜいけないのか。そういった人々のレッテル貼りに屈服してはなるまい。

ツヴェタン・トドロフの『屈服しない人々』（新評論）は、左右の全体主義的独裁権力に「屈服しない人々」を取り上げた本だ。おなじみのソルジェニーツィンやパステルナークやスノーデンなどが出てくるが、そのほかに、戦時中、ナチと闘い強制収容所に送られた体験を持つジェルメーヌ・ティヨンという女性の言葉が目に留まった。彼女は反ナチ活動をしたために、戦時中、強制収容所に入れられた。戦後、彼女は、ナチと同じく「ソヴィエト連邦や中国で増え続ける強制収容所についての真実を明らかにしようとする姿勢」を表明したものの、かつての収容所仲間たちから反発を受ける。なぜか。彼らの多くが共産主義者だったからだ。しかし、彼女はひるまなかった。

「自分が知る限り、ソヴィエトには強制収容所が存在し、そこでは何千もの人々が苦痛と絶望のうちに死んでいる」「あることが真実だと確信しているときに、それは真実ではないと言うことは私にはできない」

さらに、ティヨンは、自分を批判する共産主義者に対して、こう喝破した。

「何か悪いことを自分の祖国がおこなっているのを見つけたなら、私は全力でそれを妨げようとするでしょう。あなたはなぜ、私がフランスに対してするのと同じことをソヴィエト連邦に対してはしないよう望むのですか」

二十一世紀のいまも、ソビエト・ナチス型強制収容所は、中国や北朝鮮に存在しつづけている。とりわけウイグルでは、百万単位の政治犯が獄中にあるといわれている。日本国内で「ヘイトスピーチを許すな」と騒いだりしている人権屋、人権弁護士の多くは、そうした「囚われの人々」と連帯しようとしていない。中国大使館前で、抗議デモをする姿を見たことがない。

これほど見苦しい反知性主義者を僕は知らない。人権に「国境」をつくって平然としている自称リベラルほど醜いものはない。その代表例は、前にも触れた伊藤和子氏の『人権は国境を越えて』(岩波ジュニア新書)だろう。「国境を越えて」などと言いながら、北朝鮮の人権問題はまったく無視しているのだから……。

中国や北朝鮮の「ヘイトアクション」「アパルトヘイト」を見過ごせば、「地球温暖化」より恐ろしい「地球非民主化」の波が世界を覆うことになる。

ビルマ・ラングーンでの韓国人要人爆破暗殺事件のあとの北朝鮮への経済制裁発動に関しても、朝日は「いたずらに冷戦ムードをあおり、軍事的・政治的・封じ込め体制を強化すれば、北朝鮮は対決姿勢を強めよう。西側の経済制裁や民間交流制限は、北朝鮮をよりかたくなにするのではなかろうか。むしろ、文化、芸術などの交流で北朝鮮がカラを破れるようにしてほしい」と書いた(一九八三年十一月六日付社説)。先に紹介した岩波『世界』ほど酷くはないにしても、相変わらずの北朝鮮ヨイショのための論法でしかなかった。

朝日の良識・松山幸雄、木村明生、吉武信……

以前、『いける本 いけない本』（二〇一三冬 19号・ムダの会発行）という小冊子を読んでいたら、ある英文学者が、松山幸雄氏の『国際派一代：あるリベラリストの回顧、反省と苦言』（創英社）という本を「いけない本」だとして、「別にいまさら出さなくてもよかった本。これまでさまざまな賞をとってきたジャーナリストが、なんでこんな書物を出そうと思ったのか不可思議」と酷評していた。

松山幸雄さんといえば、元朝日新聞論説主幹。『諸君！』（一九八五年五月号）に、島上哲さん（ペンネーム）が、「朝日の良識 松山論説主幹の『孤高』（改めて問う朝日新聞の『深層心理』）」という論文を書いたことがある。朝日にあっては「良識派」の松山さんに期待する旨を当時表明したものだった。佐瀬昌盛氏が指摘した社説の縮刷版直しに関する「訂正」をするにあたっても、前向きに対処していたといえる人だった。

『しっかりせよ自由主義』（朝日文庫）など、以前読んだこともある。「はきだめにツル」とまでは言わないが、朝日にあっては、中庸な思想の論説委員で、その人が論説主幹になったときは、ふうむ、朝日も変わったかなというか、少しは論調がマシになるのではないかと感じはした。

今回の本でも、自叙伝的に聞き語り的に、東京生まれ（いまの江戸川区）の幼少のころから始まって、東大進学、朝日入社……今日までのジャーナリスト生活が回想されている。

基本的に、右も左も極端なのは嫌いで、朝日時代も、社内での中国に迎合する一部報道に辟易《へきえき》もしていたそうな。

《私は、朝日新聞にも若干の違和感を抱くようになっていました。朝日が「自民党批判」「米外交批判」の立場をとるのはもちろん必要、かつ望ましいことです。私もさんざんやりました。社会主義圏のことを熱心に報道することも有意義なことです。しかしその過程で、ややもすると「朝日新聞は社会主義を目指している」といった誤解を生みかねないような記事が出ることに、若干の苛立ちを感じていました。》

《(外報部時代に)いちばん苦労したのは、いわゆる「中国報道」です。朝日新聞が北京に好意的な記事を書き続けたために、世の「朝日嫌い」を元気づける形になってしまった。「朝日新聞は中国にベタついているから嫌いだ」という評価が、だいぶ長いこと続くわけです。朝日新聞が日中友好促進の尖兵として「北京へ」という旗を振ること自体には、私は反対でなかった。ただ、その過程において、「日中友好に反するような報道はしない」という過度の自主規制をしたのは間違いだったと思います。》

《私がとくに苛立ったのは、革新陣営の政治家の態度です。ベトナム戦争についてはギャアギャア言っていたくせに、ソ連のチェコ侵入については、多少は批判しても、そんなにむきにならないのですよ。》

いささか証文の出し遅れの感はするが……。稲垣武さんの『朝日新聞血風録』同様、朝日の偏向報道の実態を垣間見ることが可能な一冊だった。

当時、社内の中国迎合報道にもっと果敢に抵抗した『週刊朝日』副編集長だった稲垣武氏は閑職に飛ばされ、定年を早めて退職した（その経緯は、『朝日新聞血風録』に詳述されている）。それに比べると、松山氏はまだ上手く（？）対応したおかげで、後に論説主幹（取締役）にもなっている。

論説委員になってまもないころ、尖閣問題で中国を批判した社説も書いたそうな。そのために、朝日と協力して日本で公演する予定だった京劇が中止になったという。

しかし、社説で中国に対して「正論」を書くと、そういう嫌がらせを受けるとなると「自己規制」も働くようになるのではないか。だから、ダライ・ラマがノーベル平和賞を授与されると、一九八九年十月七日付社説「平和賞は何をもたらすか」で、諸手を挙げて受賞を祝うことをせずに、中国を意識してか、受賞が政治的すぎるとぶつぶつと文句を書いたりもするのだ。

先のオーウェルのナショナリズムの定義を思い出してほしい。ほぼ同時期だった、ポーランド共産政権への経済制裁には反対し、南アフリカへの経済制裁には賛成した朝日新聞の「二枚舌」に関しては、本城靖久氏に「『南ア制裁論』と大新聞の二枚舌」（『諸君！』一九八六年一月号）という論文を書いていただいた。同じ「経済制裁」でも、南アフリカには厳しく、ポーランドなどには緩くせよ、逆効果だと主張しており、その二枚舌の「社説」をじっくりと解剖したものだった。

中国からの反発のみならずソ連からの反発もあった。それを無視すればいいものを、「ご批判ごもっとも」ということで、平身低頭する傾向が朝日新聞（とりわけ論説委員室）内部にはあったのは間違いないだろう。論説委員が出世の部署だとしたら、下の記者の筆鋒も、当然「容共リベラル」的になっていく……。

たとえば、元モスクワ特派員で後に青山学院大学教授となった木村明生氏の回顧録に『知られざる隣人たちの素顔：ユーラシア観察60年』（防衛弘済会）という本がある。国際情勢に関する言及の中で、ご本人の事実上の「モスクワ追放」の舞台裏が綴られている。

一九七〇年代前半モスクワ特派員時代だったときに発信する記事が、「朝日ともあろうものが……」というわけではないが、「反ソ」的だとして、ソ連当局の怒りを買い、朝日本社に圧力がかかったそうな（ちなみに、元朝日記者の烏賀陽弘道氏の『「朝日」ともあろうものが。』（河出文庫）も優れた朝日回想録）。

自由世界の新聞社なら、そんな脅しに屈することなく、追放したければどうぞということになろうが、中共相手にも秋岡特派員を後生大事にと抱えたりしていたのと同様、下手に追放されるとあとの補充が大変と思ったのか、通常の社内異動のようなかたちで処理されたという。

むしろ、特派員としては「追放」は勲章になるから、そうしてほしいと木村さんは本社にかけあったそうだが、容共リベラル色の濃い当時の（いまも？）朝日はソ連とケンカせずにすませたようだ。

となると、当然、後任の特派員には「節度」「規制」を求められたことになるのではないか。

だからこそ、そのあと、朝日新聞は『ソ連は「脅威」か』（朝日新聞社）なんて本を出す。もちろん、脅威ではないといった趣旨のものである。

さらには、下村満子氏の小学生の作文と評されるような『ソ連人のアメリカ観』（朝日文庫）みたいなトンデモインタビュー記事を恥ずかしげもなく掲載連載して本にまでしてしまった。

朝日から訳出された『操られる情報』の著者パウル・レンドヴァイが下村氏のソ連ヨイショ記事を読んで、そう語っていた（『諸君！』一九八五年六月号＆七月号「ソ連外交に加担した朝日新聞・下村満子記者『ソ連人のアメリカ観』は『小学生の作文だ』」聞き手・吉成大志氏）。

レンドヴァイはハンガリーからの亡命知識人であるが、ソ連・東欧の閉鎖的報道体質を鋭く批判した人であり、それに知らず知らずのうちに取り込まれる西側・自由世界の一部知識人やジャーナリズムの愚かさに警鐘を鳴らしていた。『操られる情報』は、いまでも再読する価値のある書だ。

ともあれ、いまにして思えば、下村氏の『アメリカ人のソ連観』はちゃんとした本。それを見て、ソ連の宣伝版ができるのではないかと社内の親ソ派幹部が考え、下村氏が「操られた」のかもしれない。

レンドヴァイに下村批判をやってもらおうと考えたものの、彼女の記事をどうやって読ませるか。すると当時発行されていた『朝日イブニングニュース』に何とエッセンスが掲載されていたのだ。その英文記事がなければ、レンドヴァイへのインタビューは困難だったろう。「キジも訳さねば撃たれまい」

ともあれ、松山氏に話を戻すが、若干の限界を感じるところもあったが、総じて、いい意味でのリベラル派に属しているのは間違いない。「容共リベラル」派ではない。この本のどこが「いけない本」なのか、僕には理解できない。

おそらく「容共リベラル」な人々にとっては、かつての「恥部」を、朝日記者自身が明らかにするのだから困るというわけだろう。

そういえば、朝日の元論説副主幹だった吉武信さんが『紙一枚』(朝日ソノラマ)という本を一九八一年に出していた。それを一読して感銘を受けたので、彼に直接会いに行ったことがある。それは文春に入ってからのこと。

《一九八五年二月十七日(日)

二月十五日(金)夕方、朝日の元論説副主幹の吉武信氏に会った(旧ヒルトンの事務所にて)。七十六歳にしては、しっかりしていて、肉体的にも健康そのものという感じ。朝日のことについていろいろ尋ねた。

安保騒動のころに入ったメンバーが、朝日の中堅にいまなっていて、その連中が紙面に影響力を持っていて、ああいう紙面になっているのだと、苦々しげに語っていた。昔よりはマシになってきていると述べたし、又『紙一枚』にしても、本当はもっと朝日批判をしていたのだが、その部分はカットした上でまとめた本だということ也。都留重人、永井道雄とかいった人物への批判も耳にした。》

こういう取材を通じての朝日批判企画だったのだ。いい意味で、朝日のオンブズマンを「無料」でやっていたともいえよう。稲垣さんの先の本にも、朝日が幼稚な誤報（日本軍毒ガス使用写真など）をするので、「うちの新聞（朝日）は馬鹿だから、いい薬だ。こうなったら『諸君!』あたりに頑張ってほしいくらいだ。あれは無料の記事審査部みたいなもので、文春の費用で朝日新聞の記事審査をしてくれるとは有り難い」と述懐する朝日役員のコメントが掲載されてもいた。

稲垣さんは『朝日新聞血風録』の「文庫版へのあとがき」（日付は一九九六年三月）で、朝日新聞は三つの「集団幻想」に支配されているのではないかと警鐘をならしていた。

①敗戦までの日本を「悪の帝国」と断罪した東京裁判史観の呪縛
②権力イコール悪、人民イコール善とするマルクス主義的善悪二元論に立脚し、権力に虐げられている弱者（犯罪者を含む）を擁護することが民主主義であるとの思い込み
③自分たちこそ、遅れた大衆を正しい方向に導く使命を負っているとの選民意識

これら三つの「集団幻想」から脱却した言説を、「ネトウヨ」「ヘイト」呼ばわりする向きもある。もちろん、「空想的平和主義」と「空想的軍国主義」同様、権力悪もあるし、戦前の日本に「悪」もあった。大声で人を罵り、暴力的な破壊活動をするような左右の全体主義者を批判するのは当然のことではあろうが、「言論」による各種の批判を、たんに言葉が「過激」だからとか、

思想が「過激」だからとみなして、発言そのものを封じようとする「検閲」は許してはなるまい。ケースバイケースで、公平な秤の上で、「言論」を論じていくだけの知性は持っておきたい。

おわりに

『諸君』創刊号（一九六九年七月号。このときは「！」がなかった）の巻末には、池島信平さんの「創刊にあたって」の言葉が記されている。

《諸君！　わたくしたちは、いま皆さんに呼びかけたいこと、訴えたいことが、山ほどもあります。

戦後二十四年、考えてみれば、四分の一世紀に当ります。この間に、新しく民主主義が日本の土壌に植えつけられ、育てられたのですが、果してこの新しい考え方、生き方は、わたくしたちの身体のうちに、しっかり定着したでしょうか。

わたくしたちは新聞を毎朝読み、テレビのダイヤルを毎晩廻してみるのですが、いまの世の中のゆがんだ姿が、そこにまざまざと浮びあがってきます。こんな筈ではなかった——という想いは、心あるみなさんの胸の中をしめつけることと思います。わたくしたちとて同じです。

世の中どこか間違っている——事ごとに感じるいまの世相で、その間違っているところを、自由に読者と一緒に考え、納得していこうというのが、新雑誌『諸君』発刊の目的です。石も叫ぶ時代——と昔の人はいいました。わたくしたちは沈黙している、あるいは無視されている路傍の石ではありません。

正しい発言をしましょう。諸君、本当の事実を知る権利を行使しましょう。新雑誌『諸君』は新しいオピニオン雑誌です。この雑誌には日本人として恥かしくないこと、そして世界のどの国にも正しく通用することをどしどし盛り込んでいきたい、と思います。》

創刊号の編集後記には、田中健五さんが、こう書いている。

《われわれの雑誌はできるだけ柔軟な雑誌でありたいと思います。大いに論争をおこし、論壇、読物に新風を吹きこみ、そしてなによりも既成のイデオロギーにとらわれない自由な立場を維持しつづけたい。

いまや世相は混乱をきわめていますが、そのなかにあって、この『諸君』は、いつも真に日本の将来を考える人たちのための「考える雑誌」でありつづけるでしょう。》

「考える材料」を提供することに、右も左もあるまい。ただ、吉田清治「証言」のような、捏造した「材料」を提供しては、「正しく考える」ことも、「正しい発言をする」こともできないだろう。

しかし、『新潮45』のときのように、考える材料を提供しているだけなのに、レッテル貼りをして封印しようとするのは、民主主義のルールに反する野蛮行為というしかあるまい。戦前は「アカ」と決めつけたり、戦後は「タカ」と決めつけたり、そして昨今は「ヘイト」と決めつけて、「印象操作」で、特定の人々の「言論封鎖」を試みる。講演会を中止に追い込んだりして快哉を叫ぶ。それを「戦前への逆コース」と言うならまだしもだが……。

池島信平さんといえば、こんな「ちょっといい話」があったことを一冊の本で知った。福島にある「古書ふみくら」で購入した『水島雄造遺稿集　暗い谷間の記憶』（書林堂、一九九四年刊）を数年前の敗戦の日の八月十五日に読み終えた（「暗い谷間」といえば、大河内一男氏の『暗い谷間の自伝』中公新書を思い出す）。

一九〇七年、樺太真岡生まれの水島氏。小学校を首席で卒業し、上京。書生となるが、あまりの非人道的扱いに嫌気をさして、そこを出て、いまでいうアルバイト的職業を遍歴。労働運動などにも参画し特高にも目をつけられる。

戦前、戦時中、都内で古本屋を営業。しかし、米軍の空襲で焼失。近くの燃え残っていた古本屋を買いとったりするもののそこも空襲で焼失。妻は肺結核で施設に入ったり実家に戻ったりしている。

戦時下の東京で、隣組というか、自治会の責任者としても奔走。

一九〇七年生まれの年長の著者にも昭和二十年（一九四五年）八月十三日に「赤紙」が届き、

敗戦の日の翌日に入隊する予定だったが、八月十五日の「敗戦」によって、戦争に駆り出されることはなかった。

戦後すぐに妻を亡くし、息子を育てる。妻の実家福島で古本屋を営みながら、日本共産党員として、さまざまな活動を展開するが、同胞の中にも、不正なことをして弱者を搾取する者もいる。正義感から「告発」しようともするが……。やがて離党。ソ連の崩壊を見てから、一九九二年に死去。


《欧州の社会主義国は殆ど崩壊しました。世界の中の幾百万の青年達が地上に楽園を夢みて、その生涯を捧げた信念が春の淡雪の如く消えようとしています。資本主義の諸国家は幾度も修正に修正を重ねて、社会主義の良い面を取入れています。社会主義国家は独裁の楽園に居眠りを続け、足元の崩壊にまったく無関心でした。私の八十五年の生涯を捧げつくした夢もまた、夢に終りそうです。》

そうした人生の歩みを淡々と綴った自叙伝でもあった。

それはともかくとして、戦時中、古本屋をやっていたら、読む本がなくて困っている近所の牛乳屋さんがいた。ちょうど、出征する学生が、岩波文庫を売りにきたので、それをすぐにその人に販売したところ、お礼ということで一本の牛乳を届けてくれたという。当時にあって、牛乳は貴重な品。結核で苦しんで入院していた妻に持っていったという。

その牛乳屋の店主・池島信平さんも「体が悪く、勤務先の文芸春秋社を休んでいた。人が使えない時代で、一人で池島牛乳店を守って、彼自身配達していた」とのこと。「あの広い額、おだやかな顔、決して丈夫といえない小格な体軀のどこからあのエネルギーが生み出されるのか。彼は徹底した平和主義者であった。その点で私と気が合ったのだろう」「その妻も、懐かしい池島さんも」「みんな世を去った」と述懐している。

池島氏は、「反共リベラル」でもあっただろうが、もちろん、同時に、戦前の空想的軍国主義も嫌っていたのだろう。「反共リベラル」は空想的軍国主義者や空想的平和主義者を憎む。しかし、「容共リベラル」な人たちは、空想的軍国主義を批判しながらも、空想的平和主義を愛する人が多い。自分自身の知的欠陥に気づくことなく、左翼全体主義を批判する知的勇気を持たないまま、「戦後民主主義者」を自称してきた。そんな人々の唱える平和や反戦や民主主義論や右傾化危険論には与することはできない。あなた方自身がいちばん危険なのだから。

ともあれ、戦後、『文藝春秋』で「天皇陛下大いに笑ふ」を企画立案した点からも、池島さんと水島さんとの両者のあいだには、少なからぬ見解の相違はあっただろうが、本郷界隈でともに空襲の被害を受け、それでも本に飢えていた両者とのあいだをとりもった「数冊の古本と一本の牛乳」の話は少し感動的であった。

誰だって、戦争は嫌である。だが、その戦争がいろんなドラマを築くんだなとも。人の醜さも良さも。戦前、戦中も戦後も、これからもそういう人間ドラマは永遠に続くのであろう。

この本の刊行は、草思社の碇高明さんのあたたかい助言があって実現した。また、我が古女房をはじめとする、さまざまな人の叱声、励ましがあってこの一冊を書き上げることができたと痛感している。改めて感謝申し上げる。

二〇一九年（平成三十一年）四月

仙頭寿顕

著者略歴――――
仙頭寿顕　せんとう・としあき
1959年（昭和34年）、高知県安芸市生まれ。中央大学法学部政治学科卒業後、1982年に松下政経塾に入塾（第三期生）。その後、1984年7月に株式会社文藝春秋に入社。『諸君！』編集長、出版局編集委員などを歴任。2016年9月に文藝春秋を退職し、ワック株式会社に移る。現在、「歴史通」および書籍編集長。松下政経塾塾友・塾員。文藝春秋社友。

『諸君！』のための弁明
僕が文藝春秋でしたこと、考えたこと

2019年5月31日　第1刷発行
2019年7月24日　第2刷発行

著　者　仙頭寿顕
ブック デザイン　Malpu Design（清水良洋＋佐野佳子）
発行者　藤田　博
発行所　株式会社 草思社
〒160-0022　東京都新宿区新宿1-10-1
電話　営業 03(4580)7676　編集 03(4580)7680

本文組版　有限会社 一企画
本文印刷　株式会社 三陽社
付物印刷　株式会社 暁印刷
製本所　加藤製本 株式会社

ISBN978-4-7942-2395-1 Printed in Japan 検印省略